Monitoring and Zonal Oporational Teehnique for Public Transit

公交车辆监控与区域调度技术

陈艳艳　林　正　周雨阳　著

人民交通出版社

内容提要

本书系国家“十一五”科技支撑计划“城市公共交通建设与运行保障技术”的研究成果。书中重点介绍了公交智能监控及多线路区域协调调度的关键技术，内容包括：实时监控调度构架及系统实现技术、公交信息采集及分析技术、事件识别及预测技术、多线路区域动静态协调调度的优化模型及方法、动态调度专家辅助决策系统以及公交运营服务水平评价技术。

本书的读者对象是交通工程、智能交通、土木工程、系统优化等专业的技术人员、管理人员、科研工作者、研究生、教师及高年级本科生。

图书在版编目(CIP)数据

公交车辆监控与区域调度技术/陈艳艳，林正，周雨阳著. —北京：人民交通出版社，2013. 11

ISBN 978-7-114-10282-0

Ⅰ. ①公… Ⅱ. ①陈…②林…③周… Ⅲ. ①公交车辆—交通监理②公交车辆—车辆调度 Ⅳ. ①U491. 4

中国版本图书馆 CIP 数据核字(2012)第 320603 号

书　　名：公交车辆监控与区域调度技术
著 作 者：陈艳艳　林　正　周雨阳
责任编辑：戴慧莉
出版发行：人民交通出版社
地　　址：(100011)北京市朝阳区安定门外外馆斜街 3 号
网　　址：http://www. ccpress. com. cn
销售电话：(010)59757973
总 经 销：人民交通出版社发行部
经　　销：各地新华书店
印　　刷：北京市密东印刷有限公司
开　　本：787 × 980　1/16
印　　张：11. 75
字　　数：232 千
版　　次：2013 年 11 月　第 1 版
印　　次：2013 年 11 月　第 1 次印刷
书　　号：ISBN 978-7-114-10282-0
定　　价：58. 00 元

前　言

随着国民经济的高速发展和城市化、现代化进程的加快，城市规模不断扩大，城市人口不断膨胀，城市交通需求的总量急剧增长，同时伴随着能源的短缺，环境的恶化，公共交通这种运量大、能耗低、环保、安全、灵活的交通方式的优势日益显现出来，公共交通的地位逐渐提升，成为了汽车化时代改变城市自然环境、交通环境的新宠。

近几年，各级政府在落实科学发展观，推进优先发展公共交通方面，做了大量工作，取得了显著成效。2005 年，国务院办公厅印发了国办发“46 号”文，这是新中国成立以来有关发展城市公共交通的第一个全面系统的文件；2006 年，建设部、国家发改委、财政部、劳动和社会保障部四部委又印发了《关于优先发展城市公共交通若干经济政策的意见》，各大城市也纷纷出台了长期的公共交通发展战略，确定了公共交通在城市发展中的主导地位，北京、上海、广州、南京等城市相继提出了构建一体化公共交通系统的发展战略。各地对公共交通的建设也很重视，不断地优化公交线路提高道路和运力资源利用效率，加大投入建设，提高公交服务质量，增大公交吸引力。

现代城市交通的总体目标是以最小的资源和环境代价，安全、经济和高效地运送人与货物，城市公共交通系统在实践这一目标中起着举足轻重的作用，尤其是在北京、上海这样的特大城市，公共交通系统的地位尤其重要。优先发展公共交通不仅是缓解城市交通拥堵的有效措施，也是调整城市交通出行结构、改善城市人居环境、促进城市可持续发展的必然要求。因此，城市公共交通是城市交通的重点和关键，城市现代化建设要加快城市公共交通的发展。

本书所涉及的公共交通指的是地面公交，即与其他车辆共用道路空间的公共汽车和无轨电车线路，通常拥有固定的停靠站、行驶线路、时刻表、票价。地面公交是城市公共交通的主体，是百姓出行的主要交通工具，是轨道交通的有效补充。

公交运营调度是为地面公交系统有效运行而采取的运输组织形式，是运行管理的核心。合理的调度不仅可以满足居民快捷便利的出行需求，同时可以改善公交系统服务质量，提高公交公司的经济和社会效益。由于交通事故、气候条件、道路交通环境等因素的影响，车辆运行速度及间隔呈现明显的随机性及不均匀性，而客流需求受大型活动或节假日的影响，也具有显著的波动性及随机性。实时监控及智能调度系统作为智能公交系统的主要组成,可通过先进的定位技术等手段,及时掌握车辆的运行情况,并采取临时调度措施,动态地调整线路车辆的行驶方案。

目前,我国上海、北京、大连、武汉、杭州等大中城市已在部分线路上建成了公交车辆跟踪调度系统,安装了电子站牌、车载 GPS 定位设备,实现了对车辆的实时跟踪、定位,使得调度过程有据可依,同时提高了车辆的运行正点率和服务水平,吸引了大量客流。然而,国内建成并投入使用的智能公交调度系统基本上都只实现了对公交车辆的监视功能,核心层次上的实时调度技术,尤其是多线路协调的实时调度技术研究尚不成熟。随着城市框架的拉大,人们的出行距离越来越长,换乘越来越频繁,更需要研究相应的调度模式及调度方法,为居民出行提供便捷可靠的公共交通服务。

本书基于目前我国智能公交监控调度系统存在的一些不足,充分考虑公交运行状态及客流的随机性变化,利用动态监控信息,研究高效的公交车辆动态监控及多线路动态协调调度技术,协调乘客的利益及企业利益,以期提高公共交通的运营效率和服务水平。该技术基于运量平衡及无缝衔接的思路,将经由服务一定地域范围,原来各自独立运营的线路上的车辆、人员,利用动态监控信息,通过一定的技术手段和管理组织协调起来共同运营,达到资源的最有效配置和充分利用,同时最大限度地减少公众出行时间,并提高换乘便利性。

相比单线调度,动态区域实时调度所需要的交通信息量、处理方式以及调度的实现更为复杂。本书重点介绍实时监控的技术以及多线路的动静态区域协调调度技术。具体内容包括:公交动态监控调度系统的需求分析及系统集成技术,基于 GPS 和 IC 卡的公交车辆运行及客流信息挖掘分析技术,结合历史和实时信息的公交车辆运行预测技术,三个层次多线路协同调度模型及算法,基于专家辅助决策系统的动态调整规则及方法和基于公交服务水平分析的公交调度方案评价方法。

在成书过程中,博士生陈绍辉、田启华、赖见辉,硕士生刘帅、段卫静、蔡熠文等参与了本书的撰写及录入工作。同时在相关项目研究中北京公共交通控股(集团)有限公司、八方达公司、北京市交通委信息中心、北京交通发展研究中心的有关同志也给予了大力支持,在此一并表示感谢。

本书致力于国内智能交通信息采集及处理的新技术研究,尽管不乏纰漏之处,但希望本书能抛砖引玉,吸引更多的科研人员及管理人员从事相关理论研究及实践,以促进其发展。

著　者

2011 年 9 月于北京

目　录

1 绪 论

1.1 城市公共交通系统

1.1.1 城市公共交通系统概述

城市居民出行的交通方式主要包括两类，即步行、自行车或私人汽车等个人交通出行方式和乘坐公共汽(电)车、出租汽车、轨道交通、轮渡、电缆车等的公共交通出行方式。城市公共交通是城市中供公众使用的经济方便的各种客运交通方式的总称。狭义的公共交通是指在规定的路线上，按固定的时刻表，以公开的费率为城市公众提供短途客运服务的系统[1]。广义的公共交通指所有供公众使用的交通方式，包括客运和货运、市内和区域间运输的总体[2]。城市公共交通包括大容量快速公交(地铁、轻轨、BRT)、地面常规公交、出租汽车、轮渡、索道等多种客运方式，具有运量大、运输效率高、能耗低等优点。

随着国民经济的高速发展和城市化、现代化进程的加快，城市规模不断扩大，城市人口不断膨胀，城市交通需求的总量急剧增长，同时伴随着能源的短缺，环境的恶化，人们的环保意识增强，因此现代城市交通结构的模式不断发生着变化，公共交通这种运量大、环保的交通方式的优势日益显现出来，公共交通的地位逐渐提升，成为了汽车化时代改变城市自然环境、交通环境的新宠[3,4]。

城市常规公交系统主要指城市地面公共汽车、有轨和无轨电车客运方式，是城市公共交通系统的重要部分。本书主要的研究对象是地面公交。

城市公共交通系统是开放式的系统，与社会、经济等发展及外部环境息息相关，特别是在提倡可持续发展的当今，城市公共交通在土地利用、节能减排等多个方面，都显示出比以往更加重要的地位，这也是由公共交通系统的特点决定的。

1)经济性更好的出行模式

显而易见，与私人汽车交通方式相比，城市公共交通为普通城市居民(中低收入群体)提供了一种更为经济的中长距离的出行选择，并且随着公交线网的不断完善、公交专用道的增多以及一系列公交优先措施的相继实施，公共交通系统的可达性与可靠性也在持续的提升。在与私人汽车交通的博弈过程中，公共交通在经济费用上的竞争优势是巨大的，而当其服务水平达到某种高度时，对出行者的吸引力也将大大提高，并且随着私人汽车交通出行成本(燃料、时间)的不断上升，将有更多的出行者选择公共交通方式。

2)环境友好型的出行模式

在节约能源和控制环境污染方面，公共交通是一种相对绿色、环保的出行方式。若估算在市区运送同等数量的乘客，使用公共交通与使用私人汽车交通相比，前者油耗约为后者的1/6，排放的有害气体更可低至后者的1/16。此外，在使用清洁能源(电、天然气)方面，公共交通的发展步伐也要领先于私人汽车交通。

同样，在节约城市道路空间方面，公共交通更是体现出了其高效、绿色的一面，以地面公交为例，运送同等数量的乘客，公共交通占用的道路长度仅为私人汽车交通的1/10。这也是公共交通得以鼓励和倡导的重要原因。

3)与社会经济的发展相互促进

城市公共交通与社会经济发展息息相关，二者能够相互促进。一般而言，经济发达程度高的地区居民出行需求更大，而私人汽车交通的发展与城市有限道路资源的矛盾，促使以发展公共交通来满足居民的出行需要。相反地，城市公共交通系统(公交线网、轨道交通)的发展，能够提升区域的交通出行吸引和产生量，反过来会促进区域的社会经济(商业、居住等)的发展，二者相辅相成。

现代城市交通的总体目标是以最小的资源和环境代价，安全、经济和高效地运送人与货物，城市公共交通系统在实践这一目标中起着举足轻重的作用，尤其是在北京、上海这样的一些特大城市，公共交通系统的地位尤其重要。优先发展公共交通不仅是缓解城市交通拥堵的有效措施，也是调整城市交通出行结构，改善城市人居环境、促进城市可持续发展的必然要求。2004 年，温家宝总理在建设部的一份工作报告上批示："优先发展城市公共交通是符合中国实际的城市发展和交通发展的正确战略思想。"2005 年，国务院办公厅印发了国办发"46 号"文，这是建国以来有关发展城市公共交通的第一个全面系统的文件；2006 年，建设部、国家发改委、财政部、劳动和社会保障部等四部委又印发了《关于优先发展城市公共交通若干经济政策的意见》，即"288 号"文，并于 12 月初在北京召开了第二次全国优先发展城市公共交通工作会议。汪光焘等建设部领导做了重要讲话，把优先发展城市公共交通，提升到落实科学发展观，构建社会主义和谐社会，落实国家能源、环保战略的高度，在全国引起重大反响。党中央、国务院对优先发展公共交通十分重视。2012 年 10 月 10 日国务院总理温家宝在主持召开的国务院常务会议中强调要研究部署在城市优先发展公共交通。会议确定了优先发展公共交通的重点任务：

(1)强化规划调控；

(2)加快基础设施建设；

(3)加强公共交通用地综合开发；

(4)加大政府投入；

(5)拓宽投资渠道；

(6)保障公交路权优先；

(7)健全安全管理制度，落实监管责任，切实加强安全监管；

(8)规范公共交通重大决策程序，实行线网规划编制公示制度和运营价格听证制度，建立城市公共交通运营成本和服务质量信息公开制度。

各大城市也纷纷出台了长期的交通发展战略，确定了公共交通在城市发展中的主导地位，如北京市《北京交通发展纲要》提出：全面建成适应首都经济和社会发展需要，满足全社会不断增长和变化的交通需求，与国家首都和现代化国际大都市功能相匹配的“新北京交通体系”——以现代先进水平的交通设施为基础，以公共交通为主导的综合交通运输体系。提出 2010 年的目标是公共交通服务水平和吸引力大幅度提高，中心城公共客运系统承担全日出行量比例达到 40% 以上。此外，上海、广州、南京等大城市也相继提出了构建一体化公共交通系统的发展战略。

1.1.2 城市公共交通现状及存在问题

在国家的大力支持下，我国公共交通建设取得了比较大的进展，地面常规公共交通仍然是目前各大城市的主要运输方式。但是，随着城市经济社会发展和城镇化进城的加快，一些城市交通拥堵、交通秩序混乱、群众出行不便等问题日益突出，公共交通的整体发展形势不容乐观，时速低、出行时间长、时间不可靠、换乘不方便、票制票价不合理、缺乏信息服务等现象较为普遍。

归纳起来，我国城市公共交通所面临的主要问题包括以下几点。

1)综合公共交通体系结构不协调

城市公共交通规划工作滞后，规划内容不完善，各种交通方式之间还未能做到充分衔接和协调，城市公共交通中轨道交通、公共汽(电)车、出租汽车等组成部分难以发挥系统的整体性。比如，许多城市片面强调轨道交通而忽视城市地面公共汽车交通的发展，造成了地面公共汽车的萎靡或者发展缓慢，而轨道交通由于投资巨大，建设工期长，很难在短期中解决城市交通的拥堵问题。

2)公共交通基础设施投入不足

随着经济的发展,人们出行日益频繁,公交需求迅速增加,但是一些城市公交基础设施不足,没有及时的交通配套设施建设,中途站和枢纽站没有系统的优化布设,给公交的正常运营调度带来了极大的困难。

3)公共交通服务水平低,运营效率低

我国一些城市的公交车辆车况较差,道路拥挤严重,公交速度慢、不准时,以北京为例,公交车的行驶速度平均只有10.2km/h,低于自行车的平均行驶速度12km/h。此外,在高峰时运力比较紧张,拥挤严重,乘车、换乘都不方便,乘坐公交车时间太长、舒适性较差。公共交通的服务水平直接影响人们出行的交通方式选择。

4)管理手段落后,公共交通调度方式滞后

现行的调度多是以人工管理为主,运营调度管理水平落后,不能根据客流的变化及路况、车况的变化进行动态的调整,运行途中的情况不能得到及时的监控和统一的协调。这种缺乏信息化管理和应变能力的公交调度方式导致公交运行效率降低。

城市公共交通对居民的生活有着很大影响,公共交通必须以方便居民出行为目的,并兼顾公交企业效益。针对以上问题,我们需要采取不同措施提高公共交通服务质量,为老百姓提供安全可靠、方便周到、经济舒适的服务,充分发挥公共交通运量大、价格低廉、快捷方便的优势,引导更多的人选用公共交通方式。

1.1.3 我国城市公共交通智能化发展趋势

随着我国经济的发展和社会进步,快速增长的经济需要迅捷、高速的交通系统来支持。随着城市居民出行量的增加,城市公共交通系统越来越不能满足出行需求。要想使公共交通发挥最大的优势,从根本上解决交通出行问题,单单依靠公交线路的优化和增加道路设施远远不够,必须同时引进先进的城市公交管理技术。城市智能公共交通管理方法即是其中一种主要的技术。

随着通信、信息技术的发展,人们越来越倾力于智能交通系统(Intelligent Transportation System,ITS)的研究。智能公共交通系统是智能交通系统重要的子系统之一,也是发展公共交通中被重点建设的内容之一。在我国"十五"科技攻关的智能交通(ITS)城市示范中,北京市、上海市、青岛市、杭州市、重庆市等多个城市的ITS建设示范都包括了智能公共交通系统的内容。世界发达国家的经验告诉我们,智能公共交通是改善和提高交通系统效率的重要手段。在维也纳召开的第58届世界公交大会上,与会专家和代表就城市公共交通的发展趋势问题进行了探讨,大会传达的一个信息是:"智能"和"绿色"将成为城市公共交通未来发展的主线。我国城市公共交通必将在不久的将来得到稳步的发展,而将高新技术逐步应用于城市公共交通将是我国城市公共交通的发展趋势之一。

所谓智能公共交通系统，是利用系统工程的理论和方法，将现代通信、信息、电子、控制、计算机、网络、GPS、GIS等新技术集成应用于公共交通系统，通过构建现代化的信息管理系统和控制调度模式，实现公共交通调度、运营、管理的信息化、现代化和智能化。其智能的应用体现在：

（1）以各种公交ITS技术的综合应用为核心，通过公交场站信息系统、车载信息系统、调度中心信息系统实现整个公交系统的智能化、信息化；

（2）以运营业务为主线，按照计划、调度、监控、指挥、服务的整体要求，采用网络、计算机、软件实现公交业务流程的整合；

（3）以现代化公交企业管理为目标，设计企业管理信息服务系统。

智能公共交通系统通过掌握运行情况以及乘客数据实现精确平稳的公共交通运营服务。它在运营中的公共汽车和控制室之间建立信息交换，并利用诱导和双向通信的方法，将服务信息提供给公共汽车运营人员和驾驶人员，同时这些信息也通过进站汽车指示系统和公交与铁路等其他交通方式接驳信息系统提供给乘客；智能公共交通系统可以利用智能调度，科学灵活地调度车辆，采取应急措施，使车辆运行间隔保持均匀，提高车辆正点率；同时乘客可根据电子地图方便快捷地选择出行线路，提高公交车辆运行速度和公交服务质量以吸引公众乘坐公交车出行，从而有效地缓解了城市交通压力，解决城市交通拥堵问题进而降低空气污染和能源消耗，带来一系列的社会效益。因此，在信息技术高速发展，世界资源紧缺，人们的环保意识不断增强的大背景下，智能公共交通系统的发展势在必行。

我国智能公共交通系统的实施已经初见成效。上海、北京等大城市已在部分公交线路上建成了公交车辆跟踪调度系统，安装了电子站牌、车载GPS定位设备，实现了对车辆的实时跟踪、定位，使得调度过程有据可依，同时提高了车辆的运行正点率和服务水平，吸引了大量客流。但是，国内各省市公交系统企业的总体技术手段比较落后，而路况复杂使得车辆准点率、周转率和运行率都很低，因此我们必须结合我国的城市交通的实际状况，深入研究智能公共交通的关键理论和实施技术，将信息、计算机、通信等高新技术和先进的管理、调度手段广泛应用于公共交通，逐步改善交通环境。

在智能公共交通系统中，最关键的部分就是公交车辆的智能调度，这也是目前国内各城市公共交通企业建设的重点内容。目前，国内建成并投入使用的智能公交调度系统基本上都只实现了对公交车辆的监视功能，核心层次上的实时调度技术，尤其是基于公交通行能力和公交服务水平评价等条件约束下的实时调度技术研究尚不成熟。本书将充分考虑公交运行状态与客流的随机性变化以及多线路间的协调，利用动态监控信息，研究高效的公交车辆实时调度技术，协调乘客的利益及企业利益，以期提高公共交通的运营效率和服务水平。

1.2 公交监控与调度系统应用与研究现状

根据目前ITS的发展阶段来看,我国正处于研究公共交通系统改善方法及交通信息化的阶段。我国大多数城市公共客运系统尚未全面引入先进的高新技术,在公交运营调度方面采取的多是人工经验型的调度方法,调度员无法实时获取公交站点候车乘客以及公交车内乘客的数量,只能按照发车时刻表进行调度,从而产生公交车辆的行车间隔不均匀等问题,时常出现"串车"、"大间隔"现象,严重影响了公交客运的服务质量。并且目前采用的是单线运营模式,这种调度模式既缺乏对线路断面客流非均衡性的考虑,又不能做到对运营车辆的实时监控,不能充分利用资源,制约了公交社会效益的发挥。尤其是因缺乏现代通信手段,调度人员无法实时了解运营车辆情况,难以及时有效地采取调度措施。公交车辆调度处于"看不见"、"摸不着"的落后状况,具有较大的盲目性和滞后性。特别是在节假日等特殊时期,调度员只能依赖经验、直觉进行调度。这种调度方法的动态性能和实时性能较差,调度滞后性很大,由此造成许多资源的浪费或者致使乘客长时间滞留在某站点。

因此,依靠先进的技术手段进行智能调度势在必行。近十多年来,一些发达国家将车辆定位监控、网络通信和信息预测等技术广泛应用在公交监控调度方面,先后研究、开发了各种车辆监控与调度系统,并建立相应的示范工程,取得了较好的效果。

美国、日本、英国等国家都投入了较大的人力和物力从事先进公共交通系统(Advanced Public Transit System, APTS)研究,并已取得显著的成果,在国际上处于领先地位。自20世纪80年代以来,许多国家公共交通部门开始应用先进的信息与通信技术进行公共汽车定位、车辆监控、自动驾驶、计算机辅助调度,并且提供各种公共交通信息,以提高公交服务水平。

美国的APTS主要涉及基于动态公共交通信息的实时调度理论和实时信息发布理论,以及使用先进的电子、通信技术提高公交效率和服务水平的实用技术。具体包括车队管理、出行者信息服务、电子收费和交通需求管理等几方面的关键技术。其中车队管理主要研究通信技术、地理信息系统技术、自动车辆定位技术、自动乘客计数技术、公交运营智能决策技术和交通信号优先技术。出行者信息服务主要研究出行前、在途信息服务和多种出行方式接驳的信息服务。

美国旧金山湾区共有21家公共交通公司,旧金山市公共交通公司MUNI是其中规模最大的公司,在美国的公交系统中排第7位。MUNI已有近百年的历史,其运行系统包括55条公共汽车线,12条无轨道缆车线,5条有轨和轻轨电车线以及3条轨道缆车线。共有495辆公共汽车,330辆无轨电车,136辆有轨电车,27辆复古电车和40辆轨道缆车。遍布旧金山市的车站有5300个,日客运量为75.1万人次,年客运量为2.34亿人次。20

世纪80年代到90年代,MUNI经历了十分困难的时期,经济来源发生问题,也得不到有力的支持。服务质量下降,乘客意见很大。有人抱怨,公交车的速度甚至赶不上步行速度。公交职工受到指责和侵犯的事例时有发生。1999年,MUNI已到了崩溃的边缘。面对公交发展的困境,社会舆论开始呼吁要求扶持公交事业,发起“拯救MUNI”的运动。由于得到有关方面的支持,MUNI有条件实施其振兴计划,智能交通就是其中的一项工作。实施智能交通后,公交车载GPS设备接收的信息可传送到控制中心,中心根据公交车的实际位置就可将到达的站点以及车辆所行路线的交通状况等信息,估计到达时间,并通过车站电子站牌提供给乘客。类似的系统也用在丹佛Rehoboth海滩沿线上。

日本由于机动车数量的增长和严重交通拥挤的影响,要保持正常的行车速度是十分困难的,由此引起的公共交通的不便性和不可靠性导致乘客数量的急剧减少。东京都交通局开发了城市公共交通综合运输控制系统(CTCS)。在CTCS中,公共交通运营管理系统是一个基本的框架,其目的是通过掌握运行情况以及积累乘客数据实现精确平稳的公共交通运营服务。它将运营中的公共汽车与控制室之间建立信息交换,并利用诱导和双向通信的方法,将服务信息提供给公共汽车运营人员和驾驶人员,同时这些信息也通过进站汽车指示系统和公交与铁路接驳信息系统提供给乘客。公共交通综合管理系统包括累积运营数据、乘客计数、监视和控制公共汽车运营和乘客服务等功能。

在韩国首尔市的综合交通管理系统中心,每天24小时都有工作人员通过电脑监控全市的路面交通,最特别的是其中有20多人专门对全市的公交车辆的行驶状态、线路车间距和载客量等实行实时监控。全市每一辆公交车辆都安装了全球定位系统,在全市的联网监控下,综合交通管理系统中心可以检测到每辆公交车出入站台的时间、前后车的间距、车上有多少乘客等,从而能够实时掌握车流的状态,各条线路的情况,灵活调配车辆。

国外不仅将最先进的技术应用到了公交调度系统中,并且实施了区域调度,实现了公交和其他交通方式的无缝衔接,综合枢纽换乘等比较先进的研究工作,对我国的智能交通的发展具有指导作用。

北京是我国系统地进行公交运营调度系统研究和建设的重要城市。1998年3月,北京市公交总公司决定启动“北京市公交总公司智能化调度系统总体方案设计及示范工程”项目,这是我国第一个综合性公交ITS项目。智能化调度系统建成后,在总公司调度指挥中心屏幕上能监视线路上公交车辆运营的动态情况,并通过综合业务通信网实现总公司、分公司和区域调度中心的实时通信,区域调度中心能对运营车辆进行实时监控指挥。北京市公交智能化调度系统总体结构包括7个子系统:计算机网络子系统、通信子系统、GPS子系统、调度平台子系统、大屏幕显示子系统、电子站牌子系统和会议电视子系统。

1999年,上海市第一条应用GPS技术进行调度管理的公交线路——981路在浦东投入运行。该系统选择了无线通信技术来传送定位信息,其车载设备用液晶显示和语音提示相结合的方式提示驾驶员,有利于驾驶员安全驾驶。该系统的监视软件提供了行驶速度预警,预测车辆到达站点时间,并且具有较为完善的电子地图显示功能。

杭州市是我国第一个将GPS定位技术应用到公交车辆调度管理中的城市。系统具备一定的车辆监控、管理和查询功能。但是系统目前只在杭州市部分公交线路上应用,而且传递信息的方式是单向的,调度室可以获得驾驶员发来的信息,但不能对驾驶员的操作发布实时指令。

除此之外,长春市、重庆市、西安等市分别在"公共交通管理信息系统"、"公共汽车微机调度管理系统"等方面做了一些有益的尝试。

大连市应用的公交智能调度终端系统集成了GPS实时定位和无线通信、音频播放等技术,具有无线数据传输、GPS定位、调度信息、TTS语音、自动报站、手动辅助报站、LED同步显示到站信息、定时回传、紧急报警、手动服务提示、图片抓拍、驾驶员考勤管理、多线路切换、语音通话等功能,可以实现对公交线路上车辆、驾驶员、调度员的有效管理;根据采集到的各类运营信息和管理要求,监视公交车辆运营情况,了解其位置、轨迹、到站、离站等情况,实时调度车辆分配,提高公交服务和出行效率,满足乘客需求,提高交通系统整体运行效率。

目前智能调度终端已经成功应用于我国东北、西南、华南等地区多个城市的普通公交、BRT快速公交等智能公交管理系统中,并取得了良好的社会和经济效益。

在技术方面,国外研究的主要精力集中在ITS技术支持下的公交调度系统上。公交调度系统综合应用GPS、GIS、APC(乘客计数系统)、传感器技术、通信系统等技术,采集和处理动态信息,识别和检测异常情况,使调度者对公交运行情况了解透彻,制订的公交调度措施更为有效。其中,车辆自动定位系统中应用GPS等技术实现控制中心对公交车辆的自动跟踪,并借助无线通信技术建立公交驾驶员与控制中心调度员的通信联系,保证了调度措施的及时实施。

在车辆跟踪的基础上,借助公交实时位置及状态信息,对公交车内到站显示、公交路口优先、车辆运营中途调度、行车计划的修改、电子站牌等方面进行了开发,改善了乘客信息提供的准确性、实时性。

在理论研究方面,我国吉林大学杨兆升提出了适合我国国情的智能公交系统实施框架[5],东南大学李海峰在对某市公交状况进行深入调研的基础上,提出了适合该市的智能公交调度系统结构框架[6]。杨新苗的论文提出了发展基于准实时信息的公共交通调度优化系统的设想,并进行了调度系统架构与集成方案的相应设计,勾画了智能调度应包括的功能[7]。北京交通大学结合北京公交ITS示范工程对公交智能调度平台专家系统设计与开发、区域调度运营组织与调度体制以及调度优化等做了重点研究。北京工业大学也结合公交数据智能处理及多线路动态协调调度展开了研究[8-13]。

1.3 公交监控与调度系统现存问题

与国外先进的城市公交智能调度系统相比,目前国内智能调度系统存在的差距主要表现在以下几方面。

1)信息化基础设施薄弱

从发达国家公共交通建设发展过程来看,公交信息化对于调度运营管理起到了有效的推动作用,通过对公交车辆的实时监控,班次安排的自动化辅助决策,尽量减少不确定因素对公交车辆运行稳定性的影响,在一定程度上减少了调度人员执行调度计划的盲目性和主观性,也能够为乘客提供及时的公交运行信息,提供更加人性化的服务。

目前,我国城市公共交通信息化水平普遍较低。北京、上海、广州等特大城市走在了公交信息化建设的前列,公交信息化建设已初具规模,在日常运行与大型活动保障中发挥了一定的作用;大连、武汉、杭州等城市也相继开展了示范工程,为公交信息化建设积累了经验;中小城市发展相对较慢,且由于交通环境的差异,其对信息化的需求也不尽相同。总的来说,我国公交信息化建设及应用规模依然较小,纳入智能公交系统管理的公交线路和车辆有限。目前国内公交企业的运营公交车辆中,安装了 GPS 定位系统的公交车辆只占少数,即使在国内智能公交系统建设积极、基础好的几个城市中,安装定位系统的公交车辆比例都没有超过 30%。因此公交调度系统应用规模小,难以达到规模效应,降低了系统效果。

另外,公共交通动态监控也多限于对系统模式的探讨和硬件设备的选择与集成上,在信息采集、传输、处理和输出显示等方面缺乏系统研究。

2)动态监控准确性、传输可靠性不尽如人意

众所周知,受到漂移及遮挡影响,通过 GPS 采集的公交运行数据不够准确。加之城市交通流的随机性很强,因此车辆到达站台时间的预测有较大误差,这直接影响了动态监控的准确性。另外,目前大多数智能公交调度系统中,信息传送采用了 GPRS 等无线通信的方式,而 GPRS 本身是大众使用的无线宽带网,并没有单独为公交行业提供专用的带宽资源,有的城市在试用中发现,大众使用 GPRS 的高峰时间点,公交信息的即时传送就不能得到保证,因而也影响了公交车辆的调度指挥。

3)动态调度管理缺乏全面实时信息的支持

虽然我国不少城市已经开展了公交信息化建设并投入应用,但功能大多集中于对场站与部分车辆的监控,公交运行全程运行状态监控尚不普及,因此,许多公交公司对运营调度仍采用“定点发车、两头卡点”的手工操作方式,只能做到在线路“一头一尾”的首末站进行动态控制管理,对于车辆在各中途站点的情况则无法控制。另外,客流信息也缺乏实时的采集及传输,因此绝大部分公交线路做不到实时的运营调度管理,运营计划的

调整周期一般较长,不少公交公司需要一个月或更长的时间才做调整。由于缺乏实时信息的传输和沟通致使调度失控,车辆经常出现“串车”、“大间隔”现象,要么使乘客候车时间过长,要么前车提前离站、后车拥挤不堪,甚至导致全线运行秩序混乱,严重影响了公共交通的服务质量和社会信誉。

4)缺乏核心算法及智能决策方法

当前运营计划的制订,主要依靠调度管理人员的经验和若干简单的服务控制指标。经验型决策虽然能在一定程度上把握公交客流的变化特点,但不能做到根据客流的变化动态地调整计划,运营计划的正确性和科学性得不到保障。不合理的运营计划带来的是资源的浪费和经济效益的下降。而公交线路的动态调度模型、车辆运行与客流的短时预测模型、专家辅助决策的核心算法更有待进一步深化。

5)缺乏区域多线路协调监控调度系统

区域多线路实时调度,既能够使服务于同一区域的多条公交线路相互协调,也能够提高枢纽场站资源的利用率,以更少的成本发挥更大的社会效益。而目前我国由于体制、管理、基础设施及关键技术等方面的局限,区域多线路实时监控调度系统建设还未走向实用化。

6)已有调度系统兼容性有待提高

实现公交信息化系统的智能调度、实时监控等主要功能,需要多个信息化子系统或软件支撑,如地理信息系统、数据库系统以及通信网络等。但由于各系统建设时未进行统一的规划,各运营企业已建系统独自运行、互不兼容的情况普遍存在,为系统整合带来较大阻碍,造成资源浪费。

7)未形成统一的标准体系

我国公交信息化系统的建设,除了在功能上缺少系统的规划外,还缺少统一的建设标准体系。在设备规格、数据接口、网络通信等方面,缺乏行业标准,迫切需要吸取信息化系统建设过程中的各种经验教训,形成具有实际指导意义的标准体系,提高新建系统的兼容性。

2 公交动态监控与调度系统

2.1 公交动态监控调度系统需求分析

针对现状公交运营存在的问题,能综合利用先进的信息技术和科学的调度管理方法,在保障公交安全运营的前提下,提高公交运行效率。同时应达到满足乘客出行需求、提高公交服务质量、降低职工劳动强度、增强企业的自身管理的目的,使公交更好地担负起社会公益的特性。本书着眼于公交企业运营监控和调度管理的基本要求,从运营监控、调度管理、数据管理及运营评价四方面分别阐述各自的功能需求。

2.1.1 公交运营监控需求

对公交场站内车辆运转情况和车辆运营过程进行全面监控,可有效提高运营效率及车辆安全行车系数。

公交运营监控的内容主要分三方面:车辆监控、场站监控、客流监控。

1)车辆监控

为保障公交车辆安全行驶,调度中心需要了解公交车的实时运行位置、车厢内外的状态,同时公交驾驶员在遇到异常情况时,需要及时上报给调度中心。

当驾驶员有违规操作时(如超速行驶、越站不停),监控人员可发送警告信息到相应车辆的智能车载终端,以警示驾驶员。当驾驶员向监控中心发出报警时(如服务纠纷、需要紧急救护、车内发生盗窃抢劫），监控人员能采取紧急措施。场站与车辆的监测应该能够自动判断场站、车辆的位置，场站、车辆的设施设备类别，以及是否发生故障、故障类型等。

公交车辆运营监控采集包括以下具体内容。

(1)车辆性能异常:如异常开关门、发动机过热等;

(2)行驶信息:记录车辆当前位置、速度、制动信息、事故、驾驶员违章操作信息、周边道路通畅程度等;

(3)服务及安保信息:服务纠纷,扒窃、抢劫等事件。

2)场站信息监控

对场站内的可调度车辆数量和车辆到发情况与停放位置，乘客到达人数及场站乘客纠纷、扒窃、抢劫事件等进行监控，这是维护公交场站安全和支持高效调度的保障。单纯采用人工巡检实时性不高，获知信息内容少，因此，有必要实现对场站设备设施的数字化管理，对其运行状况进行实时、动态监测。

3)客流信息监控

客流信息监控主要是记录每个站点上下乘客及候车乘客数量。

公交运营监控信息应通过无线或有线传输的方式实时传到后台调度系统。由于公交监控调度系统需要采集的数据具有数据量大、种类繁多等特点，要求在考虑经济性的同时，传输网络能够具有网络稳定性强、安全性高、传输量大、上传频率高、可扩展性良好等特点。

2.1.2 公交调度管理需求

调度指挥管理要求按照车辆运行作业计划，结合现场的实际情况，正确有效地指挥、控制和调节车辆运行，保证客运工作按时、按质、按量地完成。

以往公交运营调度多采用手工排班，随机性强，无法实时掌握线路、车辆状况，也无法达到线路最优化配置，造成了运力资源的浪费。在政府提倡建设资源节约型社会的号召下，需要详细掌握车辆、线路、客流状况，运用先进的计算机技术，科学地排班，统一调度，变经验调度为动态监控、实时调度，加强调度人员对生产现场的全面了解，使有限的调度人员真正把精力用于现场调度，彻底改变现行的落后运行管理和调度模式。

日常条件下的公交运营调度管理需要满足以下需求:根据班次调整规则自动进行班次安排;通过公交智能化系统，实现正常条件下均匀合理的行车间隔;实现区域实时调度，调度中心每个终端可同时对多条公交线路实时调度;实现营运车辆跨线路营运，达到线路间资源调配，包括人员调配、车辆调配。

2.1.3 数据管理需求

为了提高公交企业的服务水平和组织能力，提高整个部门宏观决策的科学性和高效性，需要整合各种信息资源,提供直观的展示和方便的查询,以及强大的统计分析功能,为管理者和业务处理人员宏观决策提供辅助支持。数据管理具体包括以下几方面的数据需求。

1)基础数据

基础数据指公交运营与管理中基础设施、设备、人员、部门等相关数据,如线路、场站、车辆、人员等信息。基础信息是数据库构建及数据管理的基础,是反映运营企业基础建设情况、管理体制及人员配备的重要数据。

2)动态数据

动态数据包括车辆、客流、设备等实时信息,来源于实时监控系统,可用于公交车辆、人员实时定位、客流实时分析预警。动态数据是生成动态调度方案决策的主要支撑数据。

3)统计数据

统计数据是对基础数据和动态数据进行分类统计,能够反映相关数据规律和变化的数据。如客流量、周转时间、车辆油耗统计等。统计数据是生成静态调度方案的主要支撑。

另外,由于公共交通需要兼顾企业收益与社会效益(服务水平),因此对公交运营评价也应满足这两方面的需求,将二者综合考虑,避免过分追求企业利益最大化而降低服务水平。通过运营效益及服务水平评价指标分析,可梳理出智能监控系统信息采集的需求。

2.1.4 运营评价需求

1)运营效益分析及评价的需求

对于运营企业而言,运营效益分析及评价至关重要,在很大程度上影响着运力配置、人员配备、政府补贴及智能化建设等方方面面。而建立公交运营成本相关统计数据库,能够大大提升运营效益分析的精度和效率,指导运营企业的市场行为。企业效益分析及评价的指标主要有:车辆维修成本、燃料成本、运营/空驶里程、人员成本和运营收入等。

2)服务水平分析及评价的需求

公交服务水平分析主要包括快捷性、可靠性、舒适性、便利性、安全性、经济性等方面的分析。每种评价指标的评价均须有相关的数据支撑。

(1)快捷性。

快捷性主要由公交出行总时间来决定。它可由以下指标体现:最大最小发车间隔时间或发车频率、车辆行驶速度、乘客换乘时间等。

(2)可靠性。

公共交通系统的可靠性定义为:在一定的运营条件下和时间内,完成规定任务的能力。一般常可用准点率或车头时距方差表征可靠性。

(3)舒适性。

舒适性主要受公交车内拥挤程度影响。其指标主要有:高峰满载率、行车线路平均满载率等。

(4)便利性。

便利性主要由空间可达(如距站点的步行距离)及时间可达(运营时间)以及信息服务水平等来决定。

(5)安全性。

安全性主要可由事故率来表征,同时由于经济安全性与超速等驾驶行为有着重要的关联关系,也可用超速的相关指标来间接体现。

(6)经济性。

经济性是从使用者的角度出发,考虑怎样使出行费用最低的问题。经济性指标主要有出行交通费率。

2.2 公交动态监控调度系统构建

公交动态监控调度系统是智能交通系统(ITS)的一个重要应用,是集 GPS 定位技术、客流采集技术、地理信息技术(GIS)、视频监控技术、计算机技术、通信技术和信息处理技术于一体的综合管理系统,重点实现信息采集、监控、调度、数据管理及运行评价等功能,由监控子系统、调度子系统、运行评价子系统和数据库子系统组成。

1)总体要求

建设公交监控调度系统的总体要求体现在以下几方面。

(1)以各种公交 ITS 技术的综合应用为核心,通过公交场站信息采集、车载信息采集、智能调度、信息综合管理实现整个公交系统的智能化、信息化。

(2)以运营业务为主线,按照计划、调度、监控、指挥、服务的整体要求,采用网络、计算机、软件实现公交业务流程的整合。

(3)以现代化公交企业管理为目标,努力实现企业信息化管理。

2)信息化软硬件环境

实现公交监控调度智能化与自动化,信息化软硬件环境及相关技术必不可少,概括起来包括以下方面。

(1)硬件设备:车载终端设备、场站视频终端、监控终端、调度终端设备、信息传输设备等。

(2)软件系统:车辆和场站监控子系统、调度子系统和信息管理子系统、智能集成系统中相关的软件、集成接口、数据定义和调度中心系统平台、应用软件、数据库等,还有运营计划及调度系统和企业 MIS 系统,这些系统以软件设计及系统集成为主。

(3)关键技术支撑:定位技术、视频处理技术、GIS(地理信息系统)技术、通信技术、数据处理技术、调度技术等。

3)系统构成

监控调度系统主要包括的三个子系统如图 2-1 所示。

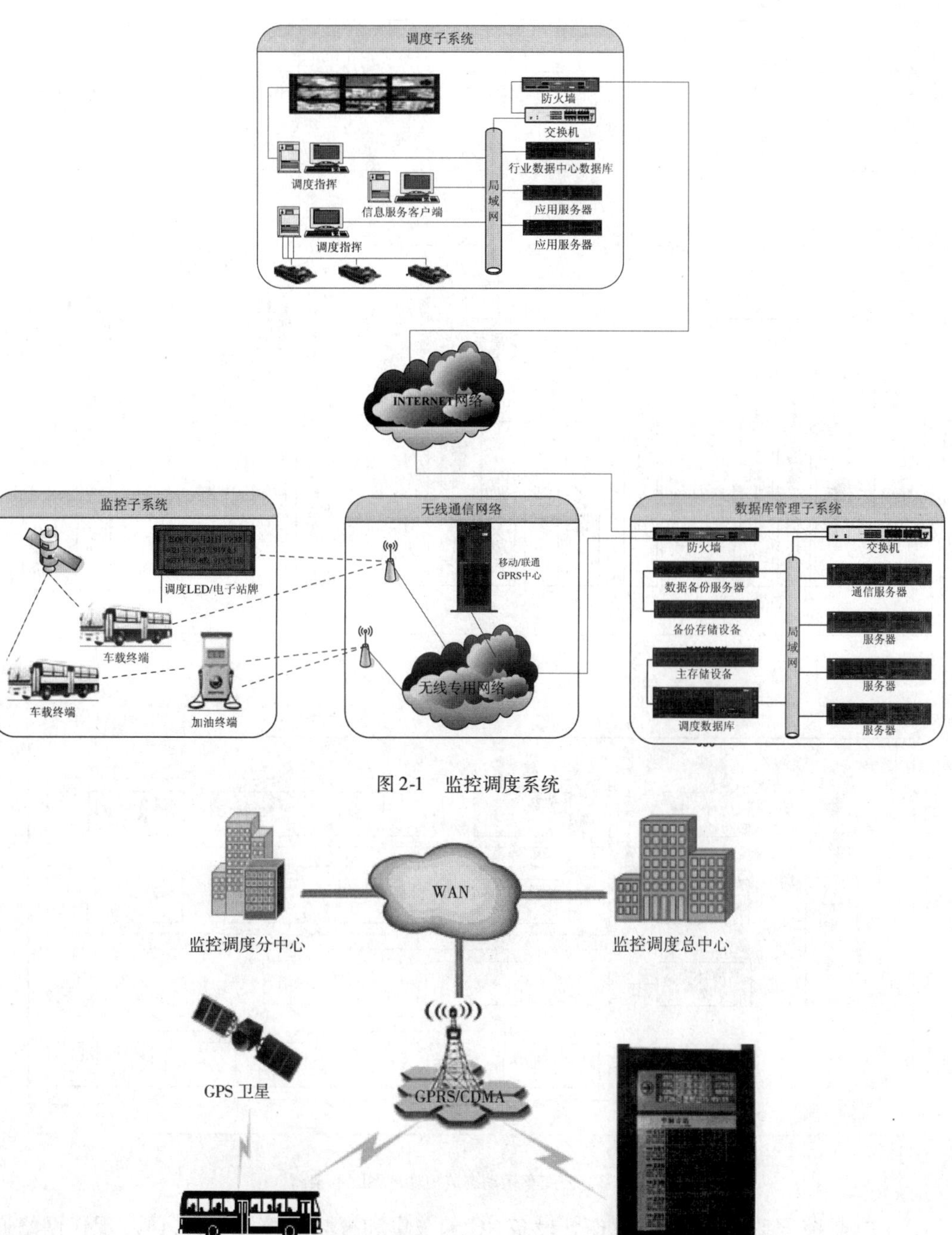

图 2-1　监控调度系统

图 2-2　监控调度系统的通信关系示意图

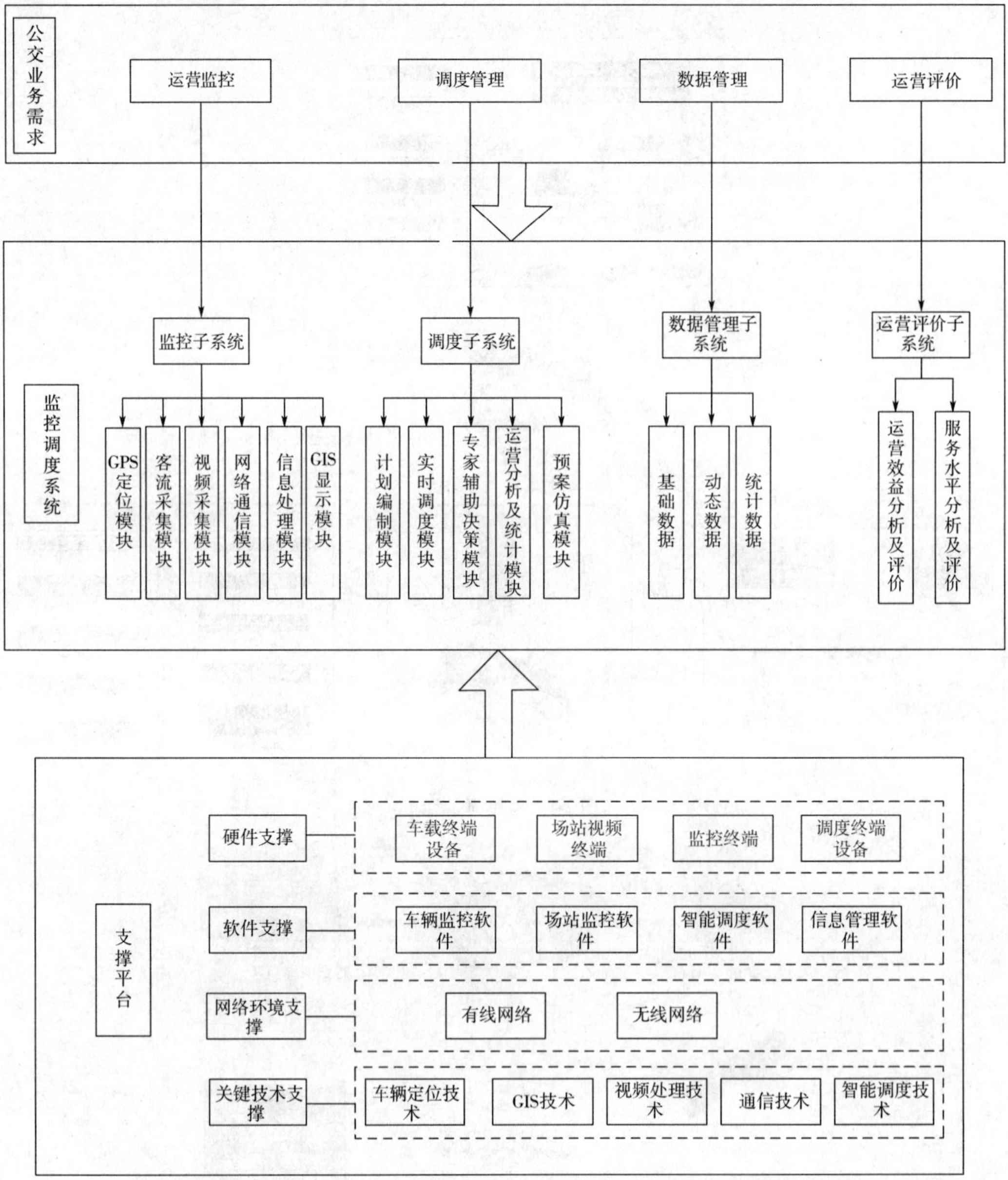

公交业务需求

运营监控 | 调度管理 | 数据管理 | 运营评价

监控调度系统

监控子系统：GPS定位模块、客流采集模块、视频采集模块、网络通信模块、信息处理模块、GIS显示模块

调度子系统：计划编制模块、实时调度模块、专家辅助决策模块、运营分析及统计模块、预案仿真模块

数据管理子系统：基础数据、动态数据、统计数据

运营评价子系统：运营效益分析及评价、服务水平分析及评价

支撑平台

硬件支撑：车载终端设备、场站视频终端、监控终端、调度终端设备

软件支撑：车辆监控软件、场站监控软件、智能调度软件、信息管理软件

网络环境支撑：有线网络、无线网络

关键技术支撑：车辆定位技术、GIS技术、视频处理技术、通信技术、智能调度技术

图 2-3　公交车辆动态监控调度系统框架图

(1)监控子系统：主要运用 GPS 设备、IC 卡采集和视频监控等设备，通过现代网络通信技术采集数据传输给调度中心的调度子系统，后台通过数据处理在地理信息系统(GIS)平台上呈现，获知公交车辆和场站的动态运行情况，并可通过电子站牌等进行信息发布，从而达到对公共异常事件的快速监测、实时调度、保障公交正常运行的目的。

(2)调度子系统:通过制订运营车辆的行车作业计划和发布调度指令,协调运营生产的各环节,合理安排、组织、指挥、控制和监督运营车辆的运行和有关人员的工作,使企业的生产达到预期的经济目标和良好的社会服务效益,主要实现计划排班、实时调度、专家辅助决策、公交运营数据分析、统计及预案仿真等业务功能。

(3)数据管理子系统:主要对公交公司基础数据及动态数据进行合理组织管理,并进行相关业务内容的统计。

(4)运营评价子系统:主要对公交公司运行效率及服务水平进行评价。

图 2-2 为监控调度系统中的通信关系示意图。

综上所述,公交车辆动态监控调度系统框架图如图 2-3 所示。

2.3 公交动态监控调度系统模块功能分析

本节重点介绍公交动态监控调度系统各个子系统中的主要功能模块。

2.3.1 监控子系统

监控调度系统主要实现公交信息的采集、传输、处理和显示功能,通过车载终端和场站视频等终端采集公交车辆和场站运行状态、客流和其他信息,系统对车辆和场站传来的数据进行汇集、分析、综合,采用 GIS 技术在电子地图上显示,达到对公交异常事件的快速监测、保障公交正常运行的目的。

2.3.1.1 车辆定位模块

车辆定位模块是监控调度系统中的一个重要部分,公交车辆定位的目的在于使指挥调度人员可以在电子地图上清晰地了解到公交车辆现在所处的位置、行驶速度、方向等信息。当车辆超速,或当车辆超出预定线路时,系统会给调度人员提示。当发生紧急情况时,通过 GPS 定位功能,调度人员也可以迅速准确地进行公交车辆的指挥调度,以便调度人员及时掌握车辆的运行状况,提前采取措施,保证运营的有序进行。

车辆定位一般可通过 GPS/北斗定位,或采用路侧通信方式如 RFID 等实现。采用 GPS 定位技术,通过 GPS 卫星就可获取位置及速度等信息,然后通过车载设备的通信模块送往控制中心。而 RFID 等技术多通过布设在路侧或场站进出口的通信设备与车辆进行短距离通信,从而实现车辆定位监测及车辆身份识别。

2.3.1.2 客流采集模块

客流是公共交通的服务对象,其在空间和时间上的分布特性会对城市公共交通智能调度产生决定性的影响。客流检测可分为两个部分进行:公交车内客流检测和站点客流检测。

公交车内客流检测主要采集在各个站点的上车人数、下车人数,以及车上的乘客人数,从而获得各个时刻车辆的满载率。满载率是城市公共交通的一个重要参数,它不仅是公交调度的重要依据,也是反映公交公司运营状况的重要依据。站点客流检测主要检测在公交站点的乘客到达率,以及时地调整公交车辆发车情况,提高资源的有效利用。

客流采集模块主要用于采集客流数据,实时向调度中心提供当前客流量,使调度员掌握客流变化趋势。

目前国内公交车内客流检测采用 IC 卡计数方法,站点客流检测采用图像处理方法较为普遍。但目前 IC 卡计数方法多未实现短周期的实时上传。随着 GPS 定位终端与 IC 卡终端的一体化开发及应用,能按照一定频率将客流数据打包,通过网络通信模块实时地传给调度中心。

2.3.1.3 视频采集模块

视频采集模块利用视频、计算机及现代通信等技术,可实现对交通动态信息的采集。系统通过安装在场站或车辆上的摄像机采集交通图像,再进行图像处理,得到车辆动态信息,并可对监控范围内的交通事件自动报警,从而为公交调度和信息发布提供实时交通动态信息。

视频采集及提取技术对视频交通图像数据处理及特征提取都可实时进行,视频交通信息采集系统将摄像头拍摄到的模拟视频数据转换成数字视频数据,经压缩后进行存储并数字化,对图像初步处理,去掉多余信息;接着对图像进行分区;对各分区图像处理,提取特征信息;根据特征信息完成对公交场站及公交车辆运行状态信息的提取。

视频采集模块可用于监视公交场站及车辆运行状况。在公交场站上主要采集到离站客流量、场站车辆停放及周转情况、乘客上下车秩序等内容。在公交车辆上主要采集车辆内外环境、乘客满载情况及舒适程度、乘运纠纷以及交通阻塞、事故、异常开关门、等异常事件信息。

视频采集模块可包含前端存储功能,通过在前端设备配备大容量硬盘,存储音视频数据,保证在发生纠纷时及时调出录像资料进行查看,为查明事件真实情况提供强有力的证据。同时考虑车辆运行环境的复杂性,视频采集系统应具有异常断电时数据不会丢失和损坏的能力,而且应采用减震结构设计,提高系统可靠性,并且支持计划录像、报警联动录像、移动侦测录像等多种录像启动方式。

2.3.1.4 网络通信模块

通信网络的作用是为监控调度系统提供一个完善的业务通信平台,满足各功能模块对信息传输的要求。网络包括无线通信和有线通信两部分。无线通信主要实现车辆与调度平台之间的数据和语音通信,保证调度与驾驶员之间的联系,有线通信包含局域网和广域网两部分,局域网用于实现总公司与分公司、车队各部门之间的数据传输和资源共享。

无线网络通信模块主要包括基站、监控中心链路设备和智能车载终端等,负责使调度中心和车载单元进行有效的沟通。通过网络通信模块,车载单元可以及时将自身的定位信息、客流信息上报给监控调度中心,遇到突发情况下汇报紧急事件信息,接受监控调度中心的调度命令等。网络通信模块实现公交车辆与调度中心大数据量的交互,把乘客、车辆和调度中心紧密联系在一起,实现车载单元和调度中心的实时双向通信。

对通信网的总体建设要求是:安全可靠、技术先进、便于扩展、经济实用、兼容现有通信设施。系统技术性能(包括可靠性和安全性)应符合国家有关标准和公交行业的特殊要求,特别是车辆运营环境的要求,保证提供高速度、高质量、远距离、安全可靠、不间断实时传输的数字型信道传输。

2.3.1.5 信息处理模块

信息是智能交通管理系统中重要的基本元素,也是连接各个子系统的纽带。通常把公交信息划分为两类:静态信息和动态信息。静态信息是指包括道路信息、交通附属设施信息、场站信息、车辆管理信息等随时间变化较小的信息,并可以分为基础数据(如道路路网、公交线网数据等)和历史数据(如车辆到站、客流量等的历史数据等);动态信息主要指各类实时采集到的交通信息,如交通流量信息、视频监控信息、公交车位置信息等。

由于采集的公交信息繁杂多样,要想利用这些不同类别的信息,需要采用不同的处理方法;另一个方面,交通信息的一个显著特征是它的空间性和随机性,因此对它的研究和分析需要建立在广泛统计的基础上,应用各类信息处理技术和统计分析方法来探索信息的直观性和变化趋势的规律性。目前交通信息的处理技术非常多,应用于公交信息处理的处理技术主要有:数据压缩处理技术、交通信息融合技术、车辆到站识别技术、车辆到站预测技术等,它们在公交运营和管理中起着重要的作用。

信息处理模块的作用是处理各类公交信息,并对其进行时空分析及预测。

2.3.1.6 GIS 显示模块

GIS(Geographical Information System),即地理信息系统,它作为一种综合处理和分析空间数据的技术系统,能够有效地对地球空间数据进行采集、存储、检索、建模、分析和输出。它的独特之处就在于能够把地理位置和相关属性信息有机地结合起来。众所周知,交通信息与地理位置密切相关,利用 GIS 技术构筑智能公交系统的共用信息平台,不但能够使交通信息在空间上直观明了地显示出来,并能为这些信息的深层次挖掘和后续信息服务及辅助决策提供空间属性上的支持。

利用 GIS 可对所有公交动静态数据进行集成管理。针对智能交通管理系统对信息要求的特点,可建立专属的地理信息数据库,通过网络互联与分布式数据库系统建立 GIS 平台。GIS 作为整个系统的协调者,对数据和应用进行管理。

GIS 显示模块负责将车辆定位模块获取到的地理位置信息,结合电子地图在调度中心显示,为调度员提供方便直观的观测方式。调度员通过电子地图,能够及时获取运营车辆的地理位置，从而根据实际情况来采取相应的调度措施。

与GPS系统结合，不仅极大地增强了交通网络处理的直观性、可操作性，而且能提高公交调度的工作效率。

车辆监控调度客户端GIS功能包括地图操作、定位显示、轨迹显示、地名查询及鹰眼功能等，其具体功能如下。

(1)地图操作。

可对当前的地图进行放大、缩小、漫游等操作，以便了解某个移动目标所在位置的详细情况或了解大区域或全局的整体情况，并具有全屏、刷新、画点、画线等功能，可进行多层地理信息处理。

(2)车辆定位显示。

根据定位数据，将车辆的地理位置信息，结合电子地图直观地显示出来。车辆可按指定车辆、报警车辆、全部车辆分类现实。

(3)车辆轨迹显示。

动态地将车辆的行进以轨迹的方式显示出来。轨迹显示分为实时轨迹和历史轨迹显示，历史轨迹显示支持某一时间段内多辆车的轨迹显示。

(4)地名查询。

查询公交站名、道路等，并将查询结果在电子地图上显示出来。

(5)鹰眼功能。

跟踪指定运营车辆，通过GIS地图显示功能追踪其行驶状况。

2.3.2 调度子系统

调度子系统通过制订运营车辆的行车作业计划和发布调度指令，协调运营生产的各环节，合理安排、组织、指挥、控制和监督运营车辆的运行和有关人员的工作，采用人工智能的方法，对车辆位置信息、客流量数据、调度员经验进行综合处理，实现对车辆的智能化现场调度和辅助决策支持，使企业的生产达到预期的经济目标和良好的社会服务效益。主要实现计划排班、实时调度、专家辅助决策、公交运营数据分析及统计及预案仿真等业务功能。

调度子系统是整个系统运作的中枢，它将整个系统中的各个子系统联系在了一起。调度中心通过GPRS等通信网络接收车载单元发送来的各种信息，包括车辆定时上传的实时位置信息、车速信息、公交车辆客流检测和站点客流检测信息及在遇到紧急情况下发送的报警信息等。接收到这些信息之后，根据事先拟定好的传输协议的格式，将预测、统计等所需信息从接收到的信息中解析出来，作为历史数据存入数据库中，同时，部分数据将被复制发送到信息处理预测模块，以预定的算法模型预测出后续车辆的运营情况，其预测结果将传送到调度模块，指导调度员做出相应的调度决策，并通过网络通信手段将调度命令发送到相应的车载单元中。图 2-4 为系统工作流程图。

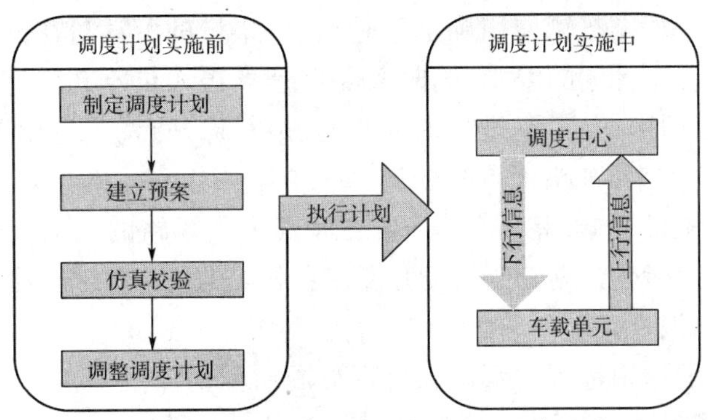

图 2-4　系统工作流程图

2.3.2.1　计划编制模块

计划编制模块主要负责编制公交行车计划。根据各条线路配置的车辆数以及驾乘人员数量,结合各线路客流现状、枢纽场站内部空间容量等限制条件来安排合理的运营计划,使静态调度水平达到最优。

计划编制涉及行车计划表及劳动配班表的制订。

1)制订行车计划表

行车计划表分为制订公交行车时刻表及车辆使用计划表两个过程。

公交行车时刻表是根据客流的情况确定发车频率,提供线路车辆的首、末车时间、车辆发车间隔。行车时刻表是公交对社会的承诺,它决定着公交为乘客服务的水平。发车间隔越小,服务水平越高,但公交投入的成本高,因此,好的行车时刻表应该是在满足客流需求的前提下,尽量减少不必要的投入。因此行车时刻表的编制目标是:根据客流量在不同时刻的分布状况,调整发车间隔,保证行车间隔的均匀有序,尽量避免产生车时浪费和周转不济,从而保证车辆满载率始终保持在某一恰当的水平。

制订公交行车时刻表时,计划制订人员一般会根据历史数据与实时客流量数据,确定线路客流的每日时段分布曲线,同时根据客流曲线将其划分为若干峰值区间,例如高峰、低峰、平峰等;然后参考过去线路的客流量情况和线路计划配车数、全程运行时间,确定周转时间及间隔,再根据过去调度时该时刻客流量与车数是否协调来派车;并且考虑早晚高峰、配车车数、用餐时间的安排、首末班车等若干因素,编制出行车时刻表。

车辆使用计划表是根据行车时刻表的要求,考虑线路条数、线路长度、站点、各条线路车辆数、客流统计以及场站规模、车辆保养维修等因素,确定不同时段配置的车辆数,其目标是以最少的车辆投入实现时刻表的要求,既要努力争取车辆配置最少,又要满足时刻表的要求。最终利用相应优化算法,在同时满足线路运营需要以及场站规模的限制的条件下,制订行车计划表。

2)制订劳动配班表

劳动配班计划是根据车辆使用确定驾驶员、售票员的劳动班次配备,其目标是以最少的人力投入完成行车计划的要求,同时又要保证驾售人员不超劳,劳动配班计划需要考虑单程点、高峰小时断面流量、最长工作时间、最小停站点、车站设置、首末站设置、车场设置、区间车开行方案(掉头地点)、快车开行方案等因素。由于公交在运行中受许多难以预料的不定因素的影响,情况复杂,加之涉及多条线路的人力、运力的统一调配优化,难度大,因此上述运营计划编制需要开发建立相应的优化算法模型。

2.3.2.2 实时调度模块

车辆运营调度的作用是有效管理和合理分配有限的车辆资源、人力资源,调整供需平衡,以解决供需矛盾,达到乘客需求与公司效益的最佳平衡。为了完成这一目标,可采用静态计划与动态调度相结合的方式。首先预测客流需求,在运营准备阶段制订出未来一段时期内的车辆运输作业计划,包括时刻表、配车配班计划等。如果实际客流需求与预测客流大致相符,则按照静态计划进行调度;如果出现实际情况发生变化,如路段拥堵,或运营车辆出现故障,导致出现大串车、大间隔等偏离计划的情况,则由实时调度模块进行调整。

实时调度模块的功能主要包括按计划自动发车/预案发车/手动发车(键盘输入发车信息)、实时动态调整计划信息、查看发出/驶入信息、实时查看路单及行车记录表等。

实时调度模块由消息模块、调度处理模块、调度显示模块和信息查询四个子模块组成。其中消息模块主要实现消息的接收和处理功能;调度处理模块实现执行调度操作和发送实时调度指令功能;调度显示模块则是将各种监控信息、调度资源及历史数据直观地呈现给调度人员;信息查询模块包括对运营计划、运营记录、车辆及人员信息的查询。此外该模块还具有调度指令自动存储功能。最终日常所采取的措施将以案例形式存储于案例数据库,方便日后调度时直接调用案例。

2.3.2.3 专家辅助决策模块

专家辅助决策模块是一种高级信息管理技术,它不仅充分利用原始数据的信息,而且依靠学习和训练等措施产生推理和判断能力,将原有的知识水平提高一步。新知识是在事先设定的许多判决规则和逻辑程序的基础上产生的。专家辅助决策主要是针对公交在运行过程中经常出现的异常事件,根据常用的调度手段和措施,通过设定判决规则和合理的逻辑推理,使系统产生自学习能力,为调度人员提供辅助决策指导。

公交调度分为静态调度和动态调度。静态调度是一种根据行车计划表对车辆调度的基本方式,目前大部分城市公交线路的调度基本上还是采用“定点发车、两头卡点”的手工作业方式。动态调度则是通过 GPS 数据及客流监测数据判断运行中的车辆是否有误点、串车、大间隔、无法回站发车、超大客流等异常情况,进而对排班时刻表进行调整。动态调度对公交系统工作人员的整体素质要求较高,仅凭个人经验并不能达到动态调度的最佳优化效果,而且公交车辆运营调度问题十分复杂,有许多因素难以准确地进行预测估计和建模分析,建立在数学模型基础上的调度算法都只是对原调度问题的某种近似,并不能适应突发事件等复杂的情况,因此,有必要在动态调度中引入专家系统进行辅助决策。

在专家系统中,通过对公交调度中的异常情况进行整理分类,可以方便地对系统进行分析与设计。一般可将异常情况分为常见异常与非常见异常,通过离线生成案例库并通过在线规则匹配推理,即可选择适当的车辆的调度形式及具体的调度措施。

系统能够自动生成各种与运营计划和调度相关的统计报表,计算分析运营、安全、服务、车辆维护等方面的指标,显示或打印各种报表,以提供给调度员与计划编制人员,在编制计划与制订预案时参考使用。

(1)运营指标:包括各站、各时段车辆平均停站时间,各站间路段、各时段车辆平均行驶时间,车辆每日里程、累计里程以及车辆消耗信息。用于评价企业日常运营情况及效益。

(2)安全指标:行车事故情况、违章情况分析。用于评价车辆行驶安全性能。

(3)服务指标:车厢标准化服务合格率、车厢整洁合格率、社会监督情况投诉率。可根据行车准点率、乘客平均候车时间、满载率等指标进行综合评价。

(4)车辆维护指标:一级维护、二级维护、材料费使用、百公里成本(油耗、材料费等)、完好车率、日常维护合格率、重大机械事故、机电安全事故、尾气检测合格率、中途坏车情况。

统计报表主要根据所选择的查询条件统计(例如,票务室名称、时间区间等)各类报表,并导出 Excel 格式报表,主要包括票务室统计报表、分公司统计报表、总公司统计报表、票务室实时数据、分公司实时数据、总公司实时报表。

1)业务报表生成

(1)通过各种运营计划、计划指标和实际完成情况对比分析,生成客运月报表和各种分类分析报表及图表。

(2)根据电子路单、调度命令的发布和车辆的运行状况,自动记录车辆起点发车时间、终点到站时间、途经站的时间并对其进行正点考核,统计日计划趟次、日实际趟次、日计划公里、日实际公里、空驶公里(进出场空驶、抛锚空驶、添加燃料空驶),线路高/平峰、延点圈次,高/峰、延点公里;行驶违规记录、抛锚时间、抛锚趟次;汇总营运车辆到站、发车时间;线路运营圈次、添加燃料时间、进出场时间;计划工时、营运工时、空驶工时。各项记录可分为上午班、下午班、延点分别汇总,生成统计报表。

(3)根据物资管理数据,按照线路、车队统计车辆日加油、加气量统计车辆维修相关信息,包括零配件使用、维修时间、人员,维护次数、级别、行驶总公里数等。

2)汇总报表生成

报表主要有:运营生产情况日报、旬报、月报表,各项指标完成情况等。包括单车报表、线路报表、分公司报表、个人考勤报表、个人营运报表、线路日报、线路班次月报、营运生产情况汇总表等。

2.3.2.4 预案仿真模块

传统的公交调度系统一般将重点放在行车计划实施过程中对于车辆的监控及调度，而忽略了在行车计划实施前对计划可行性、运行效率及实施过程中可能出现的问题的科学预测。系统中的预案仿真模块就是在制订行车计划后，提供一种定量的仿真手段，对行车计划的实施效果进行仿真模拟运行，同时也能自主设计，建立一些突发事件的案例仿真模型，根据仿真结果，可以对行车计划或调度措施中不合理的因素进行更改，提高调度的效率。预案仿真模块主要功能有：

(1)校验行车计划。

在行车计划制订完毕后，可以通过仿真模型来验证其效果，以发现其中存在的问题，并将行车计划调整到最佳。

(2)建立预备案例。

在没有相关数据的条件下，可以通过仿真手段来模拟某些紧急突发事件，得出相应的应急调度措施。

通过交通仿真，可对公交调度方案进行仿真再现，它是测试及评价规划方案是否可行有效，并对其进行优化调整的有效手段。交通仿真从区域范围上可分为区域和微观两个层次的仿真模型。

区域仿真可以更系统地模拟多条公交线路的协调调度方案，并给出调度方案的优劣评价。微观层面上的公交仿真主要模拟公交乘客的乘车场景及单条公交线路的调度指挥，可以测试和评价微观组织方案。

2.3.3 数据管理及评价子系统

公交智能调度系统离不开数据的存储、分析及处理，并在此基础上进行企业运营效益及出行者服务水平评价。数据可分为基础数据、动态数据及统计数据三部分。本节重点介绍这三类数据的内容。

2.3.3.1 基础数据

基础数据包括车辆数据、驾驶员数据、售票员数据、站点数据、部门数据、GIS信息、场站基本信息、场站服务设施基础数据等基本不发生变化的数据。

(1)车辆数据：包括车辆编号、车辆牌照号、车辆识别号、所属分公司、部门名称、线路名称、购买日期、行车证登记日期、车型、车辆品牌、车辆产地、车辆厂家、燃料类型、车辆类型号、使用年限、发动机编号、发动机型号等。

(2)驾驶员数据：包括驾驶员编号、驾驶员姓名、所属线路、所属部门、所属分公司等。

(3)售票员数据：包括售票员编号、售票员姓名、所属线路、所属部门、所属分公司等。

(4)站点数据：包括线路名称、上下行、站点编号、站点名称、经度、纬度、距上一站距离、距第一站距离、距第一站准点时间、限速标准等。

(5)部门数据:包括部门名称、部门属性(如总公司、分公司、车队、线路)等内容。

(6)GIS 信息:包含基本行政区域、干道、次干道、政府机构、企事业机关单位、居民区、商场、娱乐场所、河流等基础信息图层以及公交公司、分公司、车站、线路站点等行业相关信息图层。

(7)场站服务设施基本信息。

场站服务设施基本信息如表 2-1 所示。

场站服务设施基本信息表 表 2-1

数据类别	数据项
场站总体结构信息	各场站总体结构、出入通道(口)、紧急疏散通道、换乘示意、流线信息等
服务设施属性信息	站内服务电话、触摸屏、饮水机、电梯等的名称、编号、分类、主要性能指标、分布情况、使用情况、使用频率、故障情况、运维状况等

2.3.3.2 动态数据

动态数据包括车辆定位信息、车辆到离站信息、车辆异常事件报警信息、视频监控信息、设备设施运行状态信息、场站异常事件信息、服务投诉稽查信息、交通路况、辅助服务信息等运营及安全数据。

(1)车辆定位信息:包括车辆编号、线路编号、数据产生日期、数据产生时间、经度、纬度、瞬时速度、方位角、下一个站站点序号、车上人数、始发终到标识、发车日期、发车时间、运行方向、是否在线及离线标识、驾驶员编号、驾驶员是否在岗等信息。

(2)到、离站信息:包括车号、线路、当前日期、当前时间、站点编号、运行方向、到离站标识等信息。

(3)车辆异常事件报警信息:主要包括车辆超速、开关门异常、发动机过热等异常事件报警信息。具体包括:车号、线路、开始或结束日期、开始或结束时间、站点编号、运行方向、方位角、异常事件持续时长、标准速度、瞬时速度等。

(4)视频监控信息:包括场站车辆运转情况、客流到达监控等内容,涵盖公交场站、机房、保安监控室、电梯、场站配套办公区域等区域公共安全事件视频。

运营公交内外监控画面包括驾售服务态度、车内乘客数量及舒适度检测、路外道路状况及站点乘客人数等信息。

(5)辅助服务信息:主要指场站周边交通线路信息,提供除直达场站的交通路线外的其他交通路线和交通方式信息。

2.3.3.3 统计数据

统计数据是对上述基础数据及动态数据进行处理后得到的供政府及企业评价公交运营服务效率及效益的数据,主要包括对票务、行车记录、调度日志的统计。

(1)运营统计数据:包括车辆编号、线路编号、驾驶员姓名、日期、实际行车次数、实际正点次数、误点次数、快点时间、慢点时间、故障次数、故障时间、载客营运公里、空驶营运公里、包车营运公里、合计营运公里、实际燃料消耗、燃料消耗、实际小修材料、客票营运收入、IC 卡营运收入等。

(2)电子路单统计:分为上午班、下午班、延点分别汇总,统计日计划趟次、日实际趟次、日计划公里、日实际公里、抛锚时间、抛锚趟次、日行驶总公里、空驶公里、违规记录等内容。

(3)客流数据统计,即按照驾驶员、线路、车辆、时间分别统计运营人次及收入,其中收入部分包括一卡通收入及售票票款数据。

(4)正点率统计,即对公交线路车辆途径起点站、终点站、途径大站进行正点率统计。

(5)调度日志统计:包括发布调度命令情况、线路高峰/平峰延点圈次、高峰/平峰延点公里、营运车辆到站、发车时间、线路运营圈次、空驶公里(进出场空驶、抛锚空驶、添加燃料空驶)、抛锚时间、添加燃料时间、进出场时间、营运工时、空驶工时等内容的汇总统计。

(6)车辆事故统计,即进行事故类别、事故数、死伤人数、资金损失、资金赔偿等内容汇总统计。

2.4 系统支撑平台

2.4.1 软硬件支撑平台

监控调度系统主要由车载终端、场站视频终端、监控终端和调度终端等硬件设施及相应的软件平台支撑。软件平台主要实现判断、识别、计算及决策功能,辅助硬件设施完成其相应的工作。各硬件设施所完成的主要功能为:车载终端和场站视频终端分别完成公交车辆及公交场站信息的采集传输功能;监控终端主要由 GIS 工作站、管理工作站等组成,实现电子地图服务功能、信息处理及融合和车辆实时监控跟踪功能;调度终端主要实现计划排班、车辆调度、数据统一、组织管理功能。

车载终端可结合无线通信、GPS 定位、语音处理和图像处理等多种技术,将 GPS 定位、语音文字短信调度信息、自动报站、LED 同步显示到站信息、紧急报警、手动服务提示、视频监控、图像抓拍、开关门报警、超速报警、远程设置参数、驾售考勤管理、语音调度指令、客流统计、语音通话、黑匣子数据记录等功能有机融合为一个整体,利用 GSM/GPRS/CDMA/EDGE 等传输方式将采集信息传送到监控中心。

场站视频终端(图 2-5)可采用数字化、网络化及智能化视频监控架构,通过高效的视音频编码技术、灵活的网络处理技术以及智能的视频分析技术,对站点的客流量进行统计和候车区域异常事件快速识别。由于视频文件较大,一般可采用3G网络传输方式传送到监控中心。

图2-5 场站视频采集图像

监控终端对车辆传来的数据进行汇集、分析、综合,对车辆进行实时监控,采用GIS技术在电子地图上显示,并将处理后的信息通过GPRS无线传输方式传送到电子站牌上显示,为乘客提供交通信息服务;监控调度中心的智能化监控调度软件采用人工智能的方法,对车辆位置信息、客流量数据、调度员经验进行综合处理,实现对车辆的智能化现场调度和辅助决策支持。

调度终端首先取得车载终端传输过来的数据,对数据进行存储、解析,为前台提供可视化显示的数据支持,线路调度员通过监控终端,查看线路上运行车辆的状况,调度中心的用户可以调用仿真模块,对调度计划进行仿真,通过仿真计算,系统会对调度计划是否可行、线路运营中是否会出现冲突等给出计算结果,操作员通过对结果分析,修改相应的调度计划,达到修正、优化方案的目的,通过软件辅助完成对线路车辆的统一调度指挥,下达车辆发车指令,提高公交调度效率。

2.4.2 网络环境支撑

自20世纪90年代以来,光纤通信、数字微波、卫星通信、程控交换、移动通信、数据与多媒体通信等世界先进技术已在我国通信网上得到广泛应用,IP(互联网协议)和多媒体通信网已具有相当规模,各种接入网技术开始被推广使用。这些通信技术为实现公交信息化奠定了基础,能够使交通信息网络的组织和技术水准更好地适应智能交通和信息传输的需要。

通信网络是为各子系统模块提供一个完善的业务通信平台,满足系统各模块对信息传输的要求。网络包括移动有线通信网和无线通信网两大类。有线网络主要实现企业内部间的通信,无线网络主要用于车辆、站点与管理中心间的通信。

通过对系统整体构架的描述可知,系统之间的通信分为以下三个部分:

(1)车载设备与通信服务器之间的车辆状态、位置信息的接收以及调度命令的下发;

(2)通信服务器与应用服务器之间的车辆位置信息、调度命令的传递、转发;

(3)调度客户端与应用服务器之间的数据交互。

图2-6为监控调度系统的网络示意图。

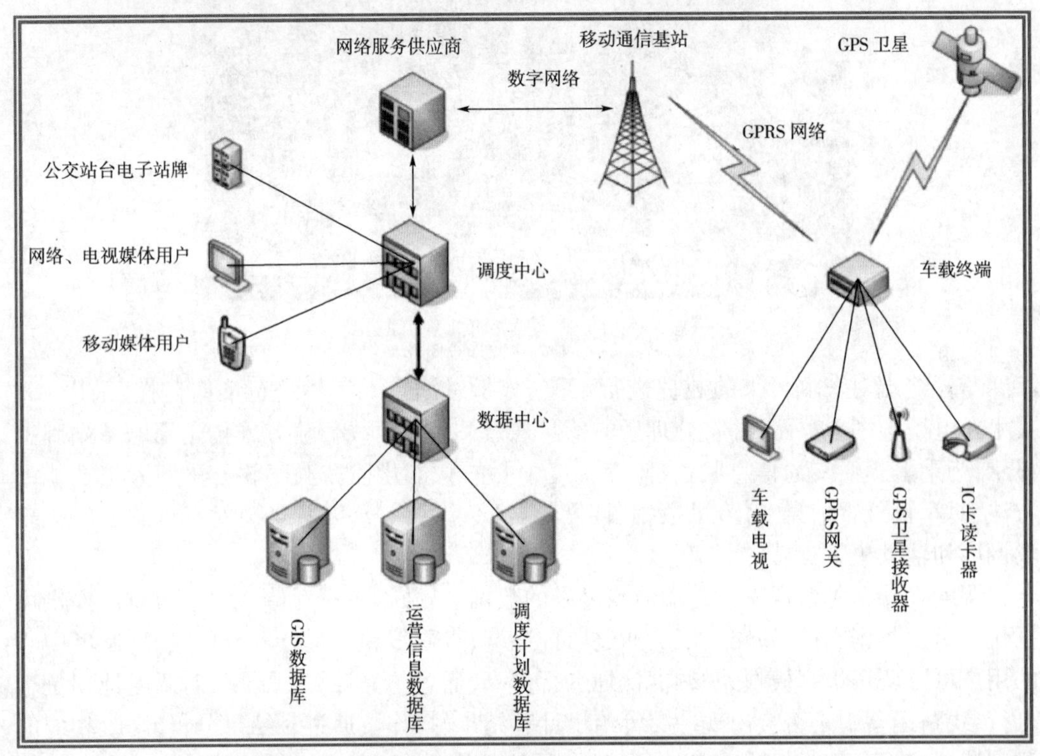

图2-6 监控调度系统网络示意图

2.5 动态监控关键支撑技术及方案选择

公交动态监控系统涉及诸多技术,诸如车辆定位技术、视频监控技术、客流采集技术、通信技术。本节将作详细介绍。

2.5.1 车辆定位技术

在车辆监控系统中,对车辆进行准确的定位是其他系统功能实现的先决条件。因此,车辆定位技术是智能公交系统的核心技术之一。公交车辆定位跟踪模块是智能公交监控子系统的重要子模块。为了实现对公交车辆的实时跟踪和实时调度,必须精确而可靠地确定车辆的位置,这是实时智能公交系统必要的先决条件。目前车辆定位技术有很多,包括航迹推算技术(Dead-Reckoning)、无线电导航方式、卫星定位技术、MM(Map Matching,地图匹配定位法)、信号标杆法等。其中卫星定位技术包括 GPS(Global Positioning System,全球定位系统)技术、GLONASS(Global Orbiting Navigation Satellite System,全球导航卫星系统)技术、北斗卫星定位技术等。也可以组合使用各种定位技术,如利用联邦卡尔曼滤波技术实现的 GPS/DR 组合定位技术、基于卡尔曼滤波的 GPS/MM 组合定位方法等。

目前有多种定位导航方案可以选择,其中有一些已投入商用且技术比较成熟。如:自主定位导航方式、无线电定位导航方式、GPS 定位导航方式和现代卫星定位导航方式。

2.5.1.1 航迹推算系统

单纯的航迹推算系统(Dead-Reckoning)是一种自主定位导航,它利用安装在车辆上测量元件测得的航向和速度信息,推算出车辆的位置。

这种导航方式的优点是:完全自主式定位导航方式,不受外界的干扰,初始定位导航的精度可以达到非常精确。

这种导航方式的缺点是:当传感器测量存在误差的时候,航迹推算系统是一个不稳定系统,其误差将随着时间的推移而累计,并且最终会发散,而导致不能起到定位导航的作用。

2.5.1.2 无线电导航方式

无线电导航就是利用无线电进行测距定位的方案。它利用装载在车辆上无线电发射机或接收机,发射或接收位于固定位置的中继站的无线电信号,利用双曲线导航原理,经过计算机处理,解算出车辆的位置信息。

这种导航方式的优点是:航空和航海方面应用广泛。

这种导航方式的缺点是:需要大量资金在定位导航区域内建无线电中继站和无线电设备。另外,城市中的高楼和树木的遮挡,对无线电信号干扰大,易产生死区。因此,在城市中的车辆导航中应用受到很大的限制。

2.5.1.3 GPS 定位导航方式

GPS 全球定位系统是近年来迅速发展起来的一种卫星定位导航方式,是 20 世纪 70 年代美国国防部发展的第二代卫星导航系统。它可以提供全球范围内的导航定位数据,用户接收机能够同时收到的 4 ~ 8 颗卫星的位置信息,应用差分定位原理,每隔 1 ~ 3s 向用户播报一次其位置(经纬度)、速度、高度和时间信息,以供用户或用户的系统使用。

GPS 系统提供了两种定位信号,一种是 C/A 编码,由标准定位信号经干扰而成,定位精度在 100m 左右,以供民间用户使用;另一种即所谓的 P 码,经加密后播放,以供军用,定位精度在 3m 以内。对于民用的 C/A 码,可利用基站差分技术将其中的干扰滤掉,使其精度达到 10m 左右。

这种导航方式的优点是:具有全球性、连续性,定位精度较高、误差有界、成本较低等优点,可以解决人类在地球上的导航和定位问题,满足各种不同用户的需求,GPS 接受设备计算机接口包括 GPS 接收卡或外接设备,由天线、接收单元和电源组成,体积很小,可方便地装载在汽车等航行器上。因此,其应用范围相当广泛。不但应用于军事上,而且在民用方面 GPS 的用途也越来越广。

这种导航方式的缺点是:易受峡谷效应和多径效应的影响,目前商用 GPS 存在一定的误差。

2.5.1.4 其他现代卫星定位导航方式

其他现代卫星定位导航方式包括俄罗斯的 GLONASS,我国的北斗卫星定位系统,以及我国与欧洲合作的"伽利略计划"等。

它们的优点是:具有很强的抗干扰能力,更高的精确度、更多地考虑到导航定位与通信方式的融合等优点。

它们的缺点是:目前多限于军用。

在卫星定位技术中,GPS 定位技术相对较为成熟,在全球被广泛使用,近年来在我国导航市场中占有很大的份额,其使用普遍性以及再次开发的便利性要优于上述其他卫星定位系统,因此目前国内多家系统集成商提出的公交车辆监控系统的定位部分都是基于 GPS 实现的。

2.5.1.5 GPS 定位技术详细介绍

GPS 全球定位系统是美国从 20 世纪 70 年代开始研制的。为了弥补当时的海军导航卫星系统 NNSS(Navy Navigation Satellite System)的定位速度慢、定位精度低的缺点,1973 年美国正式批准其陆海空三军联合研制第二代卫星导航系统——授时与测距导航系统/全球定位系统,简称全球卫星定位系统 GPS。这期间一共耗资 300 亿美元,历时 20 年,于 1993 年全面建成。与其他定位导航系统相比,GPS 有以下 4 项特点。

第一,全球地面连续覆盖,能够保障全球、全天候连续三维定位。

第二,定位精度高,能够为用户提供七种导航信息,即三维定位装置信息、三维速度信息和精确的时间信息。从 1997 年开始美国对全部在轨卫星均已实施 SA(Selective Availability)技术,该技术使得 GPS 民用的定位精度只达到 100m。从 2000 年 5 月开始美国暂时取消了 SA 政策,使得当前 GPS 定位精度提高了 10 倍,达到 10m 左右。10m 的定位精度能够满足一般交通工具的定位要求。

第三,接近实时定位,系统所需的定位时间极短,GPS 接收机从开机冷启动到能精确定位一般只需 30s,正常工作时定位数据的刷新时间为 1s,足以满足车辆定位对实时性的要求。

第四,被动式全天候导航,用户不需要发射任何信号,只要装备的 GPS 接收机能够收到 4 颗或 4 颗以上的 GPS 卫星信号就可以进行定位,理论上 GPS 系统可以容纳无限多用户使用。

下面是 GPS 车辆定位系统的一些基本概念。

1)GPS 卫星网系统

全球卫星定位系统 GPS 是美军 20 世纪 70 年代初在“子午仪卫星导航定位”技术上发展而起的,具有全球性、全能性(海洋、陆地、航空与航天)、全天候性优势的导航定位、定时、测速系统。卫星网系统是全球定位系统 GPS 中一个重要的部分,该系统由均匀分布在6个轨道平面上的24颗高轨道工作卫星构成,各轨道平面相对于赤道平面的倾角为55°,轨道平面间距60°,在每一轨道平面内,各卫星升交角距差90°,任一轨道上的卫星比西边相邻轨道上的相应卫星超前30°。事实上,GPS 卫星系统的卫星数量要超过24颗,可及时更换老化或损坏的卫星,保障系统正常工作。该卫星系统能够保证在地球的任一地点向使用者提供4颗以上可视卫星。

这一系统中的每颗卫星每12h(恒星时)沿近圆形轨道绕地球1周,由星载高精度原子钟(基频 $F=10.23$MHz)控制无线电发射机在“低噪声窗口”(无线电窗口中,2~8区间的频区天线噪声最低的一段是空间遥测及射电干涉测量优先选用频段)附近发射 L1、L2 两种载波,向全球的用户接收系统连续地播发 GPS 导航信号。GPS 工作卫星组网保障全球任一时刻、任一地点都可对4颗以上的卫星进行观测(最多可达11颗),实现连续、实时地导航和定位。

GPS 卫星向广大用户发送的导航电文是一种不归零的二进制数据码 $D(t)$,码率 $f_d=50$Hz。为了节省卫星的电能、增强 GPS 信号的抗干扰性、保密性,实现遥远的卫星通信,GPS 卫星采用伪噪声码对 D 码作二级调制,即先将 D 码调制成伪噪声码(P 码和 C/A 码),再将上述噪声码调制在 L1、L2 载波上,形成向用户发射的 GPS 射电信号。因此,GPS 信号包括两种载波(L1,L2)和两种伪噪声码(P 码、C/A 码)。这4种 GPS 信号的频率皆源于10.23MHz(星载原子钟的基频)的基准频率,基准频率与各信号频率之间存在一定的比例。其中,P 码为精确码,美国为了自身的利益,只供美国军方、政府机关以及得到美国政府批准的民用用户使用;C/A 码为粗码,其定位和时间精度均低于 P 码。目前,全世界的民用客户均可不受限制地免费使用。

2)GPS 接收机

GPS 卫星接收机的基本结构是天线单元和接收单元两部分。天线单元的主要作用是:当 GPS 卫星从地平线上升起时,能捕获、跟踪卫星,接收放大 GPS 信号。接收单元的主要作用是:记录 GPS 信号并对信号进行解调和滤波处理,还原出 GPS 卫星发送的导航电文,计算出信号在站星间的传播时间和载波相位差,实时地获得导航定位数据或采用测后处理的方式,获得定位、测速、定时等数据。

微处理器是 GPS 接收机的核心,用于整个系统的管理、控制和实时数据处理。视屏监控器是接收机与操作者进行人机交流的部件。

目前,国际上已推出几十种测量用 GPS 接收机,各厂商的产品朝着实用、轻便、易于操作、美观价廉的方向发展。

为了保证在美国实施 SA 政策的情况下,公交车辆依然能有 10m 左右的定位精度,一般可在 GPS 技术的基础上,采用 DGPS(Differential GPS,差分 GPS)技术来提高车辆的定位精度。根据 DGPS 基准站所提供差分改正数据的不同类型,DGPS 可以分为位置差分、伪距差分、相位平滑差分、载波相位差分 4 种。

3)GPS 车辆定位系统

GPS 车辆定位系统由三部分组成:车载 GPS 导航设备、通信链路、车辆监控中心。其中:

(1)车载 GPS 定位设备。它包括 GPS 接收机和通信链路接口;

(2)无线通信链路实现车载系统与监控中心之间的数据和语音传送,它既可以通过建立专用网(如单频点电台、集群电话)来实现,也可以利用公众网来实现,如 GSM 网、微波网、调频副载波等;

(3)监控中心接收各移动车辆发出的位置信息,并将这些信息转至监控管理软件系统,通过分析后向各车辆发出控制指令。在监控中心,监控管理软件系统是一个关键部分。

2.5.2 视频监控技术

视频监控包括多项关键技术,其中最主要的有:图像压缩、多媒体数据库、多媒体通信及图像识别技术等。

1)图像压缩技术

众所周知,未经图像压缩技术处理过的原始图像数据会占用大量的存储空间,如一幅分辨率为 1024×768 的彩色(24bits/像素)数字图像的数据量 18.87Mbits,而在同样分辨率下,一段持续时间为 10min,帧率为 30 帧/s 的视频信号的数据量为 339660Mbits,很显然在几乎所有涉及数字图像存储和数字图像传输的应用中都需要进行有效的压缩。在通常情况下,图像含有大量的冗余信息图像压缩系统的目的就是在不降低图像视觉质量的前提下去除各种冗余信息,减少图像的数据量和存储空间,缩小图像的传输时间,从而达到图像压缩的目的。在可视监视信息系统中,图像压缩技术是可视信息处理与远程服务的关键技术之一。

由于公交视频采集的数据量非常大,要实时地综合传输、存储并处理声音、图像、视频、文字等多媒体信息非常困难,必须对其进行压缩编码。采用数据压缩处理技术,就是在满足实际需要的前提下,尽量减少要传输或存储的数据量。

虽然数字图像的数据量巨大,但图像数据是高度相关的。一幅图像内部相邻像素之间、相邻行之间的视频序列中,相邻图像之间有大量冗余信息——空间相关性和时间相关性,可以使用各种方法尽量去除这些冗余信息,减少图像的数据量。除了时间冗余和空间冗余外,在一般的图像数据中还存在信息熵冗余、结构冗余、知识冗余和视觉冗余。各种冗余就是压缩图像数据的出发点。图像编码的目的就在于采用各种方法以去除冗余,以尽量少的数据量来表示和重建图像。

数据压缩方法种类繁多,可以分为无损压缩和有损压缩两大类。无损压缩利用数据的统计冗余进行压缩,可完全恢复原始数据而不引入任何失真,但压缩率受到数据统计冗余度的理论限制。这种方法主要用于文本数据、程序和特殊应用场合的图像和数字视频和传输问题。有损压缩方法利用了人类视觉对图像中的某些频率成分不敏感的特性,允许压缩过程中损失一定的信息,虽然不能完全恢复原始数据,但是所损失的部分对理解原始图像的影响较小,却换来了大得多的压缩比。有损压缩广泛应用于语音、图像和视频数据的压缩。

在图像和语音信号压缩编码方面已经制订了一些国际标准,如用于静态图像(抓拍图像)压缩的 JPEG,用于动态图像(如视频监控)压缩的 MPEG 标准,以及简单的音频(调度电话)压缩技术等。

2)多媒体数据库

多媒体数据具有数据量大,表示方法繁多,所包含的信息量巨大,难以用文字来准确描述等不同于传统文字数据的特点,而且随着多媒体技术的发展,多媒体数据的存储、查询、提取等工作所占用的比例越来越大,这些都使得传统的文件和数据库系统在管理和使用多媒体数据方面的局限性也越来越明显的展现出来,人们迫切需要一种针对多媒体数据特点的,将大量复杂数据组织在一起,进行集中管理,为多个用户所共享的多媒体数据库。在可视监视信息系统中同样需要对多媒体数据进行有效的管理与应用服务,如何生成一个满足系统应用需要的多媒体数据库是本系统的一个主要技术难点。

3)多媒体通信系统

多媒体通信系统由若干个多媒体终端、交换设备、多媒体数据库,通过通信网络连接而成,它能对为用户提供交互式的多媒体数据服务。可视监视信息系统的一个主要特点是为用户提供交互式的多媒体信息服务,用户即使不在现场也能清楚地了解当前的情况,并能对系统进行远程控制。如何构建一个面向应用的多媒体通信系统将是可视监视信息系统必须解决的一个主要问题。

4)图像识别技术

图像识别技术的含义很广,主要是指通过计算机技术,采用数学方法,对一个系统前端获取的图像进行适当处理,从而将所需要的目标对象识别出来的过程。一个完整的图像识别系统主要由图像输入、图像预处理、图像特征提取、图像模式分类四个部分组成。

图像输入是图像识别的首要步骤,其将前端采集的视频数据输入计算机,以备后期进行存储和计算;

图像预处理一般是指把图像进行平滑、增强、恢复、边缘检测和分割等操作,其目的是减少后续算法的复杂度、提高计算效率。

图像特征提取是指在满足分类识别正确率要求的条件下，提取图像的主要特征，并按某种准则尽量选用对正确分类识别作用大的特征，使得用较少的特征就能完成分类识别任务。

图像模式分类是最重要的一部分，它是依据所提取的特征，将前一部分的特征向量空间映射到类型空间，把相应图像归属已知的一类模式，即将目标图像从背景图像中识别出来。

在公交动态监控与调度系统中，运用图像识别技术可以实现对车辆、场站和客流的智能监控与管理。公交场站内设置视频监控摄像头，将图像信息实时传输至后台数据处理平台，通过图像识别技术，对进出场站的公交车进行识别、定位与轨迹跟踪，当发生公交车超速、越站不停或占用公交停靠站等违规行为时，系统自动向监控中心发出警报；利用图像识别技术还可以实现对场站内车辆到发情况、停放位置和可调度车辆数的实时自动统计；在公交车上设置视频监控摄像头，并实现与公交场站的信息互传，可以完成对上下车乘客、乘客纠纷等内容的自动统计与识别。图像识别技术运用于公交场站运营、调度与管理中，可以提高公交场站人员的工作效率和场站的利用率，提高应付突发事件的能力，是未来公交场站智能化的一大发展方向。

2.5.3 客流自动采集技术

传统的客流数据主要是采用手工统计方式获得，即以跟车调查和驻站问卷调查的方式为主，不需要对信息采集设备投资，调查资料比较全面、灵活。但公交客流调查是一项非常繁琐和耗费人力、物力的工作，在调查准备阶段，需对调查人员等做大量的组织工作。公交客流人工调查后，资料整理的工作量也很大，人工调查的数据在使用之前必须经过编辑整理、数据提炼的过程。数据的可靠性与准确性与调查人员的素质有很大关系，又因调查集中在很短的时间内完成，调查数据缺乏系统性及实时性。

目前自动乘客计数采集方式主要是基于传感器、IC 卡、视频等，自动收集乘客上下车人数、时间，结合车辆自动定位、无线信息传输等技术，可以实时传送客流信息，进而通过数据管理系统和地理信息系统，经过数据统计和空间分析可以得到运营所需的多样、广泛的客流数据资料。

根据技术实现方式的不同，自动乘客计数采集可以分为以下几种类型。

1）压力板式自动乘客计数

压力板公交客流统计仪安装在车辆的前、后门踏板上，乘客上下车时触发压力传感器就会被自动记录下来，除了用于乘客计数外，还可以在乘客上下车时防止车门关闭。

这种计数技术不能判别上下车方向，要求乘客必须前门上车，后门下车。当乘客上下车秩序较差或客流量大难以保证前门上、后门下时，就不能适用了。由于使用压力传感器件,所以在没有台阶的公交车辆上使用时,存在计数不可靠的问题。另外,系统部件易损坏、可维护性差,由于合适的设备安装位置对于准确计数至关重要,所以安装调试费用也较高。

2)被动红外式自动乘客计数

被动红外式自动乘客计数技术由于采用合适的热释红外线探头,只能检测到人体发出的信号,这就避免了其他物体的干扰。当公交车上下乘客时,红外传感器探测人体红外光谱所造成的变化即得到乘客上下车的过程,通过信号处理可以判别上下车方向和上下车人数。

虽然人体温度相对稳定,但红外传感器的探测信号会受到乘客着装的影响。这种技术的固有缺点在于环境温度与人体温度相接近时,传感器就不能有效探测乘客上下车过程,它对环境温度快速变化和强烈日光照射也比较敏感。

3)主动红外式自动乘客计数

主动红外式计数系统安装在公交车前后门附近特定的高度,通过发射头发射定制波长的红外线覆盖一定的区域,并通过传感器检测从乘客身上反射回来的光线,从而自动识别乘客上下车方向及人数。

由于采用自身光源,它不易受外界环境温度、光线状况的影响,能够达到较高的精度,是公交客流信息采集比较理想的计数技术。

4)复合系统自动乘客计数

由于被动红外式自动乘客计数的固有缺点,可以同时采用主动式红外计数器构成复合系统以补偿被动红外式计数的误差。尽管如此,虽然复合系统成本加大了,但并不一定能必然减小误差,因为当两种传感器同时被激发时,就需要解决它们的重复计数问题。

5)投币自动识别计数方式

这种收费方式在美国及加拿大较流行,但一般只能统计上车人数,无法统计下车人数,并且在使用中会出现多种机械、人为破坏问题。

6)IC 卡计数方式

公交 IC 卡在国内许多城市都有应用,不仅方便了广大乘客,而且也提供了一种新的客流调查统计手段。IC 卡信息量大且全面,技术简单成熟,通过对 IC 卡数据接口的系统改进设计,可以获取乘客上下车的时间、相应站点等数据,也可以通过数据分析得到公交乘客出行基本信息,包括平均出行次数、起讫点分布、平均换乘次数、出行耗时、出行距离等。

随着城市交通的发展及公交 IC 卡信息应用的推广,公交 IC 卡记录乘客上下站点将成为趋势,但由于一票制下一般实行上车刷卡,下车不二次刷卡,所以下车人数、起讫点分布等信息需要通过对居民出行行为的研究,根据 IC 卡信息分析所获取的乘客出行信息进行推测。这种公交客流调查方法的突出特点是技术简单可靠,成本较低,根据 IC 卡信息可以跟踪了解乘客乘车线路等丰富的信息，但它的缺点在于对不使用IC卡的乘客不能进行统计，而且对单次刷卡的下车人数推测准确性较低。

7）基于视频图像处理的计数方式

基于图像处理的公交客流调查的工作原理是：在上下车门口安装摄像机获取视频图像，经过软件对连续图像进行分析处理，识别乘客及其运动，从而自动对上下车人数进行计数。除了可用于公交客流调查，还可以通过向内摄像研究乘客状态，向外摄像判断道路状况等。

这种技术的计数精度很大程度上取决于图像分析软件的设计水平。系统易受振动、光线、温度的影响，图像质量的好坏影响软件分析结果的精度。由于需要高质量的摄像器件和强大的图像处理能力，这就使得系统成本较高。

2.5.4 交通信息处理技术

公交动态监控须对前端采集的多源信息进行实时处理，并对运营正常事件及异常事件进行识别。涉及的关键技术有以下几个方面。

1）交通信息融合技术

信息融合技术是指利用计算机技术对按时序获得的若干观测信息在一定准则下加以自动分析综合，以完成所需的决策和评估任务的信息处理过程。

数据融合给交通信息加工提供了一种很好的方法，它的最大优势在于能合理协调多源数据，充分综合有用信息，提高在多变环境中正确决策的能力。它提高了多个子系统之间数据交换以及中心与设备之间数据交换的效率。

根据应用目的的不同，公交信息融合方法主要有：直接对数据源操作，例如加权平均、神经元网络等；利用对象的统计特性和概率模型进行操作：例如卡尔曼滤波、贝叶斯估计、多贝叶斯估计、统计决策理论等；基于规则推理的方法，如模糊推理、证据推理、产生式规则等。

例如将交通信息融合技术应用于IC卡与GPS数据可以提高客流统计的准确性。

2）车辆到站识别技术

当公交车辆进入、离开首末站时，通过车辆识别技术对车辆的编号等进行识别，并利用视频设备辅助监控，使调度员能够掌握车辆到发及驾乘人员到岗情况。

车辆识别可采用RFID技术。在车辆上安装RFID终端，在公交线路终点站和枢纽站设置阅读器，通过无线通信设备与调度中心连接，从而监控车辆进出首末站，确认调度信息。

也可通过利用GPS信息及地图匹配技术，进行车辆到站识别。

3）车辆到站预测技术

信息预测模块的主要功能是为调度员采取调度决策提供依据。当实时运营信息传到调度中心时，有关车辆运行速度、时间以及客流等数据将被筛选出来，传送到信息预测模块，结合部分历史运营数据，利用信息预测程序进行计算，得到后续车辆运营以及乘客到达的预测结果，如果车辆运行正常即未与行车计划发生偏离，则保持现有行车计划，如果车辆运营偏离出行车计划超出了预定的范围，则需对发车计划进行调整。

信息预测技术的优势在于能够提前使调度员掌握线路运营中出现的问题，弥补了调度措施滞后性的不足。

2.5.5 通信技术

智能公交系统的核心实际上是如何快速、准确、及时、高效地获取和处理相关信息。而信息的获取和传输都离不开通信技术。由于智能公交系统所需信息(从交通控制中心获取的实时流量信息、调度中心发布的调度指令、公交车辆回传信息、实时客流量信息等)都需要通信网络的支撑，因此在构建智能公交系统时要满足系统对通信手段的要求，充分利用现有的具有数据通信功能的通信系统，以降低成本。

数据通信是通信技术和计算机技术相结合而产生的一种新的通信方式。要在两地间传输信息必须有传输信道，根据传输媒体的不同，有有线数据通信与无线数据通信之分。但它们都是通过传输信道将数据终端与计算机联结起来，而使不同地点的数据终端实现软、硬件和信息资源的共享。

为了降低成本，车辆监控系统一般利用现有的具备数据传输功能的通信系统作为无线通信平台。目前常用的通信方案可以归纳为：常规通信方式、集群通信、卫星通信、GSM 数字蜂窝移动通信、GPRS 通用无线分组业务、CDMA 移动通信业务、第三代移动通信业务等。构建公交监控系统时可以根据实际需求选择不同的无线通信方式。

1)常规通信方式

最早期的车辆监控定位系统采用的就是常规的通信方法，即建立一个监控管理中心，多个用户独自占用各自信道通信的调频制式的模拟移动通信系统。

这种通信方式的优点：组网简单，费用低廉，时延小。

这种通信方式的缺点：作用范围与通信信道的波段、监控中心的天线高度、发射功率等因素有关，并且容量小，通信质量差，误码率高，频率利用率很低，保密性差。

2)集群通信方式

集群通信系统(Trunk Mobile Ratio System)是专用调度通信系统，是共享频率和信道资源、分担费用、改善服务的多用途、高效能的无线调度系统。

这种通信方式的优点：在有空闲信道时，采用动态分配机制，降低信道的阻塞，使得话务量大大提高，扩大了系统容量。另一方面从信道利用的角度来讲，它大大提高了信道利用率，缓解了频率资源紧张的问题。

这种通信方式的缺点：由于集群系统一般采用大区制，并属于专用移动通信网，因此集群网的覆盖范围较小,容量有限,这就使得它不能满足大规模的车辆监控系统的需要,并且受到多径干扰比较严重,数据通信质量较差。

3)卫星移动通信方式

在发达国家广泛应用卫星通信网组建车辆监控系统。

这种通信方式的优点:可满足实时、远距离、高可靠性的通信,数据传输的准确性和实时性较高,可以满足大范围车辆监控的需要。

这种通信方式的缺点:卫星移动通信终端价格及使用费高限制了它的使用。

4)GSM 通信方式

全球移动通信系统是由欧洲主要电信运营商和制造厂家组成的标准化委员会设计出来的一种采用数字通信技术的无线通信系统。在我国目前已建成的覆盖全国的 GSM 数字蜂窝移动通信网,已成为我国公众陆地移动通信网的主要方式。

GSM 通信方式采用短信息形式进行数据传输。所谓短消息(即短信)是指长度不超过 160 个字符的文本消息。

这种通信方式的优点:GSM 是目前基于时分多址技术的移动通信体制中最成熟、最完善、应用最广泛的一种系统。安全性能好,在我国可实现全国漫游,并提供多种业务。

这种通信方式的缺点:GSM 网络中存在盲区、传输速率及一次的通信量过低,并且采用短信息形式进行数据传输有一定的时间延迟。

所以 GSM 短消息不适合用于大数据量通信,但可用作文本通信。

5)GPRS 通信方式

GPRS 是通用无线分组业务(General Packet Radio Service)的缩写,它是在 GSM 网络基础上经过升级实现的 2.5 代移动通信。它采用分组交换技术和 IP 数据网络协议,在充分利用现有移动通信网络设备的基础上,增加了一些硬件和软件升级,形成了一个新的网络逻辑实体。移动用户能够在任何时间、任何地点与远程数据网络中有固定 IP 地址的计算机终端进行实时数据通信。

这种通信方式的优点:突破了 GSM 网络最高速率为 9.6kb/s 的限制,最高数据速率可达 170kb/s;接入时间短,分组交换接入时间缩短为少于 1s,能提供快速即时的连接,可大幅度提高一些事务(如信用卡核对、远程监控等)的效率;支持 IP 协议和 X.25 协议,并可使已有的 Internet 应用(如 E-mail、网页浏览等)操作更加便捷、流畅。因此是应用于车辆导航等传输数据量相对较大时的首选通信方式。

这种通信方式的缺点:实际速率比理论值低,调制方式不是最优。

在实际应用中 GPRS 通信的数据传输速度大约在 20 ~ 40kb/s,设备永远在线。由于使用了分组技术,不需要为每次的数据访问建立连接,所以车载终端的 GPRS 模块可与监控中心的服务器进行实时数据通信。数据通信费是按数据流量计算,而不是按上网时间计费,通常车载终端的常规数据通信费用很低。我国 GPRS 网络的覆盖面非常广,目前中国移动的GPRS覆盖范围在中心城市几乎达到了100%,在边远地区也达到80%以上。

6)CDMA移动通信方式

码分多址系统(Code Division Multiple Access,CDMA),是继推出数字通信技术之后,于1995年推出的又一新型数字蜂窝技术。

这种通信方式的优点:它利用数字传输方法,采用扩频通信技术,大幅度的提高了频率利用率,容量大、手机功耗小、话音质量高、抗干扰和多径衰落性能好、保密性高。

这种通信方式的缺点:目前在我国用户数量较少,覆盖范围有限。

7)第三代(3G)移动通信方式

3G是英文3rd Generation的缩写,指第三代移动通信技术。相对第一代模拟制式手机(1G)和第二代GSM、TDMA等数字手机(2G),第三代移动通信一般地讲,是指将无线通信与国际互联网等多媒体通信结合的新一代移动通信方式。它能够处理图像、音乐、视频流等多种媒体形式,提供包括网页浏览、电话会议、电子商务等多种信息服务。为了提供这种服务,无线网络必须能够支持不同的数据传输速度,也就是说在室内、室外和行车的环境中能够分别支持至少2Mb/s(兆字节/秒)、384kb/s(千字节/秒)以及144kb/s的传输速度。

国际电联将第三代移动通信标准统称为IMT-2000,其中主要包括W-CDMA、CDMA2000、TD-SCDMA。其主要目标是要利用先进的空中接口技术、核心包分组技术,再加上对频谱的高效利用,来实现实时视频、最高速率可达2Mb/s的多媒体和移动Internet访问业务。可以说,第三代移动通信系统有着巨大的优越性。

这种通信方式的优点:虽然高数据传输能力是3G网络的关键特征之一,但其真正的优势是扩大了高质量的话音业务容量。3G是未来移动通信的发展方向,也为车辆监控调度系统提供了更广阔的发展空间。

这种通信方式的缺点:目前在我国已经商用,但用户量较少,基站建设处于完善阶段,覆盖范围有限。

为使系统能够应对公交客流量起伏大、分布分散、路网交通负荷较重的交通环境,可从以下几方面对通信方式进行合理的选择:

(1)监控规模比较大;

(2)对实时性要求较高,需要能够负担大容量的数据传输的通信方式;

(3)系统能够提供面对调度员以及乘客的多种业务;

(4)具备抗干扰和多径效应功能,能够提供高通信质量的服务;

(5)通信费用低,系统组建成本不能太大。

针对以上的各类无线通信技术,公交车辆监控调度系统可在以下几个方面给予应用:

在数据通信方面,综合考虑通信网络的数据传输速率、时延、覆盖范围、可靠性以及

通信费用等方面的因素,可采用 GPRS 网络作为数据传输的主要通道;

在文本通信方面,可采用 GSM 短消息作为监控调度中心下发命令和驾驶员上传报警信息的主要通道,同时采用 GPRS 网络作为文本通信的辅助通道;

在语音通信方面,可采用 GSM 语音业务作为驾驶员与监控调度中心工作人员紧急通话的通道;

在视频图像通信方信,可采用 3G 网络作为数据传输的主要通道。

3 公交运营数据自动提取及分析技术

3.1 公交运营数据采集与应用概述

3.1.1 公交运营数据采集

美国、欧洲、日本等发达地区在智能公交发展中起步早，技术相对成熟，通过多年的研究与实践，取得了良好的应用效果[5,14]，其中最核心的智能系统包括车辆调度系统、收费系统、乘客信息服务等业务系统。为了支撑业务系统的运转，公交数据自动化采集系统应运而生，常见的数据采集系统包括车辆定位系统、乘客计数系统、自动收费系统(Auto Fare Collection, AFC 系统以及 IC 卡收费系统)等。公交数据自动化采集系统的出现，为公交运营分析提供了低成本、高质量的海量数据获取手段[15]，目前要采集的运营数据主要分为两类：

(1)客流数据；

(2)车辆运行数据。

近年来，我国公交数据自动化采集也随着智能公交的快速发展而普及，主要数据采集方式包括公交自动收费系统(IC 卡收费系统、AFC 系统)和车辆定位系统(GPS 系统、射频识别系统,即 Radio Frequency Identification,RFID)[16]。以北京为例,截至 2009 年 2 月底,北京市市政公交一卡通发卡已超过 2800 万张,每天有超过 86% 的公交乘客和超过 75% 的地铁乘客使用一卡通刷卡乘车。截至 2010 年底,全市共 14046 辆公交车安装了 GPS 车载定位系统,覆盖率达 65%(车辆总数 21548 辆)。全市共 537 条公交线路实现基于驾驶员 IC 卡和 GPS 监控的运营组织管理,覆盖率达 75%(全市 713 条运营线路)。部分枢纽站通过短程通信技术实现了车站进站的自动检测。

国内各城市采用的公交 IC 卡系统,数据字段内容及属性大致相同。以北京市政交通一卡通数据为例,内容包括:一卡通号、线路号、公司车队号、城市编码、行业编码、实收金额、卡内余额、POS 机编号、车辆号、交易类型、交易序号、交易时间、上车站点和下车站点等信息。地面公交刷卡信息按线路票制模式不同分为两类:一票制线路信息与分段计价线路信息。一票制线路与分段计价线路的一卡通数据区别在于:一票制线路数据无线路上、下车站点数据,其交易时间记录的是乘客上车时间;分段计价线路数据的交易时间记录的是乘客下车时间。

公交 GPS 数据主要包括车辆运行中的地理位置(经纬度)、数据采集时间、瞬时速度等数据,以及线路编号、车辆编号、设备编号等标识数据。

AFC 数据主要用于轨道交通,与公交 IC 卡数据类似,但数据更为全面,主要包括有:城市编码、行业编码、实收金额、卡内余额、POS 机编号、车辆号、交易类型、交易序号、设备编号、IC 卡编号、进站时间、出站时间(交易时间)、进/出站线路编号、进/出站站点编号等。

上述三类数据所包含的数据字段中,部分字段在面向运营调度的数据处理时并不需要,如城市编号、卡内余额等,因此需要对数据进行筛选来提高数据处理效率,筛选后的数据主要字段见表 3-1。

公共交通数据主要字段 表 3-1

	IC 卡数据(一票制线路)	IC 卡数据(分段计价线路)	AFC 数据	GPS 数据
1	线路编号	线路编号	线路编号	线路编号
2	车辆编号	车辆编号	车辆编号	车辆编号
3	交易序号	交易序号	交易序号	经纬度
4	IC 卡编号	IC 卡编号	IC 卡编号	速度
5	线路编号	上车站点编号	进站时间	时间
6	交易时间(上车时间)	下车站点编号	进站线路编号	
7		交易时间(下车时间)	进站站点编号	
8			交易时间(出站时间)	
9			出站线路编号	
10			出站站点编号	

由表3-1可以看出,四类数据均可通过公交线路编号、车辆编号信息关联起来,这也为多源数据的融合处理,获取更多有价值的公交运行信息提供了可能。

基于公交GPS定位的相关技术研究及应用目前都较为成熟,而IC卡因其蕴含丰富的客流及车辆运行时空及信息,其挖掘与应用日益受到广泛重视。本章重点阐述基于IC卡的数据处理技术以及其在公交客流及运行采集及分析等方面的应用。由于一票制公交线路的IC卡数据,涉及出行信息的数据仅有乘客的上车时间,无法根据自身数据来获取乘客的出行位置和时间信息,给公交数据处理分析带来了很大的困难。而单次刷卡的一票制公交线路占线路总数的比例是很大的,因此本书主要针对一票制线路IC卡数据进行介绍。

3.1.2 基于IC卡的公交运营数据分析应用现状

随着公交运营数据的自动化采集手段的丰富,许多研究者对公交IC卡数据、GPS数据在公交规划、运营调度、服务评价及调查数据校核等方面的应用进行了深入研究。

由于IC卡的广泛应用,基于IC卡数据的数据仓库和数据挖掘技术有了广泛的操作平台和庞大的数据支持,信息化的客流调查统计手段成为可能,客流信息和车辆运行信息的获得日趋准确、及时、经济[17,18]。

国内东南大学戴霄在硕士论文《基于公交IC信息的公交数据分析方法研究》中研究了如何从大量的公交IC卡数据中获得公交客流信息,归纳总结出用于公交IC卡数据分析的原始数据采集方法和获取途径,提出公交IC卡数据分析系统的框架结构[19]。

吉林大学师富民在硕士论文《基于IC卡数据的公交OD矩阵构造方法研究》中提出了基于IC卡数据的公交调查方法和数据处理算法。提出以公交IC卡数据库为平台,推断出持卡人公交出行的起讫点,并利用这些起讫点信息,提出了生成公交线路OD矩阵和市区居民公交出行OD矩阵方法[20]。

戴霄、陈学武在《单条公交线路的IC卡数据分析处理方法》一文中以单条公交线路的IC卡信息为例,提出单条公交线路及客流信息的分析处理方法,得到包括站点客流、线路客流、断面客流等主要客流指标的分析计算方法[21];在《公交IC卡信息处理的数据挖掘技术研究》一文中从应用角度出发制定公交数据分析目标和思路,在此基础上架构公交IC卡数据分析系统框架,从公交运营决策者和公交规划者两个角度提出数据挖掘目标,并根据挖掘目标阐述数据分析过程及挖掘方法[18]。

Wonjae Jang[22]利用大量的公交IC卡数据推算乘客在站点间的旅行时间以及出行中的换乘时间,并利用换乘分析结果分析乘客出行时对换乘站点的选择以及评价换乘站点的服务水平。

Chu[23]在其研究中利用公交IC卡数据,分析了单个乘客出行路线、换乘行为以及相应的时空变化规律,并建立了有时间约束的公交车辆到站预测模型。数据实验结果证明在车辆到站时间可预测条件下,能够准确的识别乘客的出行链和换乘行为,论证了公交IC卡数据用于需求模型的可能性。在其另一项研究中[24],从交通规划者需求角度出发,将地理信息系统(Geographic Information System,GIS)与公交IC卡数据结合,以一个月的IC卡数据获取乘客公交出行OD,生成了出行时间表,并分析了持卡乘客的出行行为。

广州工业大学路智宁在硕士论文《对IC卡交易数据的挖掘和分析》中阐述了如何将数据分析技术应用于公交营运发展的管理决策中,创建了OLAP多维数据集及建立数据挖掘模型,设计了一套IC卡交易的OLAP模型及数据模型[25]。

在公交调度应用方面,Walter Johnston[26]以纽约公交线网运营调度方案为切入点,设计了公交数据的服务框架体系,包括数据范围、数据整合方案、应用模块功能。

Yannis Tyrinopoulos[27]提出了在基于GPS数据下,以提高公交服务水平为目标的综合调度监控系统优化方案建议,包括:

(1)更好地利用调度层面的信息化资源;

(2)基于信息化数据获取可靠准确的运营数据;

(3)以自动化数据采集方式代替人工调查;

(4)借助高效的监控手段和数据评价公交服务水平。

Ehsan Mazloumi[28]在不同时段的发车计划前提下,利用GPS数据分析了墨尔本公交车辆行程时间的日变性规律,并利用线性回归模型分析了车辆行程时间可靠性的影响因素。实验结果表明,发车频率高时,车辆行程时间变化规律服从正态分布,当发车频率低时,高峰时段行程时间服从正态分布,平峰时服从对数正态分布。最终确定的影响因素包括土地使用性质,线路长度,信号交叉口数量,车站数以及发车延误。

Richard Stiller[29]利用纽约地铁一卡通数据(Metropolitan Transportation Authority's stored value card,MetroCard),考虑了票价变化、公交支线与地铁线路换乘是否需要二次刷卡两个影响因素,分析了持卡用户数量的变化规律以及公交公司的收入变化。

数据校核方面,Martin Trépanier[30]利用公交IC卡数据对人工调查数据进行校核验证,考虑日期、线路以及付费方式三个要素,将人工调查数据的扩样结果与IC卡数据进行对比。数据实验表明加拿大魁北克地区居民公交出行规律与基于人工调查数据扩样结果存在一定差距,其中公交支线相差最大,主要的公交干线偏差较小,该研究也证明公交IC卡数据能够用于标定基于人工调查数据的扩样模型参数。

郭淑霞[31]在其研究中提出了公交IC卡数据质量控制方法,包括基于邻近搜索和基于行程时间的公交IC卡数据补齐方法。建立了基于乘车站距分布的公交线路OD扩样模型和公交GPS数据质量控制模型,并基于二源数据,考虑运营商成本、拥挤里程比例和换乘乘客平均候车时间三个目标函数,构建了公交调度协调模型,提出了基于NSGA-Π算法的模型求解流程。

自动化采集的公交数据的应用还有赖于多源公交数据融合及处理。Robert Chapleau[32]建立了基于多源公交数据的处理分析模型框架,包括公交 APC 数据、GPS 数据、AFC 数据,阐述了不同公交数据间的关联关系以及数据融合处理方案,并基于 GIS 平台实现对公交运行水平以及交通需求的分析。

3.2 公交 IC 卡信息提取及分析方法基本框架

由于基本信息不完备,公交 IC 卡信息提取时必须在数据与处理后,通过一系列的匹配方法确定线路编号、班次,并对行驶方向、上下站点进行识别,具体分析流程如图 3-1 所示。

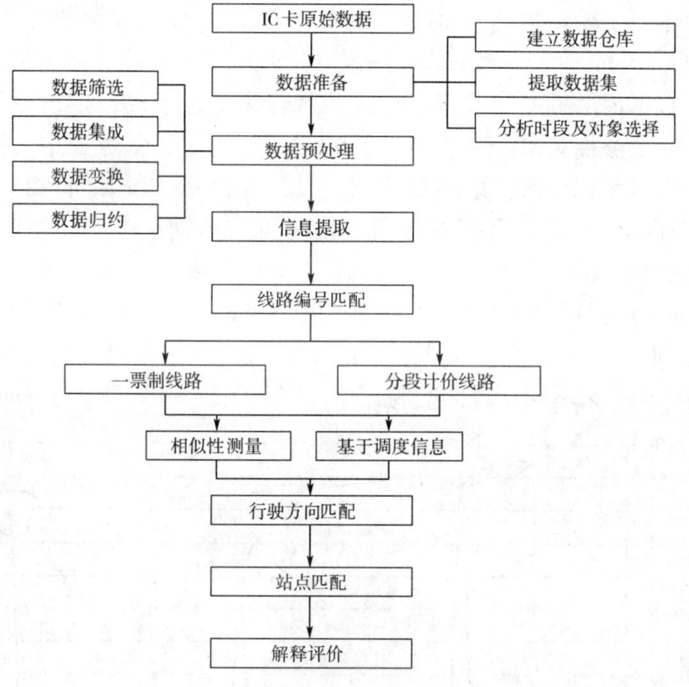

图 3-1　公交 IC 卡数据提取分析流程

匹配过程中需结合线路信息、线网信息、调度信息及其他数据源,如 GPS 或 AFC 信息进行。具体方法见下文。

通过信息提取,可对客流变化及运营规律进行统计分析,用于运营调度。

3.3 基于 K-means 聚类方法的公交班次与站点客运量信息获取

3.3.1 数据特征分析与聚类方法选取

在数据库中,公交 IC 卡数据是以单个车辆为单位存储的,即每个车辆单日所有的公交IC卡交易数据均归列在一起,但用于统计或特征分析的数据应当是有范围和目的性的,如统计单条公交线路的站点客流量,需要的是站点客流量信息以及客流方向信息,但这些信息在数据库中并不存在,因此,需要建立一定的方法,从海量信息中提取出所需要的信息。

基于公交IC卡海量数据的统计或数据挖掘,需要的是分类后的IC卡数据,从运营角度考虑,可根据运营班次和交易记录发生的站点对数据进行归类,即将公交运营班次和站点客流,作为数据处理时需要获取的基础信息。由于分段计价线路的IC卡数据和AFC数据记录了乘客的下车站点和时间,通过这些数据能够很方便地按照运营班次将交易数据归类,故本书主要介绍的是基于一票制公交线路IC卡数据的运营班次信息获取方法。

公交IC卡数据记录了每辆公交车全天的乘客交易记录,交易数据可按交易时间由先到后依次排列,能够推算出公交车辆的运营时段。而在运营过程中,公交车辆一般为上下行交替运营,且单程班次结束后在终点场站需要停站一段时间,相对于相邻公交站点的乘客交易时间差(可近似看作站点间运行时间),车辆在终点场站停站时间一般更长,从图3-2所示的相邻交易时间间隔可以看出,时间间隔较小(一般小于10min)的交易记录大多属于同一运营班次,而时间间隔较大的(一般大于20min)的交易记录基本属于不同运营班次。而站点客流信息也具备类似的特征,即同一站点发生的交易记录时间间隔很小(一般小于20s),不同站点的交易记录时间间隔较大(一般大于1min)。

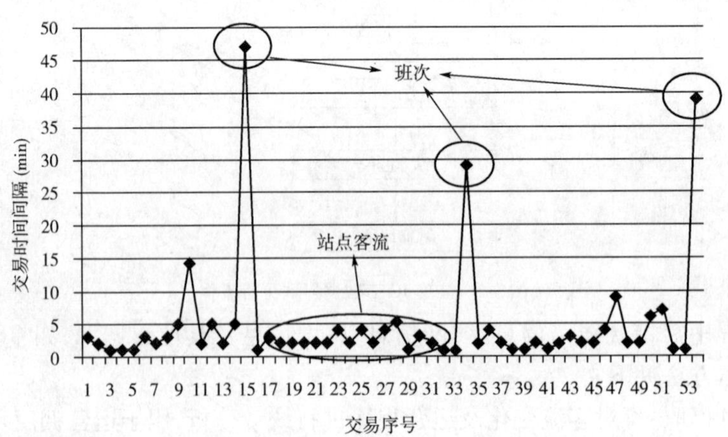

图3-2 公交IC卡数据相邻交易时间间隔计算

公交IC卡数据中相邻交易时间间隔反映了公交运营和乘客出行的特征,基于这种数据特征,可使用聚类方法如简单聚类法、最短距离法、快速聚类法(K-means法)对公交IC卡数据进行聚类,获取公交运营班次和站点客流信息。

简单聚类方法是基于相似性阈值与最短距离来对数据样本进行聚类,计算模式特征矢量到聚类中心的距离,距离到达阈值要求的特征矢量合并为一类。最短距离法是在模式特征矢量集中以最短距离原则选取新的聚类中心,以最小距离原则进行模式归类。K-means 聚类法是把 n 个对象分成 k 个族,按最小距离原则将对象分配到其中的某一族,不断地计算族的中心或平均值,最终使得每个对象的特征矢量到其所属族的距离平方之和最小,也称作误差平方和准则函数收敛。

上述聚类方法各有优劣,其中,简单聚类法计算简单,但聚类精度在很大程度上依赖于距离判断阈值的选取。最短距离法每次合并分类后都是将该类与其他类中距离最近的两个样本之间的距离作为该类与其他类的距离,随着步骤进行类与类之间的距离一般来说可能越来越小,有连接聚合的趋势,容易使大部分样本被聚在一类中,形成一个大类,不利于分解一些非常规数据,当相邻班次时间间隔较小或站点间距较近时,难以准确聚类。K-means 算法在对大规模数据进行聚类时被广泛应用,效率较高,计算效率与初始聚类个数 k 的选取有关。

在一个公交班次中,末端一个或数个公交站点经常无乘客上车,这使得在对单车相邻公交班次的时间间隔进一步扩大,降低了聚类阈值的选取难度。但对于站点客流聚类而言,由于公交车辆运行的随机影响因素较多,如车辆站内排队、站点间距过小等,仅依靠单一的聚类阈值难以获得较好的精度,故本书选择 K-means 聚类方法来获取班次与站点客流信息。

3.3.2 K-means 聚类方法调整

K-means 聚类算法流程一般如下[33]:

步骤 1:任意选择 k 个对象作为初始的簇中心;

步骤 2:重复步骤 1;

步骤 3:根据簇中对象的平均值,将每个对象(重新)赋予最类似的簇;

步骤 4:重新计算每个簇中对象的平均值;

步骤 5:直到不再发生变化。

对于获取站点客流信息,由于在同一个站点上车乘客的交易时间较为集中,所以也可以通过设定判断阈值进行初步聚类,得初始聚类个数,继而基于初始聚类数进行后续计算。设 IC 卡数据中的交易时间为 t_i, 按公式(3-1)计算相邻交易时间差值即曼哈顿距离:

$$d(t_i, t_{i+1}) = |t_i - t_{i+1}| \tag{3-1}$$

得到的曲线如图 3-3 所示,图中横轴为交易记录序号,纵轴表示相邻交易时间点的差值。根据相邻交易时间差值曲线特征,可直观得到两类突变点,一类突变点差值较大,一般在 30s 以上,可初步确定为相邻站点首末交易时间的差值,即后一站点首位交易时间与前一站点末位交易时间的差值。二类突变点差值相对较小,既可能为相邻站点的首末交易时间差值,如相邻两站点间距小,站间运行时间短;也可能为相同站点内相邻交易时间的差值,如车辆在站内停留时间较长,导致相邻的交易时间间隔较大。

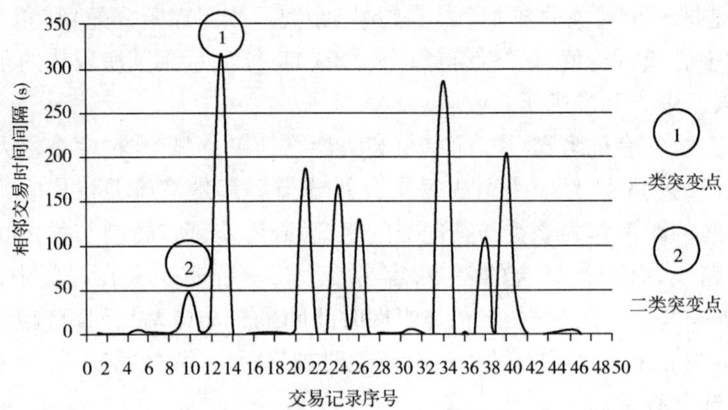

图 3-3　公交站点交易时间间隔示意图

基于计算交易时间的差值获取的突变点,可作为初始的聚类个数 k。设交易记录数据集为 T,m_i 为聚类中心,即每个类中交易时间的平均值,p 是数据集中的点。聚类中心计算公式为

$$m_i = \frac{1}{n_i}\sum_{p \in T_i} p \tag{3-2}$$

误差平方和准则函数计算公式为

$$E = \sum_{i=1}^{k}\sum_{p \in T_i}(p - m_i)^2 (i = 1,\cdots,k) \tag{3-3}$$

故获取公交站点客流信息的聚类步骤调整为:

步骤 1:设一类突变点判断阈值为 φ,可根据实际情况定义,一般为 20 ~ 50s 之间;

步骤 2:计算交易时间的曼哈顿距离,若 $d(t_i,t_{i+1}) > \varphi$,对初始聚类个数赋值 $k = k + 1$;

步骤 3:计算初始聚类中心 m_i,将交易时间数据 p 赋予聚类子集 k_i 中,计算准则函数 E;

步骤 4:增加聚类个数 k,并重复步骤 3,直到准则函数 E 收敛。设线路站点数为 n,聚类个数 $k = n - 1$ 时,停止聚类。

由于不是每个站点都有乘客上车,且线路末端站点是无人上车的,故在理想条件下,对一个班次的 IC 卡数据聚类的子集个数应小于公交线路单程站点数,即 $k < n$,但第二类突变点的存在,使得聚类子集可能等于或大于站点数,而误差平方和准则函数是随 k 的增加而单调减少,为避免出现误差准则函数收敛时聚类个数 $k > n$ 的情况,或是聚类子集子集间距过小,以 n 代表线路单程站点数,定义当 $d(k_i,k_{i+1}) < 30$s 或 $k = n - 1$ 时,聚类停止。

对于获取公交运营班次信息,由于其单车相邻班次时间间隔较大,可先设定判断阈

值进行初步聚类,若初始聚类个数与调度数据中的发车班次数相同,则聚类结束,若不同,则利用 K-means 方法继续聚类直至相同为止。

3.3.3 数据实验

为了验证聚类方法的有效性,选取北京市公交 52 路某车早高峰 IC 卡数据获取单车单日班次信息站点客流信息,聚类结果见表 3-2,误差由当日发车班次数据与站点客流量调查数据计算得出。

交易数据聚类结果 表 3-2

运营班次聚类				
序　号	判断阈值(min)	聚类数（误差平方准则函数）	实际班次数	误　差
1	25	6(528894)	8	25%
2	20	6(528894)	8	25%
3	19	7(491339)	8	12.5%
4	…	…	…	…
5	15	8(455940)	8	0%
6	10	8(455940)	8	0%
站点客流聚类				
序　号	判断阈值(s)	聚类数（误差平方准则函数）	有交易记录站点数	误　差
1	50	10(12239)	11	9%
2	49	10(12239)	11	9%
3	48	10(12239)	11	9%
4	…	…	…	…
5	40	11(5182)	11	0%
6	35	11(5182)	11	0%
7	30	11(5182)	11	0%

数据实验证明,通过聚类方法获取的站点客流量信息与调查结果比较吻合(部分站点乘客为零票付费),基于 K-means 聚类方法的公交班次与站点客运量信息获取方法,易于操作,实用性强,能够避免简单聚类方法由于判断阈值单一造成的较大误差。

3.4 公交车辆运行(客流)方向识别方法

公交 IC 卡收费系统为公交运营分析提供了低成本的海量数据,但系统设计之初未考虑交通分析方面的应用,因此对乘客出行信息采集并不完整。特别是对一票制(单次刷卡)公交线路而言,不仅缺少乘客上、下车站点位置信息,车辆运行方向(乘客出行方向)信息也没有记录,前文所述的方法只能够获取不带方向标识的站点客运量信息,还不能满足数据挖掘的需要。

在根据公交IC卡数据推断客流走向时,首先需要获取车辆班次的行驶方向。在以往研究中,将车辆调度信息表中的各班次车辆号与IC卡数据中的车辆号进行匹配,是判断车辆行驶方向常用方法,但该种方法依赖于电子化的调度信息表。随着公交车辆智能化的发展,通过车载GPS也可以获取车辆行驶方向,但受到公交车辆GPS设备覆盖率限制,且容易出现首班次数据丢失情况,不能保证IC卡数据中每个班次的方向都能被获取。

另一方面,在特定的时段内,公交运营具有一定的规律性,这种规律也反映在客流的方向上,特别是对于某条公交线路的上下行两个方向,往往因走向不同而产生特征各异的客流规律,故本书尝试通过数据挖掘的手段来识别这种客流特征,来获取车辆运行或客流的移动方向信息。

由于公交IC卡数据中获取的站点客流信息带有时间标签,因此能够将站点客流信息看作一组时间序列。如果已知一组站点客流时间序列的方向,测量未知序列与其的相似性,则能够判断出该序列的方向。

3.4.1 公交车辆运行(客流)方向识别方法概述

在以往文章中,并没有专门针对公交车辆运行(客流)方向的识别方法,但从出行站点位置推算或上下车站点识别方法等研究成果中,能够总结出方向识别的基本方法有以下几种。

1)基于调度数据的车辆运行方向识别方法

该方法中的二源数据指公交IC卡数据以及公交运营调度数据。在公交调度电子化表格中,记录着每班次车辆的起始站点编号以及到达起始站点的时间,尤其是每天首末三个班次的车辆,一般情况下都严格按照行车计划发车。其他时段内,若某车辆在运营过程中出现较大延误而不能按时到达终点站时,该事件将被记录在调度运营信息表中,临时调整发车的班次、司售人员工号、时间、起始站点等信息也被记录,形成完整的事件数据库。因此,根据公交运营调度数据与公交IC卡数据中共有的信息如车辆编号、驾乘人员编号等,可将两类数据匹配起来,再根据公交调度运营数据中记录的起点站出站时间与公交IC卡交易时间进行匹配,能够进一步确定车辆的起始站点,从而确定车辆的行驶方向。具体步骤如下:

步骤1:匹配公交线路(驾乘人员)编号以及车辆编号;

步骤2:根据时间差最小原则,匹配该车辆首个班次发车时间与公交IC卡数据中首位乘客交易时间；

步骤3:根据步骤2匹配结果,确定该班次起始站点(运行方向)；

步骤4:为该车辆后续班次标记方向(方向交替标记)。

该方法需要电子化的公交调度数据才能完成海量数据处理,适用于已搭载智能公交调度系统的公交线路。

2)基于车辆定位信息的识别方法

基于车辆定位信息的公交车辆运行方向识别方法是根据公交车辆定位系统(GPS)来判断车辆运行方向。由于GPS数据具有一定的上传时间间隔,一般为20~30s,因此基于GPS数据能够获得公交车辆动态的运行方向。而在识别某一班次运行方向应用中,只需判断车辆在该班次的起始运动方向便可推断该班次的公交车辆运行方向。具体步骤如下：

步骤1:根据共有信息(公交线路编号、车辆编号)匹配GPS数据与公交IC卡数据；

步骤2:根据时间差最小原则,匹配该车辆GPS初始数据上传车时间与公交IC卡数据中首位乘客交易时间；

步骤3:根据GPS初始数据,判断车辆运行方向,作为该车辆首班次的运行方向；

步骤4:为该车辆后续班次标记方向(方向交替标记)。

该方法能够迅速、准确地判断出公交车辆的动态运行方向,与IC卡数据匹配成功后即能推断出单个公交车辆各班次运行方向,但该种方法除了要求公交车辆搭载GPS系统外,还需要较高质量的GPS上传数据,若初始上传数据丢失,则有可能影响判断结果。但当GPS系统普及和数据上传网络通道稳定时,可在GPS系统数据库中增加车辆运行方向的数据标签,直接根据数据上传时间与IC卡数据交易时间进行匹配,简化数据处理过程,提高精度和效率。

3.4.2 基于时间序列的相似性测量方法

时间序列相似性搜索是时间序列数据挖掘中研究最为广泛,也是发展最为成熟的。如使用广泛的动态时间扭曲距离(Dynamic Time Warping,DTW)法[34-36],其特点是不要求比较序列的长度一致且支持序列在时间轴上的伸缩,在语音识别[37]、机器智能[38]等领域都有较多的应用。

时间序列的相似性测量,主要包括欧几里得距离测量方法、相关性测量以及动态时间扭曲法等方法[39]。由于一票制公交IC卡数据的站点客流信息集记录了乘客的交易时间(上车时间),因此每一班次的公交站点客流数据都可看作一个时间序列。在相似性测量中,欧几里得距离测量方法要求两组时间序列具有相同的长度以及在时间轴上的一致性,故该方法在此处并不适用。相关性测量方法与动态时间扭曲法介绍如下。

1)相关性测量方法

相关性测量方法能够将相似性作为位置的函数,而且不必对时间序列产生所有长度

为 n 的子序列。设目标班次站点客流数据序列为$\{x_i\}$,长度为 n,经验站点客流数据序列为$\{y_i\}$,长度为 N,根据傅立叶变换的卷积定理,在$\{x_i\}$和$\{y_i\}$末尾补充0,使得两个序列都变成长度为 $l=N+n-1$ 的新序列$\{x_i'\}$和$\{y_i'\}$,对新序列进行离散傅立叶变换生成$\{X_i\}$和$\{Y_i\}$,通过二者逐点相乘得到相关系数,公式如下:

$$c_i = \frac{F^{-1}\{X_j Y_j\}}{\sqrt{\sum_{j=1}^{n} X_j^2}\sqrt{\sum_{j=1}^{N} Y_j^2}} \tag{3-4}$$

其中,$i=1,2,\cdots,N+n-1$。

相关性因子 c_i 在$[-1,1]$范围内,若为1则说明两组站点客流序列完全匹配,当有干扰信号时,相关因子一般小于1,且序列值$\{c_i\}$的峰值位置就是$\{y_i\}$与$\{x_i\}$匹配的可能位置。

2)动态时间扭曲法(Dynamic Time Warping,DTW)

不同班次的站点客流数据,在固定时段内客流数据变化规律大致相似,但在时间轴上却无法对齐,如图3-4所示。

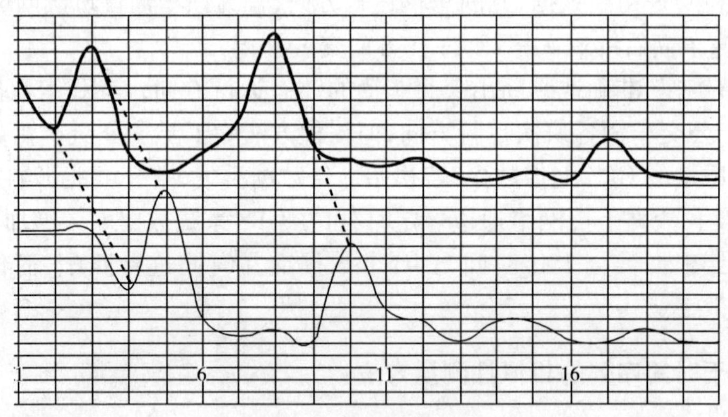

图3-4 时间轴偏移的时间序列示意图

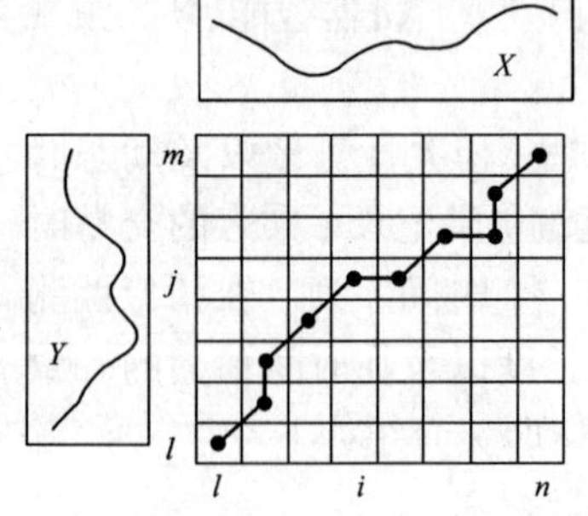

图3-5 扭曲路径示意图

动态时间扭曲法允许在时间轴上有弹性的移动,从而在两个序列的不同时间段发现相似的波形。若站点客流序列 X 与 Y 长度分别为 n、m,且

$$X = x_1, x_2, \cdots, x_i, \cdots x_n$$

$$Y = y_1, y_2, \cdots, y_j, \cdots y_m$$

用DTW调整两个序列,需要构建一个 $n\times m$ 矩阵,其中第(i,j)个元素是两个序列的点 x_i 和 y_j 之间的距离 $d(x_i,y_j)$,如图3-5所示[40]。定义扭曲路径 W 为上述矩阵元素的连续集,W 的第 k 个元素定义为 $w_k=(i,j)_k$,可得

到一个路径集为：

$$W = w_1, w_2, \cdots, w_k, \cdots, w_K, \quad \max(m,n) \leqslant K \leqslant m+n-1$$

扭曲路径要求满足如下条件限制：

(1)边界条件：$w_1=(1,1)$，$w_k=(m,n)$，即扭曲路径必须从矩阵的起始位置开始，并在结束位置处结束。

(2)连续性，给定 $w_k=(a,b)$，$w_k=(a,b)$，$w_{k-1}=(a',b')$，要求 $a-a'\leqslant 1$ 和 $b-b'\leqslant 1$，即扭曲路径每一步都是连续的。

(3)单调性：给定 $w_k=(a,b)$，$w_k=(a,b)$，$w_{k-1}=(a',b')$，要求 $a-a'\geqslant 0$ 和 $b-b'\geqslant 0$，即扭曲路径必须在时间轴上单调递增。

满足上述条件的路径有多个，为了获得测量最佳效果，要求路径满足最小的扭曲代价(warping cost)。

$$DTW(X,Y)=\min\left\{\frac{1}{k}\sqrt{\sum_{k=1}^{K} w_k}\right\} \tag{3-5}$$

关于点 x_i 和 y_j 之间的距离 $d(x_i,y_j)$ 度量的选择，与应用领域高度相关，距离度量方法包括：

(1)对连续值的时间序列有 L_p 范数等；

(2)对事件序列有编辑距离；

(3)交易序列通常不使用成对比较的距离度量，这是由交易项目的稀疏性决定的[41]。

乘客到站的随机性使得公交IC卡站点站点客流数据具有交易序列的特征，但考虑车辆到站时间的规律性，在大多数站点有乘客乘车的前提下，站点客流数据具备事件连续发生、与时间相关这两个特征，可以看作是一个时间序列。而对连续值的时间序列距离的度量，最常见的 L_p 范数距离定义如下：

$$L_p(X,Y) = \left(\sum_{i=1}^{l} |x_i - y_i|^p\right)^{1/p} \tag{3-6}$$

式中：$l=|X|=|Y|$；

$p=1,2,\cdots,\infty.$；

当 p 取1时，L_1 是曼哈顿(Manhattan)距离；

当 p 取2时，L_2 是欧几里得(Euclidean)距离。

本文选择常用的欧几里得距离进行计算，基于动态最优的原则，在所有路径中发现欧几里得最小路径的距离公式为：

$$D(i,j)=d(x_i,y_i)+\min\{r(i-1,j-1),r(i-1,j-1),r(i,j-1)\} \tag{3-7}$$

在数据处理中，基于时间序列相似性测量的公交车辆运行(客流)方向识别方法的具体步骤如下：

步骤1：根据数据挖掘或交通调查方法，确定公交线路上、下行方向站点客流经验数据序列；

步骤2：利用数据聚类分析方法，获取公交线路中单车当日首个班次的公交IC卡数据；

步骤3：利用基于时间序列的相似性测量方法，分析上述班次交易时间数据序列与上、下行经验数据序列的相似性，并根据相似性高低判断该班次公交车辆的运行方向；

步骤4：为该车辆当日后续班次标记方向（方向交替标记）。

3.4.3 数据实验

选取北京市53路公交车2010年1月份中抽取的5个单日单车IC卡数据进行处理，每组单车数据选择前两个班次数据进行处理。上下行方向站点客流经验曲线根据人工调查结果求得，如图3-6所示，时段为8:00~9:00am。

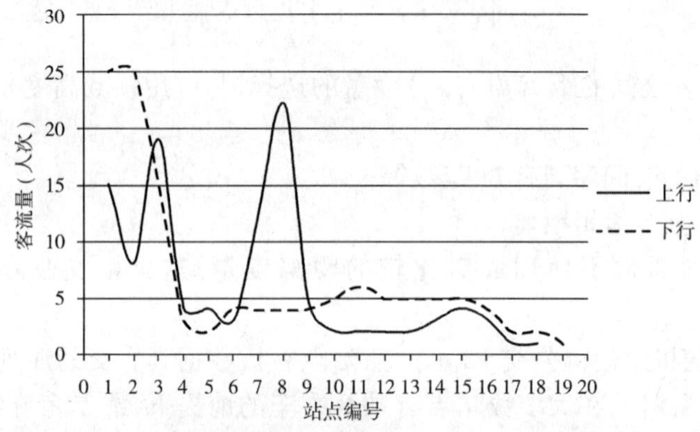

图3-6　站点客流经验曲线（7:00~8:00am）

聚类处理后，获得10个班次的近似站点客流量曲线，如图3-7所示。

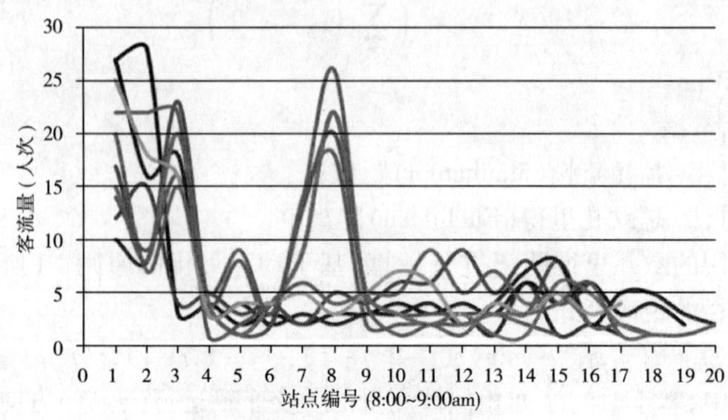

图3-7　近似站点客流曲线（聚类后）

根据相关性测量方法计算聚类后的近似客流曲线与经验曲线的相关性，获得班次运行方向与人工调查结果完全一致，如图 3-8 所示。从计算结果可以看出，同一班次序列与两个方向经验序列的相似系数差别较大，表明该线路上下行方向客流差别较为明显，与经验曲线所示结果吻合。从车辆角度分析（1-1 表示 1 号车辆第一个班次），单车的前两个班次行驶方向相反，符合单车运行方向交替出现的运营规律，也证明了聚类的有效性。

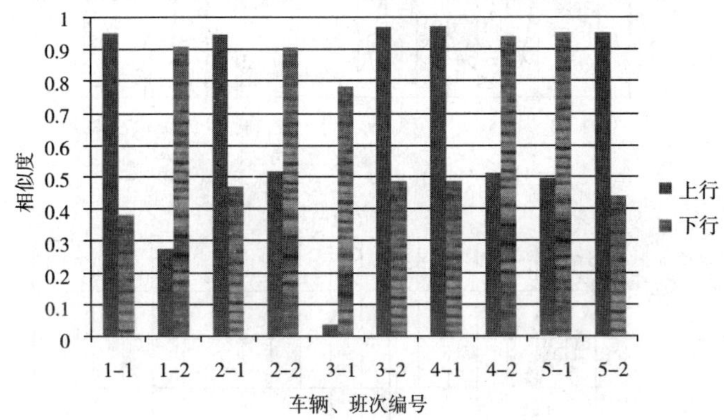

图 3-8　相关性测量结果（7:00 ~ 8:00am）

利用 Matlab 编程，基于动态时间扭曲法计算班次序列的相似性，获得各班次站点客流序列与经验客流序列的距离值（Dist）。如图 3-9 所示，Dist 值越小，说明站点客流序列与经验客流序列越相似，其结果与相关性测量计算结果吻合。通过相似性测量计算，可统计得到运行方向相同的班次，其站点客流曲线如图 3-10 所示。

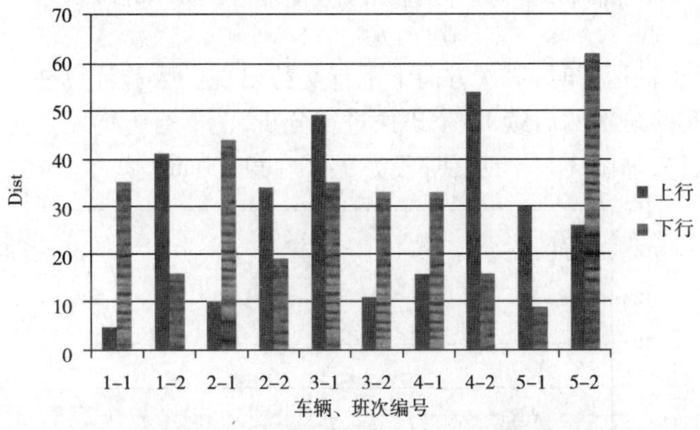

图 3-9　动态扭曲法计算结果（7:00 ~ 8:00am）

获取单车单日首个班次运行方向后，后续班次运行方向可以推算，设班次数为 n，若首班次为上行，则单车单日 IC 卡上行班次数 n^{up} 推断为

$$n^{up}=\begin{cases}n/2, & n\text{ 为偶数}\\(n+1)/2, & n\text{ 为奇数}\end{cases}\tag{3-8}$$

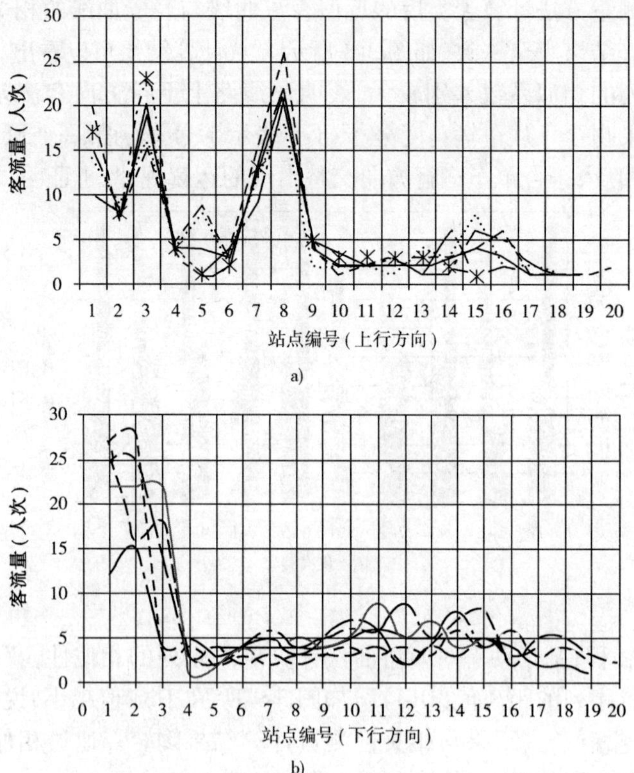

图 3-10 相同运行方向班次站点客流曲线(7:00～8:00am)

a)上行方向;b)下行方向

依据是单个车辆运营时,班次方向上下行交替出现。为验证算法在客流平峰时段的表现,选取上述实验班次的后续 10 个班次进行分析,上下行方向站点客流经验曲线根据人工调查结果求得,如图 3-11 所示,时段为 9:00～11:00am。

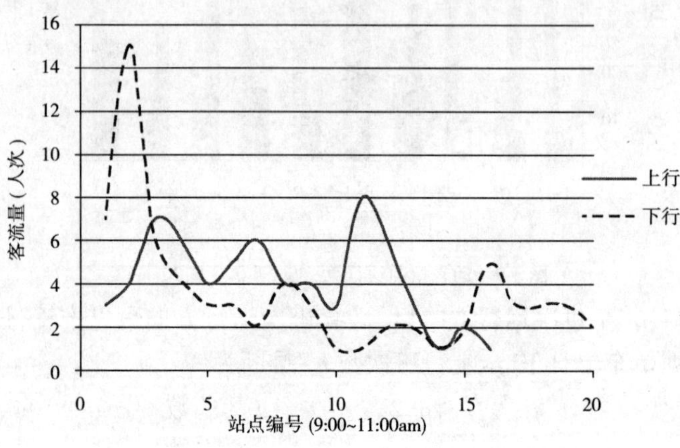

图 3-11 客流经验曲线(9:00～11:00am)

运算结果如图3-12、图3-13所示，利用两种方法的计算结果相吻合，但与图3-8、图3-9对比可知，根据车辆运行班次方向交替出现的规律，班次1-4、2-4、3-3、3-4出现了判断错误，从站点客流曲线来看（如图3-14所示），该线路客流平峰时的站点客流并无明显规律，且没有较为明显的方向性差别，这也是导致计算结果偏差较大的重要原因。

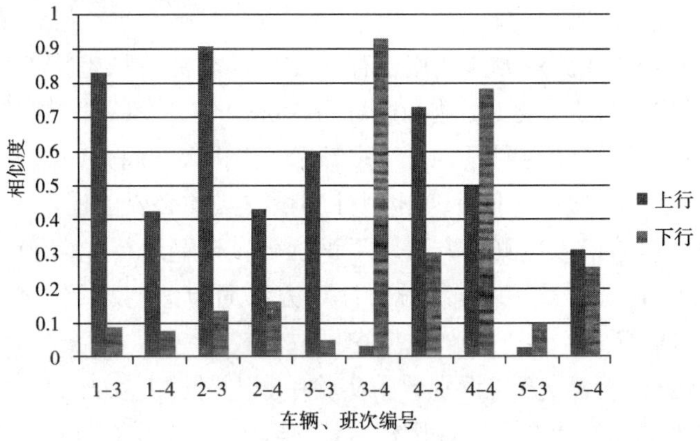

图3-12　相关性测量结果（9:00～11:00am）

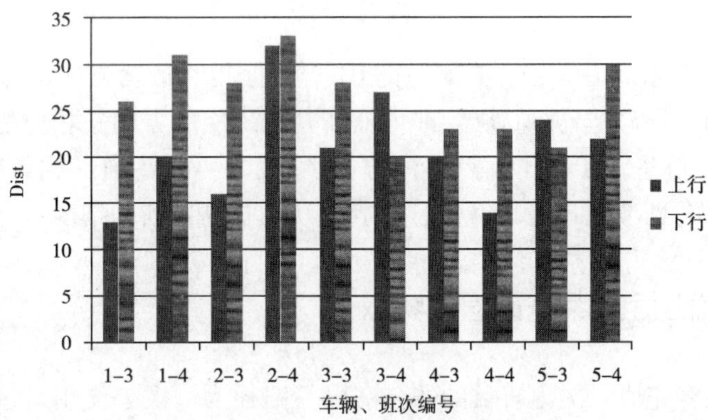

图3-13　动态扭曲法计算结果（9:00～11:00am）

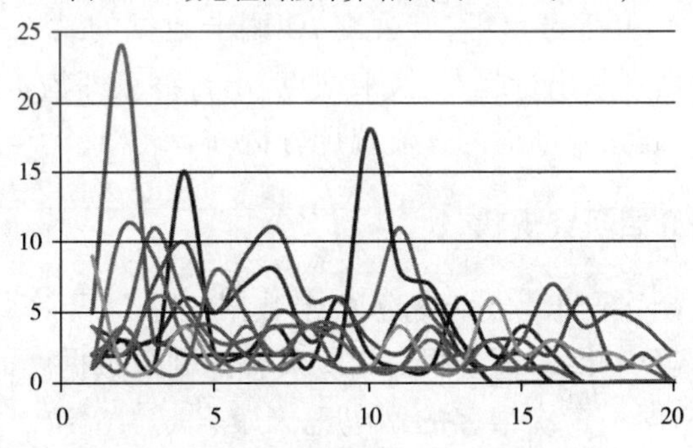

图3-14　站点客流曲线（9:00～11:00am）

3.4.4 方法适用性

从数据实验结果看,基于时间序列相似性测量方法来判断车辆班次行驶方向,比较依赖于线路客流的方向性差异规律。对于客流方向性规律较高的时段(如早高峰时段),计算结果精度较高,反之则误差较大。

基于时间序列相似性测量方法适用于存在方向性客流特征差别的公交线路,比如联络市区与郊区、居住区与工作区(工业园区、商业区等)的公交线路,这类线路在通勤时段线路客流方向不均衡特征较为明显。对于多数公交线路,不同方向客流特征随时空变化规律是有差别的,这也是使用时间序列相似性测量方法的必要前提。

将基于时间序列的相似性测量方法用于识别公交车辆运行(客流)方向,该方法的优点在于只需要单源数据(公交 IC 卡数据),计算方法简单,避免了公交 IC 卡数据与公交调度数据、GPS 数据等融合处理过程,数据挖掘成本较低。

在公交车辆运行(客流)方向识别数据实验中,相关性测量方法与动态扭曲法两种序列相似性测量方法在计算精度上表现比较一致,但动态扭曲法(DTW)法能够避开测量对象序列长度不等的问题,因此在序列长度未知且测量序列等长情况较少的情况下,DTW 法适用性更好。

在公交 IC 卡数据库中,由于单车公交 IC 卡数据相邻运营班次的方向交替出现,因此,当某一班次的运行方向被识别后,即可推断其他班次的方向。相应的,根据已获取方向信息的数据,能够进一步校正站点客流方向性经验序列,逐渐形成具有交通时段特征(高峰、平峰、工作日、节假日等)的经验序列组,从而提高判断的精度。

3.5 公交出行站点位置信息获取

定义公交乘客完成一次出行目的的公交出行路径为一次公交出行过程,公交出行过程涉及出行起点、乘车线路、中途站点、换乘站点、换乘线路、出行终点等。以单次刷卡线路为例,在乘客整个公交出行过程中,有公交 IC 刷卡数据的站点是出行起点或换乘站点。利用 IC 卡客流数据判断出行起点、换乘站点、出行终点即为本节要研究的重点。在此基础上,可进行站点、线路及断面的客流统计分析。

3.5.1 现有方法介绍研究现状

为了获取一票制(单次刷卡)公交线路 IC 卡数据的客上、下车站点信息,研究人员进行了许多研究和数据实验。由于乘坐同一车次乘客的刷卡数据在时间上具有集中性,运用时间聚类方法将乘坐同一车次乘客的刷卡记录聚合成为一组。如果线路上每一个站点均有乘客刷卡,则产生的各组数据与公交线路沿途站点一一对应。但是实际中公交线路基本不可能每个站点均有乘客上车刷卡,所以通过聚类分析公交 IC 数据只能统计到有刷卡乘客站点的刷卡数据,而不能通过一一对应判断各组数据对应的公交站点。

根据公交 IC 数据的刷卡时间记录,线路编号、车辆编号与公交调度信息表发生多对一的关系。根据公交调度信息中的发车时间、到达时间即可推算公交车辆在所有公交站点停靠的时间,同时,根据不同站点间刷卡时间差对刷卡数据进行聚类分析。选取合适的时间差阈值,将小于阈值的归为上游站点,大于阈值的记录归为下游站点。对于阈值的选取,可根据实际调查的数据判定。依据阈值的选取,可以对上车站点进行识别,而刷卡时间可近似认为是公交车辆在公交站点的停靠时间,通过这两个时间的匹配,结合公交 IC 数据的聚类结果,即可较为准确判断各上车站点。

东南大学的戴霄[19]利用简单聚类方法对乘客刷卡数据进行分类,并以单线路站点间运行时间估计值作为判断阈值,根据聚类族间的时间差值与站点间运行时间值的相似匹配来识别乘客上车站点。该方法在道路交通环境良好条件下使用,由于公交站点分布距离与站点客流变化的多样性和规律性,在数据聚类中与站点匹配过程中选择合适的参数和阈值对提高精度十分关键。

重庆交通大学的于勇[42]利用最短距离聚类方法对公交 IC 卡数据的交易时间信息进行聚类,并通过线路运营调度信息预测公交车辆到站时间,将到站时间与聚类后的交易时间进行匹配来获取乘客上车站点信息。

基于公交 IC 卡数据的乘客下车站点信息获取是一个技术难点,目前已有的方法多见于出行距离分布预测、站点吸引等。东南大学的陈学武[43]在乘客下车站点判断研究中,利用单个乘客当日刷卡记录,在 GIS 上计算相邻两次公交出行的上车站点的地理位置距离,若符合约束条件则将后一次的上车站点判断为前一次公交出行的下车站点。该方法需要逐一分析单个乘客的出行交易记录,以前后两次公交出行上车站点距离最小作为判断下车站点的依据,利用 GIS 来判断站点选取是否符合出行路径的要求,从而获得乘客公交出行链。但该方法缺少对乘客换乘时间的判断,不能保证中途有换乘行为或其他出行目的乘客下车站点识别的准确性。

还有一类基于站点吸引的下车站点信息获取方法[44]是通过建立数学模型来描述乘客公交出行的下车概率或乘距,并对公交线路的沿途站点赋予吸引权重,从而根据公交线路上车客流推算乘客下车站点。

本章主要是围绕一票制公交线路 IC 数据乘客出行站点位置(上、下车站点)信息缺失的问题,考虑在不同数据源支撑条件下,乘客公交出行站点位置信息获取方法,包括基于特征站点和基于公交 IC 卡与 GPS 数据的上车站点匹配方法,基于换乘分析的下车站点识别方法。

3.5.2 基于特征站点的乘客上车站点匹配方法

对一条公交线路而言,在特定时段内(如早高峰)其客流和车辆运行时间是具有一定规律的,故大部分公交线路都存在一个或数个存在较明显客流特征或换乘行为的站点。而在一个公交班次中,部分站点无人上车的情况也很常见,若无人上车站点位置在有客流的站点之间,则会对站点匹配形成干扰,可能将客流匹配到无人上车的站点。因此,在站点匹配过程中,通过寻找公交线路中具有突出特征的站点,并优先匹配特征站点,再以特征站点为基准,匹配其他站点,可提高匹配精度。其他站点的匹配,可根据站间平均运行时间(根据道路网运行速度推算)与相邻子类的乘客刷卡时间间隔来匹配。

基于特征站点的乘客上车站点匹配方法,是以客流峰值站点与换乘站点作为特征站点,明确了特征站点匹配的优先权,与以往方法相比,具有以下特点:

(1)能够优先保证部分非连续站点的准确匹配,在一定程度上避免了匹配错位后无法纠正的问题;

(2)对于客流为零的站点,其站点匹配时仍需要根据站点间运行时间推断,会受到道路交通流、驾驶员行为等因素影响;

(3)受乘客公交出行需求影响,线路特征站点的选取与交通时段相关,某条线路的特征站点在不同时段、不同运营日(工作日和周末)可能不同,在数据处理时要分别选取。

3.5.2.1 基于站点客流量特征的上车站点匹配

通过对公交线路站点客流调查统计可知,特定时段内的线路站点客流是有规律可循的,如图 3-15 所示。受城市区域功能定位及土地使用的影响,不同站点所服务的乘客数量和范围不尽相同,因此站点客流量曲线也呈现出具有规律的峰值,本书将具有客流峰值的站点作为线路的特征站点,称之为客流峰值站点。

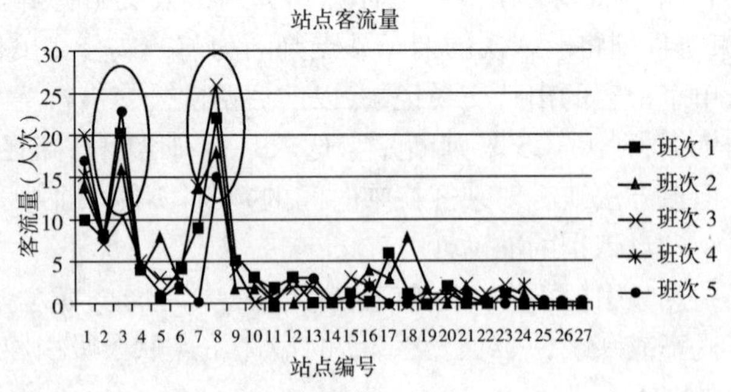

图 3-15　站点客流量曲线

设聚类子集 k_i 的客流量为 p_i,客流峰值站点个数为 n,$D_{q-1,q}$为站点 $q-1$ 与 q 的站间距离,$\overline{V_t}$为站点间车辆运行平均速度,t 为的交通时间段,$\overline{RT_{(q-1,q)}}$为站点平均运行时间,则基于特征点分析的站点匹配步骤为:

步骤 1:按照班次途径站点先后顺序为站点赋予 ID 序号,记作 S_q, $q=1,2,\cdots,n$。根据线路客流统计资料,确定客流峰值站点个数 n 以及相应站点序号。客流峰值站点可根据计算站点客流分位数获得;

步骤2:按照聚类子集中心 m_i 的交易时间由先到后顺序排列,为聚类子集 k_i 赋予 ID 序号,记作 k_i, $i=1,2,\cdots,n$;

步骤3:按照 p_i 大小对 k_i 增序排序,搜索前 n 个值的 ID 号,按照聚类子集 k_i 和客流峰值站点的初始顺序一一对应,完成客流峰值站点匹配;

步骤4:计算相邻聚类子集之间的时间距离,即 k_{i+1} 中首位交易时间与 k_i 中末位交易时间的差值,记作 $d(k_i,k_{i+1})$。

步骤5:计算站点间平均运行时间 $\overline{RT}_{(q-1,q)}=\dfrac{D_{q-1,q}}{V_t}$,以客流峰值站点为基准点,根据相邻站点平均运行时间与聚类子集时间距离的大小关系匹配其余站点,若子集 k_i 与客流峰值站点 $q-1$ 匹配,则:

$$
\begin{aligned}
&d(k_i,k_{i+1})\leqslant\overline{RT}_{(q-1,q)}, && \text{子集 } k+1 \text{ 与站点 } q \text{ 匹配}\\
&\overline{RT}_{(q-1,q+1)}\geqslant d(k_i,k_{i+1})>\overline{RT}_{(q-1,q)}, && \text{子集 } k+1 \text{ 与站点 } q+1 \text{ 匹配}\\
&\overline{RT}_{(q-1,q+2)}>d(k_i,k_{i+1})>\overline{RT}_{(q-1,q+1)}, && \text{子集 } k+1 \text{ 与站点 } q+2 \text{ 匹配}\\
&\qquad\cdots
\end{aligned}
$$

步骤6:所有聚类子集与站点匹配完成后,对无匹配结果站点插入零值。

需要指出的是,由于公交线路运行中存在驾驶员驾驶行为差异以及交通路段车流量差异,在条件允许的情况下,站点间平均运行时间根据实时数据计算得到,若无实时数据,则采用历史经验值计算。

3.5.2.2 基于换乘站点特征的上车站点匹配

由于从公交 IC 卡数据中,能够追踪出乘客所乘坐的公交线路信息,并通过线路间的拓扑关系来分析乘客是否存在换乘行为。同样的,当线路客流存在换乘行为时,乘客换乘时的上车站点可作为特征站点,与有换乘行为的乘客匹配。如图 3-16 所示,对象公交线路 A 的换乘站点客流来源有两类,一是其他线路换乘到线路 A(模式 1),二是由线路 A 换乘到其他线路的乘客(模式 2)。在获得聚类结果后,选取可能为换乘站点客流的聚类子集,根据子集中交易记录的 IC 卡号,搜索出行交易记录,判断是否为换乘客流。换乘站点匹配步骤如下:

步骤1:为线路站点赋予 ID 序号,确定换乘站点编号,线路换乘站点选取枢纽节点或换乘客流较大的站点;

步骤2:计算 $d(k_i,k_{i+1})$ 与 $\overline{RT}_{(q-1,q)}$,根据客流峰值站点匹配步骤 5 的匹配规则将聚类子集与站点进行初次匹配;

步骤3:根据站点初次匹配结果,对换乘站点以及相邻站点的交易记录进行搜索,获得乘客出行交易记录;

步骤4:根据乘客刷卡记录判断换乘行为,有换乘行为的 IC 卡号所属的聚类子集,与换乘站点匹配。设线路 A、B 乘客交易时间为 t_{Ai},t_{Bj},换乘站点编号为 r,δ 为判断阈值。

当乘客出行 IC 卡交易记录中包括线路 A、B 时，若 $t_{Ar}-t_{Bj}-\overline{RT}_{(Bj,Br)}<\delta$，则该位乘客为换乘客流，$t_{Ar}$所属的聚类子集即可与换乘站点匹配。

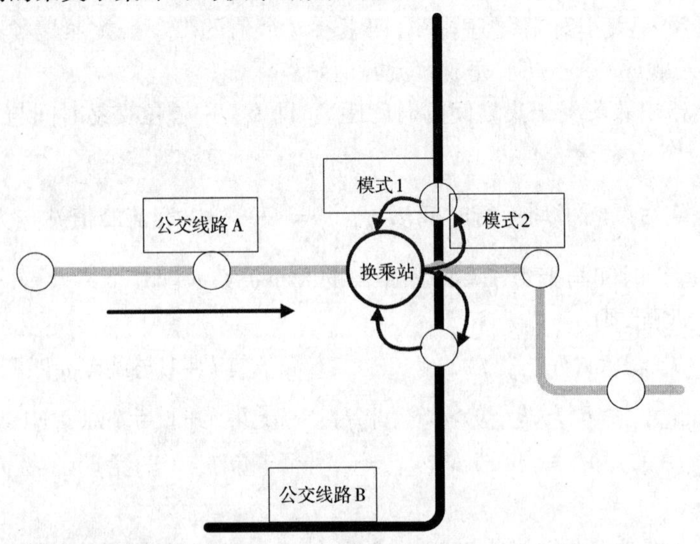

图 3-16　公交乘客换乘示意图

根据站点客流峰值与乘客换乘特征将站点与聚类子集匹配，两种匹配方法可以同时使用，流程图如图 3-17 所示。

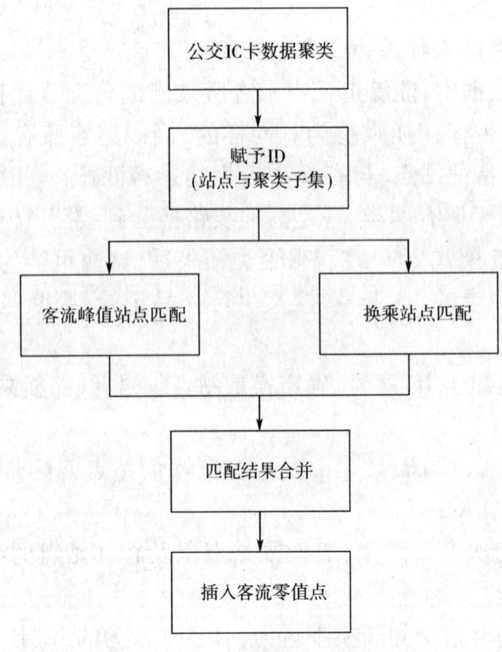

图 3-17　公交 IC 卡数据与站点匹配流程

3.5.2.3 数据实验

选取早高峰时段对53路公交车上行方向进行站点客流量调查,调查数据描述见表3-3:

调查数据 表3-3

内容	调查日期	调查时间	调查班次	调查对象
数据	2009.06.15~2009.06.19	7:00~9:00	5	53路
备注	工作日	早高峰	每日1班次	上行方向

根据调查数据,形成53路公交车上行客流曲线,如图3-18所示。根据线路客流分位数,统计客流峰值站点如图3-19所示,确定客流峰值站点为站点3和8,换乘站点为12,换乘线路为地铁5号线。

25
20
15
10
5
0
客流量(人次)
0 1 2 3 4 5 6 7 8 9 10 11 12 13 14 15 16 17 18 19 20
站点编号(上行方向)

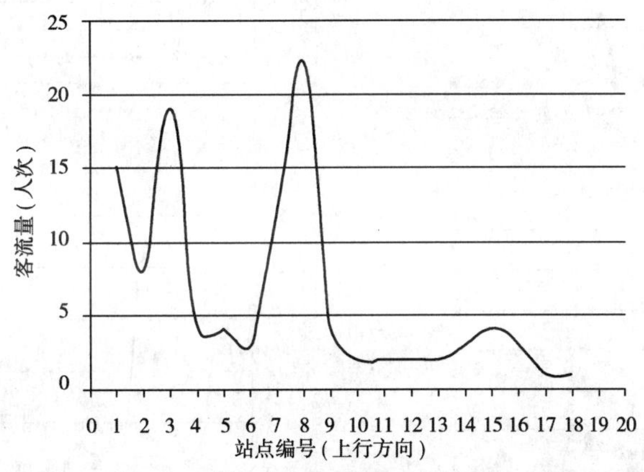

图3-18 客流曲线(53路公交车上行方向)

站点客流分位数统计
25
20
15
10
5
0
站点刷卡客流量(人次)
13 14 16 19 20 22 23 25 26 27 5 15 18 11 21 24 10 12 4 6 9 17 2 7 1 3 8
站点编号

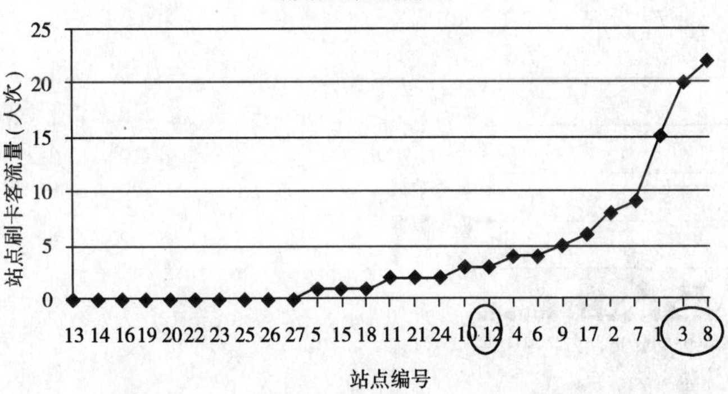

图3-19 53路公交车站点客流分位数统计结果

选取调查日期的IC卡数据进行站点匹配,匹配结果如图3-20所示。从图中可以看出,匹配结果较好。该时段线路上行站点客流较为规律(见图3-18),客流峰值站点客流突出,因此该类特征站点3和8全部匹配成功。此外,选取的换乘站点12为公交线路与地铁线路换乘站点，从地铁换乘公交的客流较少，只有班次1、4识别出乘客有换乘行为，另外三个班次均是根据站点间运行时间方法匹配得到。由于从公交IC卡数据中能够追溯乘客的公交出行轨迹，且绝大多数公交线路彼此之间的换乘站点只有一个，因此在理论上可以推断，若发现乘客存在换乘行为，其换乘站点的匹配精度要高于客流峰值特征站点。

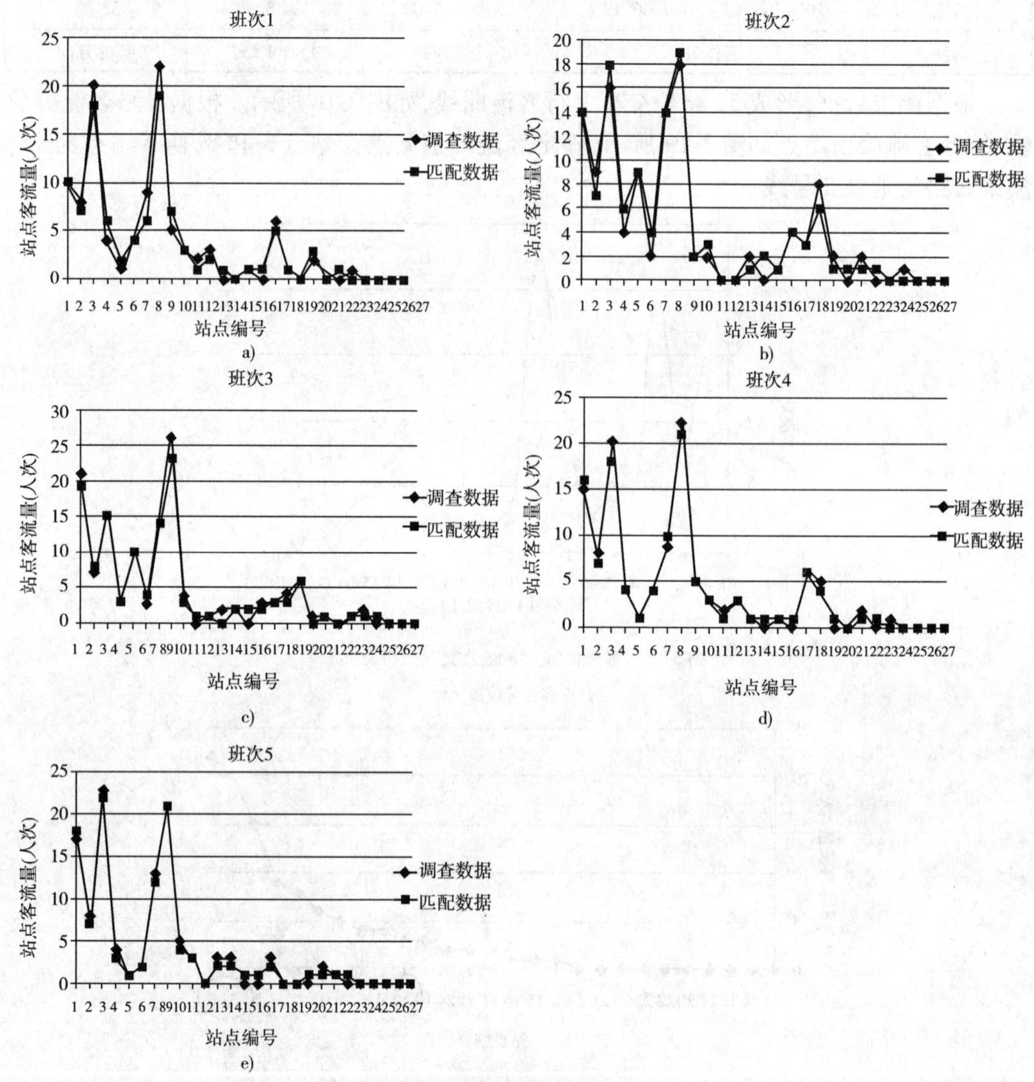

图3-20　站点匹配结果(特征站点匹配)

a)班次1;b)班次2;c)班次3;d)班次4;e)班次5

为检验特征站点匹配方法效果，采用基于站间运行时间匹配方法进行处理，对二者精度进行比较。站间运行时间匹配方法是当站点客流聚类完成后，根据站点间运行时间估算值,与基于公交 IC 卡数据推算的站点间运行时间相匹配的方法,可直接根据客流峰值站点匹配步骤 5 对聚类结果进行站点匹配,计算 53 路公交车站点匹配准确率见表 3-4,特征站点匹配方法平均准确率 85%,明显好于站间运行时间匹配方法的 76%。设匹配错位站点数为 e,站点匹配准确率 ε 计算为:

$$\varepsilon = \frac{n - e}{n} \times 100\% \tag{3-9}$$

匹 配 结 果 表 3-4

内　容	准确率(特征站点匹配)	准确率(运行时间匹配)
班次 1	89%	78%
班次 2	85%	74%
班次 3	85%	78%
班次 4	81%	74%
班次 5	85%	78%
平均值	85%	76%

从表 3-4 中可以看出,仅仅依靠站间运行时间的匹配方法,匹配精度并不理想,潜在的影响因素很多,如道路交通流量不稳定、交叉口延误、驾驶行为等,都会导致在某两个站点间,出现运行时间突变的可能,一旦匹配错位,则很难纠正。而基于特征站点的匹配方法,其优点在于保证线路中部分非连续站点的优先精准匹配,在一定程度上纠正了基于站间运行时间的匹配结果,可以推测,线路中的特征站点越多,其站点匹配精度越高。

据统计,在发生匹配错误的站点中,客流零值站点占匹配错误站点总数的 80%。对于客流为零的站点,仍需要结合站间运行时间判断。

3.5.3 基于公交 IC 卡与 GPS 数据的乘客上车站点匹配方法

基于聚类分析或特征站点的匹配方法,不可避免地会受到线路运行中的多种因素影响,这也是基于单源不完整数据处理分析方法的普遍缺陷,借助其他辅助数据,则能够利用不同源数据相互校核[45],大幅提高计算精度。

由于单条线路在运营过程中经常出现部分站点无乘客上车的情况,且受到站点间距离、道路拥堵等因素的影响,基于聚类分析的方法易出现交易记录与实际上车站点错位的情况,使得该种类方法具有局限性。对于站点间距小、客流分布不均的公交线路而言,难以从根本上保证交易记录与站点匹配的成功。

越来越多的城市公交系统开始利用车辆定位系统(目前主要为 GPS 系统)实现公交智能调度,提高了对公交车辆的监督与调度水平。车辆定位系统能够比较精确地采集公交车辆的实时地理位置、时间及速度等信息,而地理位置信息恰恰是公交 IC 卡数据中缺失的关键信息[46]，如能将GPS数据与公交IC卡数据进行融合处理，将地理位置信息与乘客交易记录信息匹配起来，就能够准确定位乘客上车的站点位置信息，大大提高公交IC卡数据的质量。

本书介绍的GPS数据与公交IC卡数据的融合处理技术，是基于GPS和IC卡数据分别获得站点间运行时间，并根据两类站点间运行时间来进行站点匹配并计算两个系统之间时间的平均偏差，消除系统时间偏差后，再利用禁忌搜索方法将未成功匹配的数据进行匹配，从而提高一票制公交线路IC卡交易数据与站点匹配的精度。

3.5.3.1 数据匹配问题

一般公交车辆GPS及公交IC收费系统的数据主要字段内容见表3-1。能将公交车辆GPS数据与公交IC卡数据联系在一起的关键字段是线路编号、车辆编号、时间这三个字段。通过线路编号和车辆编号能够将同车辆的公交IC卡数据与GPS数据关联起来，而通过时间和地理位置信息则能推断出各交易记录的大致发生位置，从而获得乘客上车站点信息。

GPS数据是定时上传的，以北京公交GPS数据为例，上传时间间隔为20s，且每条记录都包含了定位时间。公交IC卡数据中的交易时间字段代表了每个乘客在上车时的时间(一票制公交线路)，若乘客交易时间与GPS数据上传的时间吻合，则能够准确得知乘客的上车站点位置。

在实际运营过程中，对于公交GPS与IC卡数据的匹配，存在两个主要问题：

(1)GPS数据的到站时间识别问题。由于GPS数据为定时上传数据，因此当公交车辆到站时若正好有数据上传，则该GPS时间即为车辆到站时间，位置信息也正好与站点位置吻合；而当公交车辆到站时未有数据上传，则需要寻找与站点地理坐标最为接近的GPS定位数据，根据其定位时间、速度等推算车辆近似到站时间。

(2)公交GPS数据与IC卡数据的时间校准问题。由于GPS定位系统与公交IC卡收费系统相对独立，二者之间所采用的时间存在偏差，在融合处理时需要校核，修正二者的时间偏差，才能实现时间匹配。

通过上述分析，可知在公交GPS与IC卡数据融合处理过程中，既要解决GPS数据中对到站时间的准确识别，又要找到两类数据之间的时间偏差，才能进行站点匹配。由于每辆公交车中的IC卡收费设备与GPS设备的时间偏差并不相同，在处理时需要逐一核对，数据不易处理。在本书研究中，将公交IC卡数据与GPS数据匹配分为两个步骤，通过首次匹配获得IC卡系统与GPS系统之间的时间偏差，并基于时间偏差完成两类数据的二次匹配，获取乘客上车站点位置信息。

3.5.3.2 公交IC卡与GPS数据融合的乘客上车站点匹配

在数据融合处理之前，需要分别对GPS及IC卡数据进行处理，得到所需的数据序列。对于GPS数据，首先需要将单个班次的数据与站点位置信息匹配。具体步骤为：

(1)从数据库中提取单班次 GPS 数据中经度与纬度信息,提取站点经纬度信息;

(2)根据 GPS 数据确定运行方向;

(3)根据运行方向与到达站点的先后顺序,依次计算 GPS 数据与站点位置的地理距离,与站点地理坐标距离最近的数据作为到站数据,其数据上传时间即近似为到站时间,于是从 GPS 数据中得到一组代表该班次车辆到站时间的数据序列;

(4)在上述到站时间序列中计算相邻元素的差值,获得一组新的序列,代表每两个站点间的近似运行时间。

为方便模型计算,还需要从公交 IC 卡数据中提取出一组能够代表车辆到站时间的数据序列。具体步骤为:

(1)利用数据聚类方法,根据相邻交易时间间隔大小获得单班次的所有交易数据;

(2)对单班次交易数据进行二次聚类处理,将在同一站点发生的交易记录合并为一类(在同一站点发生的交易记录,其相邻交易时间间隔较小);

(3)选取每类中交易时间排在首位的交易记录组成一组数据序列,每个交易记录中的交易时间作为近似的公交车辆到站时间;

(4)在上述到站时间序列中计算相邻元素的差值,获得一组新的序列,代表每两个站点间的运行时间(近似值)。

对 GPS 及 IC 卡数据进行分别处理后,获得两组代表车辆近似到站时间的数据序列,在理想条件下(IC 卡收费系统与 GPS 定位系统时间统一),若每站都有乘客乘车,则两组数据序列的相似度应该很高,即两组数据分别代表的到站时间能够很好的匹配起来且相差不多;当两个系统的标准时间存在偏差且部分站点无乘客上车时,由于无法确定公交 IC 卡数据的交易发生站点,两组数据序列可能匹配错位。本书介绍的匹配方法包括两个步骤:(1)根据站点间运行时间对 GPS 与 IC 卡数据进行一次匹配,获得两类数据间的时间平均偏差;(2)基于两类数据时间平均偏差,根据到达站点时间进行匹配。

1)系统时间平均偏差计算

公交车辆运行的过程可描述为:路段行驶⟶进站⟶刷卡上、下车⟶出站⟶路段行驶,通过 IC 卡数据和 GPS 数据计算得到的站间运行时间是在运行过程中不同阶段的时间差值,如图 3-21 所示。因此,尽管 IC 卡收费系统与 GPS 设备之间存在时间偏差,使得两类数据在到站时间上的相似性并不明显,但通过到站时间计算站间运行时间后,得到的两种数据序列应具有较高的相似性,特别是进、出站时未遇到排队延误情况下的

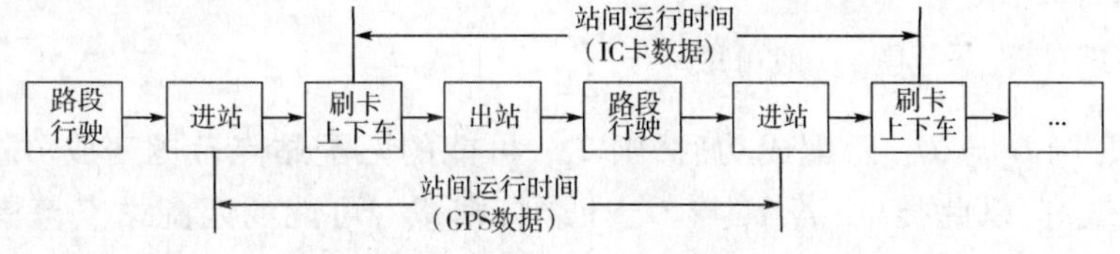

图 3-21　站间运行时间示意图

数据，相似性应更高。

设公交 IC 卡与 GPS 数据到站时间数据序列分别为$\{I_p\}_{p=1}^{k}$，$\{G_q\}_{q=1}^{l}$，p、q 分别为两组数据的站点编号，其中 p 为有乘客上车的站点编号；k、l 为站点编号(p,q)的上限，由于部分车站无乘客上车，故有 $l \geqslant k$。根据公交 IC 卡数据计算车辆到站时间可以通过对 IC 卡交易时间聚类方法获得，本书选择每个聚类族中首位刷卡时间作为到站时间。根据 GPS 数据获取到站时间可根据 GPS 地理信息与站点地理坐标匹配方法获得，对于某个站点存在多条地理坐标匹配成功数据的情况，本书选择上传时间最早的数据作为该站点到站时间。以上两种方法本书不做赘述。设 GPS 系统数据上传时间间隔为 T_G。假设条件为：

(1)各站点具有 GPS 到站数据；

(2)运营时不存在甩站现象。

计算两类数据时间平均偏差步骤为：

步骤 1：根据到站时间数据计算站点间运行时间，即相邻数据之间做差。设公交 IC 卡数据和 GPS 数据的站点间运行时间数据序列分别$\{T_s\}_{s=1}^{m}$，GPS 数据序列为$\{H_t\}_{t=1}^{n}$，则有：

$$\{T_s\}_{s=1}^{m} = \{I_2 - I_1, I_3 - I_2, \cdots, I_k - I_{k-1}\}$$

$$\{H_t\}_{t=1}^{n} = \{G_2 - G_1, G_3 - G_2, \cdots, G_q - G_{q-1}\}$$

同理，s、t 分别为两组数据的站点间路段编号，m、n 为 s、t 的上限，且有 $n \geqslant m$，$m = k - 1$，$n = q - 1$。

步骤 2：匹配最相似站点间运行时间。匹配规则为：当$|T_s - H_t| \leqslant T_G$ 时，则认为二者匹配，若不满足该条件，则不予匹配。匹配时按照站点经过顺序匹配，且遵循以下三个约束规则：

(1)规定 T_s 的在 GPS 数据中的匹配对象范围为$[H_s, H_{n-m+s}]$，超出该范围不予匹配。该规则是为避免匹配数据出现溢出现象，当匹配 T_m 时，其匹配对象范围为$[H_m, H_n]$，匹配对象上限不能超过 GPS 数据的上限。

(2)若 T_s 与 H_t 匹配成功，且 $T_{s+1} > H_{t+1} + H_{t+2} - \sigma$ 时，T_{s+1}不予匹配。这是由于不能保证每个站点均有乘客上车(交易记录存在)，因此$\{T_s\}_{s=1}^{m}$中可能存在部分数据，其值是由非相邻站点到站时间计算所得。σ 为纠正参数，由于 GPS 数据上传间隔一般为数秒至数十秒不等，该时间长度与正常车辆站点停靠(无排队延迟进出站)的时间近似，因此，可能出现 GPS 数据到站时间在站点刷卡交易时间后，为保证匹配精度，可利用 σ 适当扩大不予匹配的 IC 卡数据范围，一般可取 $\sigma = \frac{T_G}{2}$。

(3)当 T_s 与 $G_t = G_{s+1}$ 匹配成功后，则 T_{s+1} 可能的匹配站点范围变成 $G_{t+1} \in [G_{s+2}, G_{s+3}, \cdots, G_{n-m+s}]$，以此类推，若 T_s 与 G_{s+x} 匹配，则 T_{s+1} 可能的匹配站点范围为 $G_{t+1} \in [G_{s+x+1}, \cdots, G_{n-m+s}]$，其中 x 为编号变量，且 $x < n - m$。

步骤3：站点间运行时间匹配完成后，对匹配成功的站点间运行时间数据，转化为相对应的到站时间数据进行匹配。

步骤4：计算公交IC卡系统与GPS系统时间平均偏差。根据已匹配成功的到站时间数据计算二者时间平均偏差，设时间平均偏差为$\overline{T}$，到站时间匹配成功数据对为u，则有：

$$\overline{T} = \frac{1}{u}\sum_{u=1}^{u}\left|I_p - G_q\right|_u \tag{3-10}$$

2）乘客上车站点二次匹配

获得公交IC卡系统与GPS系统的时间平均偏差后，即可根据偏差值来匹配其余的IC卡交易记录与站点。匹配条件为：在可匹配范围内，I_p与G_q的差值最接近$\overline{T}$，即认为二者匹配成功：

$$\min \varphi(p) = \left|\left|I_p - G_q\right| - T\right|, \quad p、q \leqslant m \tag{3-11}$$

同理，该匹配需要满足上一节所述步骤2的（1）和（3）两个规则。即I_p在GPS数据中的可能对应的站点编号范围为$G_q \in [G_p, G_{l-k+p}]$。若I_p与G_{p+x}匹配，$x < l-k$，则I_{p+1}在GPS数据中站点选择范围$G_q \in [G_{p+x+1}, \cdots, G_{l-k+p}]$。

在计算两个系统时间平均偏差的过程中，部分站点与IC卡交易数据已匹配成功，因此可以只对剩余未匹配数据进行计算。本书利用禁忌搜索法（Tabu Search或Taboo Search，简称TS）来求解公式（3-2）。禁忌搜索的思想最早由Glover[47]提出，它是将局部领域搜索扩展的一种全局逐步寻优算法。TS算法通过引入一个灵活的存储结构（禁忌空间）和相应的禁忌准则来规避重复搜索，通过设置特赦准则，来赦免一些被禁忌的优良可行解，进而保证多样化的有效探索和全局优化的实现。相对于遗传算法，禁忌搜索具有收敛速度快、局部搜索能力较强等特点，并成功的解决了许多组合优化问题，如车辆调度[48]、路径寻优[49]等。而GPS数据与IC卡数据序列的匹配问题，是一种单向的、具有范围约束的组合优化问题，搜索的范围和准则更加直观和简单，更能够发挥禁忌搜索算法的优点。求解具体方法为：设搜索步长为α，G_q为搜索邻域，初始可行解设定为G_p，可行解邻域移动集为$G_q \in [G_{p+1}, \cdots, G_{l-k+p}]$。禁忌长度为$\beta$，当迭代内所发现的最优解无法改进时，则算法停止。计算完成后，对IC卡交易数据赋予站点编号，即可获得交易数据与站点的匹配对应关系。

3.5.3.3 数据实验

本文以北京市公交线路为例，选取2011年10月14日（9:00～10:30am）52路公交车某个运营班次进行人工数据调查（首站数据未采集），用于匹配方法精度校验，调查数据内容见表3-5。从数据库中选取当天该班次GPS和IC卡数据进行实验，该班次运营方向为北京西站至平乐园，共18站，GPS数据序列包含18个到站时间数据，公交IC卡数据聚类处理后包含10个到站时间数据。

根据GPS数据和公交IC卡数据计算站点间运行时间，结果如图3-22所示。将两类数据进行匹配，$T_G = 30$s，共有 5 对数据匹配成功，如图 3-23 所示。根据匹配成功数据，计算公交 IC 卡系统与 GPS 系统的时间平均偏差$\overline{T} = 162$s。

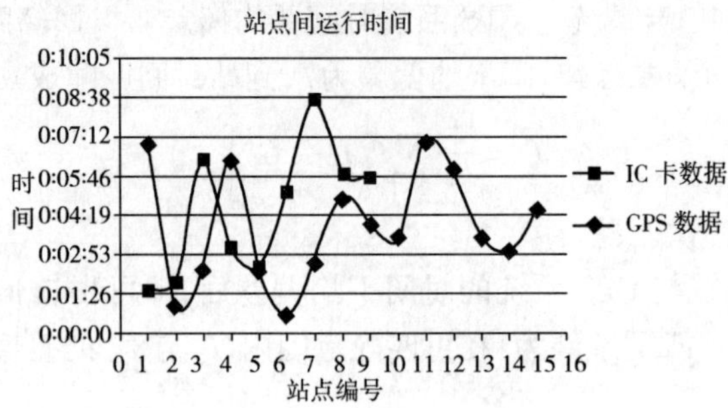

图 3-22　站点间运行时间

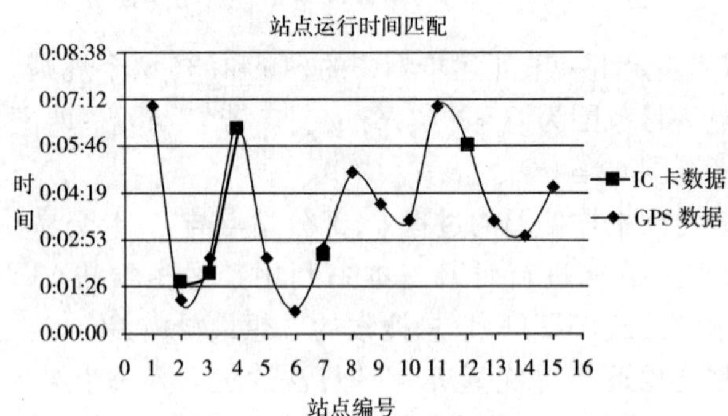

图 3-23　站点运行时间匹配

根据平均时间偏差，利用 matlab 编程匹配其余 5 个公交 IC 卡到站时间数据，设禁忌搜索步长 $\alpha = 3$，G_q 为搜索邻域，由 I_5 开始匹配，初始可行解设定为 G_6（G_5 已与 I_4 匹配），可行解邻域移动集为 $G_q \in [G_7, \cdots, G_{13}]$。禁忌长度为 $\beta = 5$，最终匹配结果见表 3-5。由公交 IC 卡和人工调查的站点上车人数数据可以看出，利用本书所述方法匹配公交 IC 卡交易数据与站点编号，结果十分精确，所有交易记录均准确匹配到对应站点上。

车辆到站时间匹配结果　　表 3-5

站点编号	到站时间(GPS)	到站时间(IC 卡)	上车人数(IC 卡)	上车人数(调查)
1	9:14:25	#	#	#
2	9:21:25	9:23:57	8	8
3	9:22:25	9:25:32	6	8
4	9:24:45	9:27:25	2	3
5	9:31:05	9:33:47	2	3
6	9:33:24		0	0
7	9:34:05	9:36:55	4	4

续上表

站点编号	到站时间(GPS)	到站时间(IC卡)	上车人数(IC卡)	上车人数(调查)
8	9:36:40	9:39:22	5	5
9	9:41:38	9:44:33	10	10
10	9:45:38		0	0
11	9:49:08	9:53:05	1	1
12	9:56:08	9:58:54	3	3
13	10:02:08	10:04:36	5	5
14	10:05:38		0	0
15	10:08:38		0	0
16	10:13:08		0	0
17	10:15:08		0	0
18	10:16:38		0	0

注:表中#表示无人刷卡,无相关数据。

为了验证匹配方法的有效性,本文还利用禁忌搜索算法,直接根据站点间运行时间对 GPS 和 IC 卡数据进行匹配,匹配约束规则为:

(1)当 $H_t + H_{t+1} + \cdots + H_{t+z} < T_s < H_t + H_{t+1} + \cdots + H_{t+z+1}$ 时,则 T_s 与 H_{t+z} 匹配,且有 $z \leqslant n-t-1$。

(2)匹配规则为选取两类站点间运行时间最接近的作为匹配对象,匹配成功后将交易记录赋予到对应的站点编号上。

禁忌搜索步长 $\alpha=3$,G_q 为搜索邻域,由 I_1 开始匹配,初始可行解设定为 G_1,可行解邻域移动集为 $G_q \in [G_2,\cdots,G_9]$。禁忌长度为 $\beta=5$,匹配结果见表 3-6。根据匹配结果可知,根据站点间运行时间直接匹配时第 13 和第 16 个站点匹配结果错位,精度要低于本文所述方法。

基于禁忌搜索算法车辆到站时间匹配结果 表 3-6

站点编号	到站时间(GPS)	到站时间(IC卡)	上车人数(IC卡)	上车人数(调查)
1	9:14:25	#	#	#
2	9:21:25	9:23:57	8	8
3	9:22:25	9:25:32	6	8
4	9:24:45	9:27:25	2	3
5	9:31:05	9:33:47	2	3
6	9:33:24		0	0
7	9:34:05	9:36:55	4	4
8	9:36:40	9:39:22	5	5
9	9:41:38	9:44:33	10	10

续上表

站点编号	到站时间(GPS)	到站时间(IC卡)	上车人数(IC卡)	上车人数(调查)
10	9:45:38		0	0
11	9:49:08	9:53:05	1	1
12	9:56:08		0	3
13	10:02:08	9:58:54	3	5
14	10:05:38		0	0
15	10:08:38		0	0
16	10:13:08	10:04:36	5	0
17	10:15:08		0	0
18	10:16:38		0	0

注:表中#表示无人刷卡,无相关数据。

基于公交IC卡与GPS数据的上车站点匹配方法,通过两类数据的融合获得更高精度的匹配结果,一般来讲:

(1)GPS到站数据比较完整时,该方法能够实现精确匹配。

(2)直接根据GPS与IC卡数据推算的站点间运行时间进行匹配的方法精度相对较低。这是由于运营过程中可能存在部分站点无乘客乘车情况,其站点间运行时间计算时会被扩大,而如果其潜在匹配对象所代表的站点间实际距离较远,需要较长的运行时间才能够到达时,则只能选择最接近的数据进行匹配,从而造成匹配错位的情况出现。

(3)计算两类系统时间平均偏差能够有效提高匹配精度,这是由于其匹配约束规则较为苛刻。部分站点的GPS到站数据较为准确,公交车辆进、出站未遇到过长的排队延迟且有乘客刷卡上车,则该类站点能够满足精确匹配约束规则的可能性更大。

3.5.4 基于换乘分析的乘客下车站点识别方法

根据公交IC卡数据,能够获取一票制公交线路乘客的上车时间(交易时间)信息,结合数据挖掘方法(聚类方法)以及公交站点间距信息能够推算出公交乘客的上车站点,或利用公交IC卡与公交车辆GPS数据融合处理技术获取乘客上车站点,但下车站点信息无法获取。

通过国内外研究综述,可知基于公交IC卡数据判断乘客下车站点方法的研究思路可主要归纳为两类:

(1)通过追踪单个乘客公交出行链获取下车站点信息;

(2)通过建立站点吸引和下车概率模型实现基于总量控制的下车客流量分配。

其中,第2类方法的研究多见于公交OD反推或OD矩阵构建,可为公交规划或线网调整等工作提供数据支撑。而获得单个乘客公交出行链,能够基于出行链中所包含的信息(线路、时间等)对公交运行进行更深入的分析,本书提出一种基于换乘分析的公交IC卡数据乘客下车站点判断方法,用于追踪单个乘客的公交出行链。

3.5.4.1 问题描述

随着城市化进程的不断扩大,城市公共交通网络层次化、规模化也在快速发展,大中城市、尤其是特大城市的公交出行过程中,多线路、多模式的公交换乘已愈发普遍。而通过公交IC卡、GPS数据、线路基础信息等能够挖掘出乘客出行的换乘行为,进而通过乘客出行换乘节点的信息来推出其公交出行链。

在公交IC卡数据挖掘中,获取一票制公交线路乘客下车站点信息是一项技术难点。在乘客乘坐公交线路信息和上车站点位置信息已知的条件下,能够通过后一次公交出行的线路和上车信息,来推断前一次公交出行的下车信息,相对于一般公交出行,如果相邻两次公交出行属于换乘,则两次出行的下、上车时间间隔、站点位置距离等具有更短、更近等特征,可以通过数据挖掘方法进行识别,更准确的提取乘客下车站点位置信息。高永[81]提出了基于前后两次公交出行上车时间差值来识别乘客换乘行为的方法,通过给定判定阈值(如北京市平均公交出行时间)来界定相邻公交刷卡记录是否为换乘。该方法计算出前后两次公交出行的交易时间差值,其中包含了前次公交出行的乘客车内时间,故换乘行为判断阈值的选定,可能会由于公交车辆延误较大等情况的出现,影响识别精度。

在以往研究中,“两站点公交出行”推论被广泛的使用,实际上,该推论更适合用于推断无换乘的公交出行。因为在多种公交模式(地面公交、快速公交、轨道交通、出租汽车、其他方式)组成的多层次公交线网中,公交出行可选择路径和换乘节点较多,因此在“去”和“回”的过程中,由于时间、地点、线路、路费等因素的影响,乘客选择公交出行的路径呈现多样化,特别是在中心城区或公交出行可达性较高的区域内,因此,需要将公交出行数据分阶段处理,才能形成更准确、全面的出行链追踪。

3.5.4.2 换乘模式分析

对于公交换乘的概念,狭义的解释是指乘客从公交线网的起始站点出发连续换乘多趟公交车后,到达终点站点,完成一次公交出行的出行过程[50]。即无论乘客在公交出行过程中换乘次数多或少,其出行目的只有一个。假如乘客在公交出行过程中,到达中途站点后,在较短的时间内进行了购物、接送子女等活动后再次选择公交出行,其购物、接送子女等活动则属于附加出行目的[51],尽管时耗较短,与一般换乘行为在时间消耗上较为接近,但并不符合换乘的定义。但在公交IC卡数据处理过程中,无法通过出行信息来判断乘客的出行目的和识别其附加活动,因此在本书中,通过换乘时间判断阈值提取出的换乘行为,将包括纯换乘乘客和部分有附加出行目的的换乘乘客。

以北京为例,在多层次公交网络中包括轨道交通、分段计价地面公交线路、一票制地面公交线路,其数据中包含主要字段见表3-1。在三种不同类型的数据中,轨道交通数据包含的信息最为丰富全面，能够获取乘客上、下车站点及时间所有相关重要信息；分段计价地面公交线路能够获知乘客上、下车站点编号和下车时间，而一票制地面公交线路只能够得知乘客的上车时间。

在上述三种公共交通方式组建的公交网络中，乘客公交出行换乘的模式见表3-7。由于只有一票制公交线路需要识别乘客下车站点，因此前三中换乘模式为主要研究对象。

换乘模式分类　　表3-7

序号	换乘模式	主换乘方字段	被换乘方字段
1	一票制地面公交线路换乘一票制地面公交线路	1. 线路编号 2. 交易时间(上车时间)	1. 线路编号 2. 交易时间(上车时间)
2	一票制地面公交线路换乘分段计价地面公交线路	1. 线路编号 2. 交易时间(上车时间)	1. 线路编号 2. 上、下车站点编号 3. 交易时间(下车时间)
3	一票制地面公交线路换乘轨道交通线路	1. 线路编号 2. 交易时间(上车时间)	1. 上、下车线路编号 2. 上、下车站点编号 3. 上、下车时间
4	分段计价地面公交线路换乘一票制地面公交线路	1. 线路编号 2. 上、下车站点编号 3. 交易时间(下车时间)	1. 线路编号 2. 交易时间(上车时间)
5	分段计价地面公交线路换乘分段计价地面公交线路	1. 线路编号 2. 上、下车站点编号 3. 交易时间(下车时间)	1. 线路编号 2. 上、下车站点编号 3. 交易时间(下车时间)
6	分段计价地面公交线路换乘轨道交通线路	1. 线路编号 2. 上、下车站点编号 3. 交易时间(下车时间)	1. 上、下车线路编号 2. 上、下车站点编号 3. 上、下车时间
7	轨道交通线路换乘一票制地面公交线路	1. 上、下车线路编号 2. 上、下车站点编号 3. 上、下车时间	1. 线路编号 2. 交易时间(上车时间)
8	轨道交通线路换乘分段计价地面公交线路	1. 上、下车线路编号 2. 上、下车站点编号 3. 上、下车时间	1. 线路编号 2. 上、下车站点编号 3. 交易时间(下车时间)
9	轨道交通线路换乘轨道交通线路	1. 上、下车线路编号 2. 上、下车站点编号 3. 上、下车时间	1. 上、下车线路编号 2. 上、下车站点编号 3. 上、下车时间

3.5.4.3 基于换乘分析的下车站点识别方法

基于换乘分析的乘客下车站点识别方法，通过对公交 IC 卡数据、GPS 数据以及轨道交通 AFC 数据的关联关系识别乘客换乘行为，能够追踪乘客的公交出行路径。对于换乘行为的判断，首先从换乘站点空间距离判断换乘行为存在的可能性，进而从换乘时间角度衡量换乘行为是否存在。若存在换乘行为，则能够推断乘客前次出行的下车站点；若无换乘行为，则可基于"两站点公交出行"推论，推算乘客下车站点。

在乘客公交出行过程中，若存在换乘行为，则其当日公交 IC 卡数据具有如下几个明显的特征：

(1)包括多笔交易记录(2 次以上)；

(2)某相邻两次交易记录的交易时间较为接近；

(3)上述相邻交易记录发生的公交线路之间有距离较近或相同的站点。

根据这些数据特征，可建立基于换乘分析的乘客下车站点判断方法，具体步骤如下：

步骤 1：提取单个乘客当日交易记录数，若记录数大于等于 2，则进入下一步，反之则重新开始。

步骤 2：根据公交线路站点信息判断两条公交线路是否存在换乘站点，若站点间距离小于判断阈值(不同城市阈值不同，范围一般为 0 ~ 500m 不等)则进入下一步，反之计算结束。

步骤 3：假设前后两次公交出行线路的相交站点为前一次交易记录的下车站点，根据乘客上车站点匹配结果，推算前一次交易记录的下车时间。

步骤 4：计算上一步得到的下车时间与后一次公交出行上车时间的差值，若其小于等于换乘时间判断阈值(不同城市阈值不同，范围一般为 0 ~ 30min)，则判断为换乘，上一步推算的下车站点即作为乘客前一次公交出行的下车站点，反之为非换乘。

设线路编号为 k，站点编号为 i，公交出行(一票制公交线路)的上车时间为 $B_{k,i}$，公交出行下车时间为 $D_{k,i}$。由于推算出了前一次公交出行的下车时间 $D_{1,i+n}$，在后一次公交出行上车时间可知的前提下，上述步骤能够确保计算出前后两次乘车的换乘时间 $B_{2,i} - D_{1,i+n}$(从乘客下车直至再次上车刷卡的时间)。然而，计算出的换乘时间是建立在假设乘客有换乘行为的基础上。若乘客并未换乘，而是在其他站点下车，从出行行为上分析，其出行目的与潜在的换乘车站发生联系的可能性很小，故其下一次乘车交易记录应属于第二次出行，因此下车时间(前)与上车时间(后)的时间间隔较大，可以通过步骤 4 判断。需要指出的是，上述分析并不能排除乘客在途中下车，选择其他交通方式出行后，再次通过换乘站点上车且符合判断换乘时间阈值的情况，如图 3-24 所示，但该种情况属于小概率发生事件，故本书不对此种情况做特殊处理。

对于相邻两个交易记录，可根据数据库中的公交基础信息中的站点信息来判断两条线路之间是否存在可换乘站点。根据线路间换乘关系表提取换乘站点信息，可直接获取

乘客可能的下车(换乘)站点编号,若未建立换乘关系表,则判断公交线路之间是否存在换乘站点步骤如下:

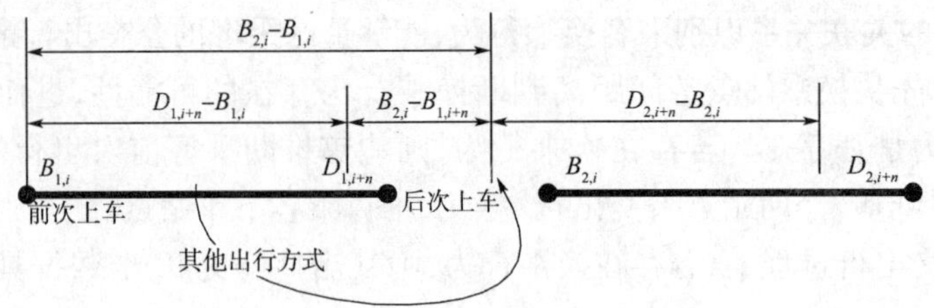

图 3-24 换乘分析示意图

步骤 1:判断两条线路是否有相同站点 ID 的站点,若存在则根据公交线路相交走向确认可换乘的两个站点在各自线路中的站点编号。若没有相同站点 ID,则进入下一步。

步骤 2:若与根据相交两条公交线路的站点地理位置信息(经、纬度),计算并提取最近站点间距离。

步骤 3:站点间距离若小于等于判断阈值(500m),则为换乘站点,否则为非换乘站点。

当换乘站点信息(站点编号)确认后,即可推算乘客在换乘站点下车的时间,步骤如下:

步骤(1):若有 GPS 数据,则根据 GPS 数据推算该班次车辆到达换乘站点时间,将该时间作为该乘客在换乘站点下车时间。若无 GPS 数据,则进入下一步;

步骤(2):根据前文所述的乘客上车站点匹配方法将单个交易记录与站点编号进行匹配,提取各站点首位交易时间(上车时间);

步骤(3):若换乘站点(前一次公交出行的下车站点)有其他乘客上车,则该站点的乘客交易时间(上车时间)即为乘客在该站点的下车时间。若换乘站点无其他乘客上车,则根据乘客的上车站点与换乘站点的距离、平均运送速度估算到达换乘站点时间,作为该乘客前一次公交出行的下车时间。

至此,完成了对乘客前一次公交出行的下车站点和下车时间的推算,根据本节起始设计的计算步骤,将后一次公交出行的上车时间与前一次公交出行的下车时间的差值与换乘时间判断阈值(30min)进行比较,在阈值范围内则说明上述换乘分析成立,乘客前一次公交出行的下车站点和下车时间正确,若超过判断阈值则说明换乘分析不成立。基于换乘分析的乘客下车站点判断涉及的数据包括:公交 IC 卡数据、公交基础信息(站点信息)、GPS 数据,其总体处理流程见图 3-25。

3.5.4.4 数据实验

为验证基于换乘分析的乘客下车站点识别方法,选取固定调查对象(公交 IC 卡号固定),提取相应公交 IC 卡号数据,共分析了 50 组日出行数据,实际出行情况与根据不同换乘判断阈值的换乘识别精度结果见表 3-8。

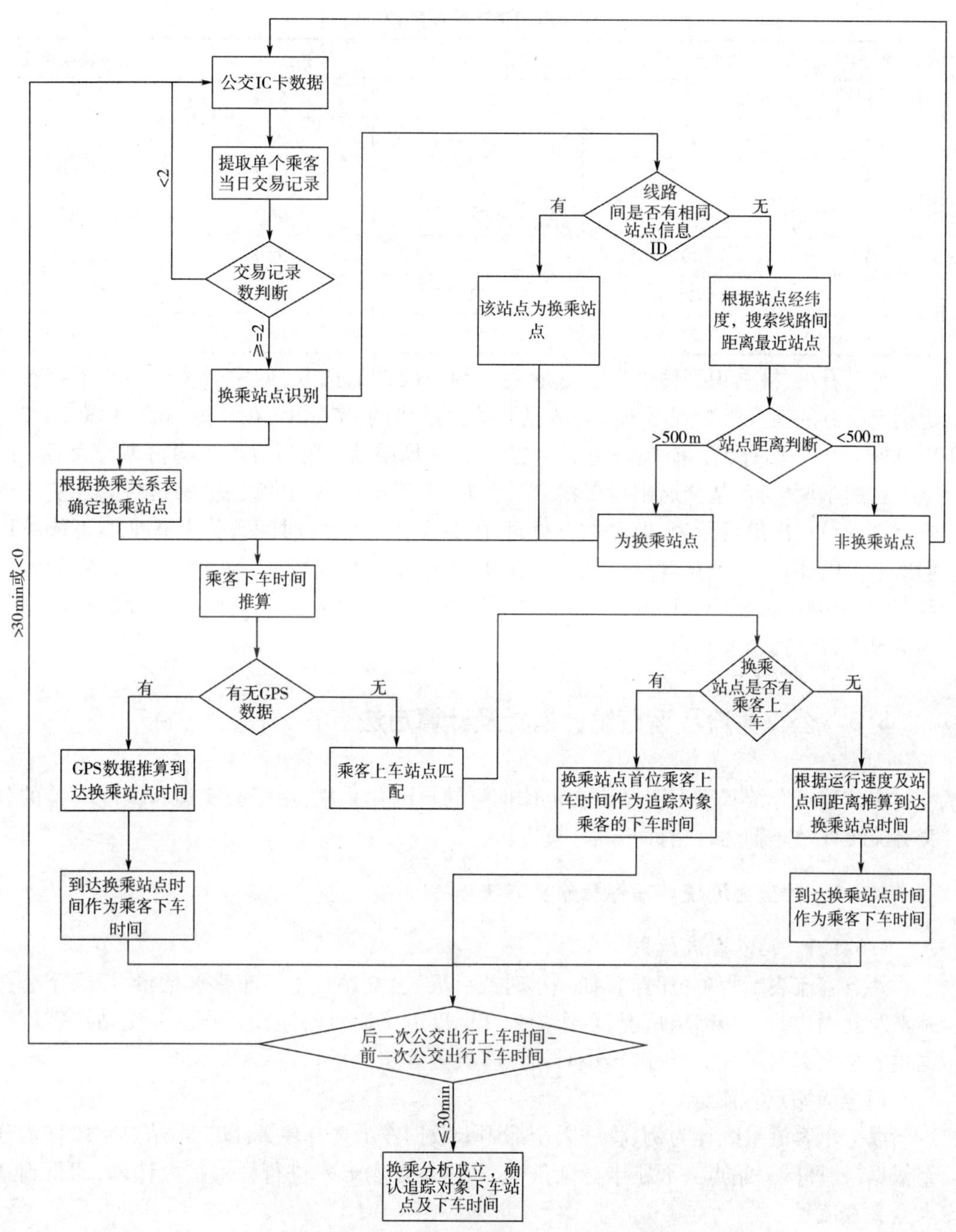

图 3-25　基于换乘分析推断乘客下车站点流程图

不同判断阈值下的换乘识别精度　　表 3-8

序　号	换乘判断阈值(min)	换乘识别次数	识别精度(%)	实际换乘次数
1	15	21	88%	24
2	16	22	92%	
3	17	23	96%	
4	18	23	96%	
5	19	22	92%	
6	20	22	92%	
7	21	21	88%	

可以看出,换乘识别精度的高低取决于判断阈值的选取,但实际操作中并不存在能识别出所有的换乘行为判断阈值。人的行为是随机的,实际上,在数据实验中,第 24、26、27 次出行的被调查者在前次公交出行结束时,在换乘站点附近发生了购物等行为后再次乘坐公交车辆出行,从交通出行严格定义上看,由于出行目的的改变,购物后的公交出行应该算做另一次出行行为,但在数据处理中,这样的行为从时间数值上几乎不可能被识别出来。因此,从长远角度看,阈值的选取应考虑线路客流特征、换乘站点特征等影响因素,并通过循环往复的对比验证进行校核,才能够保证判断精度在外部环境的逐渐变化的情况下,保持较好的水平。

3.6　公交客流及运行统计指标及计算方法

本节重点介绍基于客流及公交定位信息的自动化采集,用于公交运营调度决策的公交客流统计及车辆运行指标与其计算方法。

3.6.1　公交客流统计指标及分析方法

3.6.1.1　站点客流数据

站点客流表示为单位时间(如一小时或一天)公交站点上下车乘客数量,反映了公交站点及其周边的公交需求情况,可作为公交调度方案制订的重要依据。公交站点客流数据主要是全天站点客流量、高峰小时站点客流量等。

1)全天站点客流量

以上车客流量统计为例,将一天全部刷卡数据作为选择集 A,以上车站点字段作为分组依据,计算同一站点一天刷卡记录条数,利用站点刷卡率进行样本扩大计算,即得到站点全天客流量。

下车客流量统计方法与上车客流量统计方法基本相同,这里不再详述。

2)高峰小时站点客流量

公交出行存在早晚两个高峰(其中又以早高峰更为显著),并且大部分线路高峰与平峰的客流量差别较大。掌握站点客流量时间分布情况,可以指导合理安排运力。

计算站点高峰小时客流量,可将一日客流分为若干小时段客流,再分别合并为小时时段客流量,取最大客流量为站点高峰小时客流量。

具体步骤为:一天全部刷卡数据作为选择集 A,并对记录分组。分组原则为:分析时段为调查站点的所有经过线路中最早发车时刻开始至最末班车到站时刻,每隔 15min 分成一组,统计各组时间段内刷卡记录条数,即得到各组的持卡客流量,要确定高峰小时,需对小组重新合并。合并原则为:从第四组开始对其上面四组合并,每四个小组合并为一大组,统计各大组的记录条数。

3.6.1.2 线路客流

1)全天线路客运量

线路全天客流量反映了线路的经济效益情况,也是预测线路客流量必需的基础资料。统计时需首先将调查线路所有车辆一天的刷卡记录存储到一个选择集 A 中,调查线路所有持卡乘客人数,即选择集中的所有记录总数 n,利用线路刷卡率 e,进行样本扩大计算,得到线路客流全天客流量 N。另外,可根据调度时刻表确定车辆上、下行属性,分别统计上、下行总客流量,其总和即为线路全天客流量,在能够确定车辆上下行的前提下,建议使用后者,即:

$$N = (N_{上行} + N_{下行})/e \tag{3-12}$$

2)高峰小时线路客运量

线路高峰小时的客流量决定了公交线路的最大客流需求,可以反映线路服务水平和满足需求的能力,因此高峰小时客流量是一个必须得到的基础性指标。公交线路由于其功能走向的差别,高峰时段不尽一致。线路高峰小时客流量的计算步骤与站点高峰小时客流量的计算方法基本相同。

城市公交是按照运营时刻表运营的,其服务对象主要是城市居民的日常出行需求。这样的运营方式和服务对象的出行特点决定了公交运营及其客流具有很强的分布时段特性和周期性。公交运营以一日、一周、一月作为基本运营时间单位。相应于市政交通 IC 卡数据分析,也是以一日、一周、一月作为数据分析基本时段,根据分析的需要一日公交刷卡数据可以进一步细分到小时或更小时段。

3.6.1.3 满载率

满载率是衡量公交车辆是否满足需求的重要指标,包括高峰满载率和全天线路满载率。高峰满载率用于评价高峰时段公交服务水平及发车频率是否合理,全天线路满载率可用以评价线路公交发车频率或投放车辆数是否满足需求。

高峰满载率表示高峰期间车辆在主要线路的单向、高断面上载运乘客的平均满载程度,计算公式为:

$$高峰满载率 = \frac{主要线路单向高峰断面通过量}{车辆通过高峰断面的客位数总和} \times 100\%$$

车辆通过高峰断面的客位数可根据经过高峰断面的车辆数计算。首先,通过高峰期间线路断面流量的计算过程已确定了高峰断面位置。假设高峰时段为 T_{max},且高峰断面位于站点 i 与 j 之间。已知线路全天各车次在站点 i 与 j 的到站时间 T_i、T_j,已知线路在两站点间平均运行时间 t_1 与站点 i 停靠时间 t_2,则认为到站时间满足:

$$T_i + t_2 + t_1/2 \in T_{max} \tag{3-13}$$

或

$$T_j - t_1/2 \in T_{max} \tag{3-14}$$

这些到站时间所对应的车辆即为高峰小时通过高峰断面的车辆。车辆额定载客数存储在公交车辆数据表中,将额定载客数相加即得到高峰时段通过高峰断面的客位数总和。

全天线路满载率指运营车辆全天载运乘客的平均满载程度,计算公式为:

$$全天线路满载率 = \frac{全天乘客周转量(人 \cdot km)}{全天客位行程(客位 \cdot km)} \times 100\%$$

全天线路乘客周转量是线路全天刷卡数据对应出行距离的总和,出行距离即为刷卡数据对应上车站点与下车站点之间距离。全天客位行程指全天线路各车次客位行程之和,各车次客位行程可以用车辆额定客位数与车辆行驶距离之积计算。车辆行驶距离通常为线路长度 L,当车辆不行驶完线路全程时(如线路区间车),车辆行驶距离用调度数据表中的发车站点与到达站点间距代替。

3.6.1.4 不均匀系数

路段客流不均匀系数表示某一路段的客流量占线路总流量的比例

$$路段客流不均匀系数 = \frac{第\ i\ 路段客流量}{全线单向平均客流量}$$

可以通过计算路段客流不均匀系数确定区间车开设的必要性。路段客流不均匀系数大于1,就可以视为高峰路段,若路段客流不均匀系数在1.2~1.4,属于正常调节范围,不一定开设区间车;若大于临界值(1.2~1.4)时,就有开设区间车的必要。根据线路OD数据可统计任意路段客流量:

$$N_{ij} = \sum_{q=p+1}^{m} \sum_{p=1}^{j-1} D_{pq} \tag{3-15}$$

式中:m 为公交线路末站编号,起始站编号为1。

线路不均匀系数表示公交线路上下行两个方向客流量差别,线路上下行两个方向上可能一天总客流量差别较大,也可能某时段客流量差别较大(通常为高峰小时)。即:

$$一天线路不均匀系数 = \frac{单向线路全天总客流量}{线路双向全天总客流量}$$

$$高峰线路不均匀系数 = \frac{单向线路高峰小时总客流量}{线路双向高峰小时总客流量}$$

3.6.2 公交车辆运行统计指标及分析方法

基于公交车辆定位数据,可提取出一系列的公交运行状态分析指标。

1)站点间运行速度

站点间运行速度是指车辆在运营线路上每两个站点间的运行速度,通过处理GPS采集的数据可以得到:

$$站点间运行速度 = 站点间的距离/站点间运行时间$$

2)运营速度

运营速度是指车辆在线路上来回周转的速度:

$$运营速度 = \frac{2 \times 线路长度}{周转时间}$$

车辆在线路上一个来回的时间等于车辆在线路上来回行驶的时间、在中途各站停靠的时间以及在线路两端始末站停留时间的和。运营速度高,车辆在线路上周转快,就能完成更多的客运任务。所以,它是标志客运工作好坏的一项重要的指标,也是计算公共交通车辆拥有量的一项重要指标。线路长度存储在市政交通一卡通数据库中的线路基础数据表中。

3)各时段车辆到达站点平均时间间隔

各时段车辆到达站点平均时间间隔T是指某一线路车辆之间在一定时段内到达某一站的前后时间差,又称行车间隔。通过GPS数据处理获得同一线路经过某站点的相邻车辆的时间差T_i,那么$T = \frac{1}{n}\sum_{i=1}^{n} T_i$。公交车辆发车间隔由调度人员控制,但是由于道路交通条件影响,公交车辆在线路上运营速度不均匀,造成行车间隔变化很大,常常会发生站点长时间没有车辆到达或者同时多辆车到达的情况,造成公交服务水平降低。通过各时段车辆到达站点平均时间间隔分析可以判断车辆是否发生了一些异常运行状况,如串车或者堵车等,可以及时上报以进行合理调度,从而提高车辆在道路上的运营质量。

4)行车频率

行车频率是指单位时间内,通过线路某一断面或站点的车辆数。根据车次到站时刻数据可以很简单统计得到单位时间内通过任意站点的车辆数,即行车频率。具体过程不做详述。为了保证客流在一个时间段内能够被及时运送,任何时间段内行车频率的计算式为:

$$行车频率 = \frac{某时间段某断面客流量}{载客率定额}$$

根据行车频率和周转时间,可得到某时间段线路应该配置车辆数:

$$车辆数 = \frac{行车频率}{周转系数} = 行车频率 \times 周转时间$$

5）各时段车辆发车频率

各时段车辆发车频率是指单位时间段内某线路车辆发车的总数量。通过 GPS 采集的数据，得到该线路在指定时间段内总的车辆数，经统计得到各时段车辆发车总数，即各时段车辆发车频率。

6）站点停留时间

根据 GPS 采集到的速度数据，将每个时间段（以小时为单位）在站点采集的速度为零的时间，统计得到单位时间段内站点的总停留时间。

$$T = \sum_{t=1}^{n} T_t \tag{3-16}$$

式中：T_t——第 t 次采集得到的速度为零的时间。

n——该站点在单位时间段内出现速度为零的次数。

7）单程运行时间

公交车辆运行包括上行和下行，单程运行时间就是某一线路公交车从起始站到终点站运行需要的时间。GPS 数据能够定位每个站点的经纬度，通过处理始终站点经纬度所对应的时间，经过计算得到单程运行时间 $T_{总}$。计算公式如下：

$$T_{总} = T_{终} - T_{始} \tag{3-17}$$

式中：$T_{终}$——车辆到达终点站所记录的时间；

$T_{始}$——车辆到达起始站所记录的时间。

8）周转时间

周转时间是指车辆在营业线路上，完成一次从始站到末站，再从末站到始站的运输过程平均所耗费的时间，等于两倍的单程时间与始末站停站时间之和，即：

$$周转时间 = 2 \times 单程运行时间 + 始末站停站时间$$

一天内的沿线客流及道路交通量具有不均衡性，对车辆的周转时间有直接的影响。因此，车辆周转时间必须按照客流峰段分别确定。在早晚客流低峰及各峰段之间的过渡时间段，在满足乘客需求的前提下，路线车辆数或车次应该有比较明显的增减变化，以提高车辆运行的效率。通过 GPS 数据可以估计公交车周转时间周转系数是指单位时间（通常为 1h）内，车辆延线路所完成的往返循环次数。

$$周转系数 = \frac{1}{周转时间}$$

9）运行时间定额

运营时间定额包括公交车辆行驶的单程时间，以及车辆在始末站停站时间等，可作为公交运营评价基本指标，也可用于辅助一卡通数据上下车站点判断。

10）站点公交车流量

站点公交车流量表示公交车流公交站台任意时段的公交车辆到达分布，统计方法与行车频率统计方法相同。

4 基于枢纽的区域多线路静态协调调度方法

4.1 公交调度技术研究现状

公交车辆调度(Transit Vehicle Scheduling)是在城市公交时刻表已经给定的条件下,根据每个停车场的位置、所属车辆的类型和数量、企业营运规章,编制每个公交车辆的日调度作业计划,以最小的运营费用完成公交时刻表规定的运输任务。由于不同国家、不同城市、不同企业公交车辆调度的优化目标、运营规章和劳动纪律的差异,公交车辆的调度计划也非千篇一律,但不管情况如何,一个完整的车辆调度计划应该满足以下要求:

(1)每一公交班次分配唯一的承运车辆;

(2)同一车辆承运的两个相邻班次之间满足接续时间约束;

(3)车辆离开或到达停车场的地点和时刻满足营运约束;

(4)分配给每个停车场调度任务满足车辆数约束。一个好的车辆调度计划,可以实现公交车辆在不同线路和不同停车场之间的合理分配、科学地配置运力资源。

公交调度优化理论是随着优化基础理论的逐渐完善、计算机技术的逐渐成熟以及城市公交快速发展而逐渐发展起来的。应该说,优化基础理论的完善为调度优化理论的发展提供了可靠的基础,而计算机技术的成熟使得优化技术变为现实,城市复杂的公交调度化则对优化理论的发展起到了推进作用。

从20世纪90年代开始,对于公交调度的研究和探索大都集中在两方面:一方面是如何应用先进的公共交通系统(Advanced Public Transportation System,APTS)理论及其相关技术来集成调度系统,实现公交系统的智能化;另一方面是公交行车计划编制及调度问题优化算法和近似算法的研究。国内外学者在这两方面的有益的探索为公共交通系统的完善奠定了丰富的实践基础[52]。

在公交行车计划编制方面,1981年,Ceder和Stetn给出一种以赤字方程为概念的方法,利用不同首末站间的车辆空驶以减少整个公交系统的车辆总数[53];1993年英国的Malacly Carey研究了车辆的非准点到站分布,以及不同发车间隔下乘客的到达分布,基于个体对费用、出行时间等因素的考虑研究了时刻表的制订问题[54];1994年Zhu研究了公交车辆在“终端排队约束”条件下的行车间隔优化问题,建立了非线性整数规划模型,并给出了求解模型的启发式算法[55]。1995年Xu J.研究了行车间隔对公交服务水平的影响,如何通过间隔控制来改善公交服务的可靠性,维护行车时刻表的正常执行[56]。1996年Marques等人研究的SUPERBUS系统是一个包括公交时刻表动态编制的计算机软件系统,它将时刻表和配班表统一编排,具有灵活性和集成性[57]。1999年以色列的A. Ceder等人对最大一致性的公交时刻表做了研究,建立了多条公交线路协调发车的调度模型[53]。

我国尹相勇[58]在其博士论文中提出公交行车计划编制是整体优化,公交调度是在考虑整体因素、原则基础上的局部优化。论文以实际运营与行车计划偏差量最小为调度目标,提出并分析了发车时间间隔、驾售人员工作时间、发车次序、客流量变化4类偏差量的特点,建立了基于行车计划的公交区域调度局部优化模型并设计了算法。盖凌云[59]使用动态规划的方法建立优化模型,对所需车辆趟数及所需车辆数进行了估计,得到一个工作日的车辆趟数和车辆数的范围,用Datafit软件拟合出上、下行路线各站从$0 \sim t$时间总的上、下车人数随时间变化曲线,并建立模型,给出较为理想的调度优化结果。李煌华[60]根据乘客到站的密度、下车密度、线路站间运行时间、车载容量、高/低峰平均候车时间,确定该线路所需配车数量以及发车频率。北京航空航天大学滕继涛、李跃鹏等[61]对公交车辆智能调度及相关技术进行了研究,提出了运用遗传算法和混合遗传算法优化车辆调度的方法;北京理工大学的曹全新等,运用多目标规划方法建立了公交车辆配置模型,并且生成了可实现计算机仿真的算法[62]。

在实时调度控制方面,随着先进公交系统(APTS)的发展,20世纪90年代开始重视对实时调度和各种调度控制模式下调度优化问题的研究。1990年,Jean-Marc Rousseau提出了“实时放车调度”的优化模型及其启发式解法。1993年Soeldner描述了公交实时调度控制的策略,其目的就是在计划行车时刻表的条件下使乘客的成本最小,这些调度控制策略包括在车站屯车、空车、快车、区间车和机动车等。1995年美国的Adamski等运用SIMULINK仿真工具对处于准点控制、发车间隔控制、协同控制和随机控制四种调度控制模式下的公交线路运营状况进行了仿真研究[63];1998年Paolo Delle Site等研究公交客运的调度优化模型,研究线路在不同的运营模式下的调度优化问题[64];美国的Randolph Hall等于2001年提出以线路上固定的控制站对公交车站到站时刻进行控制的调度控制策略,有效解决了控制信息传输的延误。

我国黄溅华的论文对公共交通实时控制模型进行了研究。论文提出的实时控制模型对照中途站行车时刻表与车辆实际到达该站的时间,对比计划提前到达的车组,控制其晚点出站;对晚点车组,不在该站停车,保证线路的行车间隔和各车辆的载客量均匀正常[65-67]。黄溅华的另一篇论文对公共交通实时放车调度方法进行了研究,论文采用规划方法建立放车调度模型,建模的目的是要决定哪些车辆应该实施实时放车调度和对放车车辆应该有多少车站实施不停车策略,以便使乘客总费用最小[66]。邹迎、黄溅华的论文对公交实时快车调度进行了研究,实时发快车模型旨在决定哪些车辆实施发快车调度,对实施发快车调度的车辆应有多少车站实施不停车策略,以使乘客的总费用最小[68]。尹相勇[69]在其博士论文中提出公交区域调度系统是弱实时系统,必须采用具有实时特点的理论方法进行研究。论文采用具有实时特点的专家系统进行研究,推理采用级进式推理机制,结合案例推理、规则推理和启发式算法,应用面向对象技术,减少专家系统搜索的深度和广度,提高实时调度系统的运行效率。胡坚明等的论文将实时调度形式的确定理解为一种模式识别问题,并给出基于BP神经网络的公交车辆实时调度形式的确定方法。模式识别是公交实时调度的重要组成部分,公交实时信息的模式识别后,对发生异常的车辆不仅要解决发车类型问题,还要与行车计划结合,调整发车时间、发车次序等。论文涉及发车类型的改变,但没涉及对行车计划的调整[70]。于海滨[71]论述了在实现智能调度系统中采用的调度模型,包括OD矩阵模型、实时控制模型、区间车模型。然后分析了实时智能调度需要用到的调度算法,确定了智能调度系统必须采用定性到定量集成的方法,重点在于综合、集成、协调和创新。Qiu Ying等人在其论文中探讨了基于实时GPS数据的车辆调度算法[72]。

公交车辆调度优化是一个非常复杂的运筹学问题,主要表现为问题的规模大、约束多、求解难。为此,很多学者致力于优化算法的研究。英国利兹大学(University of Leeds, UK)的著名运输专家Wren教授最早用计算机方法研究公交车辆的调度问题[73],随后又有很多学者加入到这一行列;Bertossi, A[74]将公交车辆调度转化为求一个完全二分图的完美匹配问题;Carpaneto, G[75]将公交车辆调度视为一个含边界约束的分配问题,提出了求解模型的分值定界算法;Eberlein, X. J. [76]运用集合分割技术和列生成法研究公交车辆调度问题;Forbes, M. A. [77]将公交车辆调度问题构造为多商品网络流模型,提出了求解模型的线性化松弛算法;2002年,美国马里兰大学(University of Maryland, USA)的Haghani教授建立了基于时间约束的公交车辆调度整数规划模型,提出求解模型的启发式算法[78];最近,Haghani 教授比较了三种典型公交车辆调度模型的异同,分析了各自的求解效率,并实例验证了模型参数的变化规律[79]。

针对公交车辆调度优化存在的非线性的 N-P 困难,难以寻求全局最优解的问题,国内外还开展了采用遗传算法 GA[80]、禁忌搜索 TV[81]和模拟退火 SA[82]等非数值并行搜索方法进行公交车辆调度优化的研究。耿金花[83]综合考虑乘客和公交公司两方面的利益因素,将一天划分为几个时段,建立了一个分时段等间隔的公交优化调度模型。引入乘客总的等车时间和公交公司总的发车车次两个目标函数,通过一定的转化加权,将两个目标函数合并为一个单目标函数。并且提出了利用遗传算法来解决公交调度问题。根据公交的实际情况设计出了适合该问题求解的具体算法,并给出了算法的实现。2006 年,张斐斐结合我国实际对驾驶员调度问题进行了详细分析,并进行了模型设计,尝试使用禁忌搜索算法求解。采用邻域搜索技术,用在对初始解的改进过程中[84]。

为了提高公交系统的运营效率,中外学者对公交网络的协调调度问题进行了广泛的研究。东南大学李铭、李旭宏对公交枢纽内多线路车辆的实时调度优化方法进行了研究[85]。Soulhi 的论文采用模糊专家系统建立了公共交通网络换乘站的模糊辅助决策系统,保证乘客在换乘站的车辆接续,目的是使来自不同方向的车辆同时停在换乘站,保证不同方向的乘客换乘。A. ceder 等人通过对公交网络线路与节点属性值的设置,建立了公交网络协调调度的静态时刻表。Maged Dessouky 等提出通过车辆跟踪技术,减少车辆在换乘点的换乘延误,并对线路延误的相关性进行了研究[86]。

4.2 公交车辆运营调度的基础理论[87]

4.2.1 运营车辆运行定额

运营车辆运行定额是城市公交企业中一项重要的技术经济指标,它跟行车作业计划编制、线路调度工作落实和企业的经营效果等方面密切相关,确定车辆运行定额是一项细致的工作,要由运营组织的负责人或专业人员,在分析公交线路实际情况的基础上适当地确定,既不能过高,又不能过低。运营车辆运行定额主要包括以下几个方面的内容:

4.2.1.1 单程时间

单程时间是指车辆在一个单程的运输工作,由始发站发车开始到终点站停靠为止所使用的时间,包括一个单程中的单程行驶时间和中间站停站时间,即

$$单程时间 = 单程行驶时间 + 中间站停站时间$$

1)单程行驶时间

单程行驶时间是指车辆在一个单程中沿线各路段(站段)行驶时间之和。其中路段(站段)行驶时间是指车辆从路段一端的停靠站起步开始,经过加速行驶、稳定行驶、减速停车到达路段另一端的停靠站完全停车为止所耗费的全部时间。

影响单程行驶时间的因素主要有：车辆的技术速度、车辆的加减速性能、驾驶员的驾驶技术、载客量、路面状况、交通状况以及沿路交叉口的交通控制等情况。

通常，单程行驶时间的确定可以采用实际观测统计的方法，原则上应该分路段与时间段进行：

(1)在不同季节或时期内，按照不同路段与时间段的分布规律来确定其行驶时间；

(2)相对不同路段与时间段，取其平均值作为标定行驶时间的依据；

(3)根据沿线交通情况，按各时间段分别确定行驶时间定额，例如在交通情况比较稳定时，可以只按照高、平、低的客流峰分别确定即可。

2)中间站停站时间

中间站停站时间是指车辆在中间站完全停车后经过开门、乘客上下车以及乘客上下车完毕后关门后至起车前的全部停歇时间。

影响中间站停车时间的主要因素有：中间停靠站的交通状况(如到站车辆的数量)、驾驶员在停车后开关车门的准备、旅客上下车的速度以及上下车旅客的数量等。

根据大量的统计观测表明，停车后至开车门关车门后至起车前的准备时间，平均每站(或站段)约6s左右；平均每次旅客上下车时间为：一个车门的客车约需1.5s上下车，两个车门的客车约需0.9s上下车，三个车门的客车约需0.7s上下车。

4.2.1.2　始末站停站时间

始末站停站时间是指车辆在线路的起始站和终点站的停站时间，包括调动车辆、签发行车路单、清洁车辆、行车人员休息、交接班、旅客上下车以及停站调整车辆间隔等所必需的停歇时间。在客流的高峰期和平峰期，对始末站停站时间有不同的要求，一般可以做以下考虑。

1)高峰期始末站停站时间

客流高峰期间，为了加速车辆的周转，始末站停站时间的确定应尽量考虑始末站停站最小时间，若无特殊情况，则原则上车辆在始末站的停站时间不应该大于当时行车间隔时间的2~3倍。

2)平峰期始末站停站时间

在客流平峰期间，始末站停站时间需要考虑清洁车辆、行车人员休息、调整车辆间隔、交接班以及车辆日常维护等，适当确定。

在通常情况下，以单程时间为准，按下列公式确定平峰期始末站停站时间。

(1)单程时间为10~40min时：

$$平均停站时间(min)=4(min)+0.11\times单程时间(min)$$

(2)当单程时间为40~100min时：

$$平均停站时间(min)=0.21\times单程时间(min)$$

在平峰期内还需要规定每一辆正班车的上下午车班内，各有一次行车人员的就餐时间,每次 15 ~ 20min 为宜。

多数城市在夏天伏天中气候较高,一般在每日下午开始后一段时间内气温最高,此时应该适当增加始末站停站时间,以保证行车人员必要的休息,但增加时间一般不宜超过原停站时间的 40%。

4.2.1.3 周转时间及周转系数

车辆从起始站出发,运行到达终点站后再运行回到起始站,称为一个周转。周转时间是上下行单程时间、始末站停站时间之和。周转系数是单位时间内(如 1h)车辆完成的周转次数,它与周转时间成倒数关系。计算公式为:

$$\text{周转时间(min)} = \text{起点站停站时间(min)} + \text{终点站停站时间(min)} + \text{上下行单程时间(min)}$$

$$\text{周转系数} = 60\text{(min)}/\text{周转时间(min)}$$

由于在一日之内,沿线客流及道路交通量的变化均具有时间分布的不均匀性,因此车辆的沿线周转时间需要按不同的客流峰分别确定。而在早晚客运低峰以及各峰期之间的过渡时间段,为了在满足客流需要前提下尽量减少运力的浪费,线路车辆数或车次数将有明显的增减变化。此时,为了便于组织车辆运行,常常允许期间的车辆周转时间可在一定范围内变化,即规定期间的周转时间为一区间值。因此,各不同客运峰期内的周转时间应该尽可能与该峰期的总延续时间相匹配,或各不同峰别的相邻时间段的周转时间与相应时间段的总延续时间段相协调。

4.2.1.4 计划车容量

计划车容量定额是行车作业计划限定的车辆载客容量。计划车容量是根据计划时间内线路客流的实际需要、行车经济性要求和运输服务质量标准来确定的计划要完成的单车载客容量,采用下列公式来计算:

$$\text{计划车容量(人/车)} = \text{车厢定员人数(人/车)} \times \text{满载率定额}$$

式中:满载率定额,一般高峰期取 0.8 ~ 1.1,平峰期取 0.5 ~ 0.6;车厢定员人数,首先取决于车辆载重量的大小,对有确定载重量和车厢有效面积的车辆,则主要取决于座位数与站位数的比例。由于各不同公交车线路的旅客乘车时间不同,所以考虑采用运营车辆的座位比例也有所不一样:市内线路车辆的座位比例约为 1:2 ~ 1:3 左右为宜;郊区线路车辆的座位比例约为 1:0.5 ~ 1:0.7 为宜;而长途线路则不应该设站位。

不同车型的客车都有规定的车厢定员人数,城市公交车辆的车厢定员人数,可以采用下列公式计算:

$$\text{车厢定员人数(人)} = \text{固定座位数(人)} + \text{站位面积}(\text{m}^2) \times \text{每平方米站位定额}(\text{人/m}^2)$$

式中的每平方米站位定额,一般按照 8 ~ 9 人/m^2 计。

4.2.2 运营车辆运行参数

线路运营车辆的运行参数主要包括线路车辆数、行车频率、行车间隔、运营速度等。

4.2.2.1 线路车辆数

线路车辆数是指组织运营所需要的车辆总数与营业时间内各时间段所需要的车辆数。其基本计算公式为

$$线路车辆数(台)=\frac{最高峰路段单向通过量(人次/h)}{计划车容量(人次/台)\times 周转系数}$$

根据不同需要,线路车辆数可以作如下分类。

1)日线路运营车辆总数

日线路运营车辆总数是线路每天需要配备和投放的车辆总台数,一般依据日客流高峰时段的最高路段客流量、计划车容量和周转系数来计算。当有多种调度形式时,线路运营所需的车辆总数为各种调度形式所有车辆数的总和。

2)各时段线路运营车辆总数

各时段线路运营车辆数是在每日运营时间的各时间内线路需要投放的车辆台数。一般依据该时间段的最高路段通过量、计划车容量和周转系数来计算。

3)各种调度形式的线路运营车辆数

各种调度形式的线路运营车辆数对于全程车、区间车和快车等调度形式的车辆数,在线路上采用两种及以上调度形式的时候,各种车辆的运行定额和参数是不尽相同的,确定各种调度形式的线路车辆数,可以按照如图4-1的基本思路来进行。

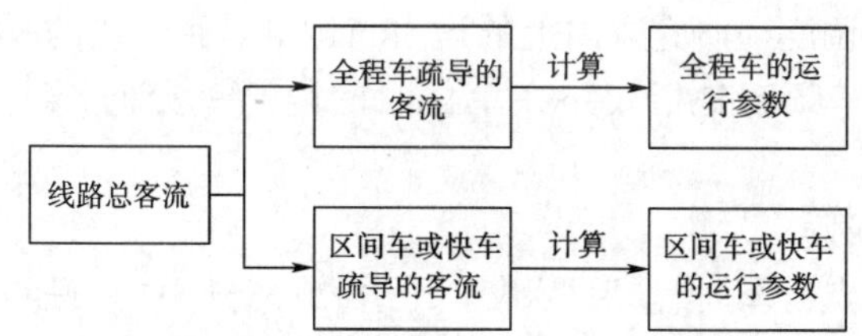

图4-1 确定多种调度形式车辆的基本思路

首先,在分析线路客流情况的基础上,将线路总客流分成两部分:一部分是采用全程车调度形式疏导的客流;另一部分是采用区间车或快车调度形式疏导的客流。

然后,按照第一步分好的两部分客流情况分别计算全程车、区间车及快车的线路运营车辆数。

4)线路允许的最小运营车辆数和最大车辆数

在各运营时间段内,客运高峰时间段内所需要的车辆数最大,此时线路车辆总数称为线路最大车辆数。考虑线路具体情况,线路最大车辆数量不能超过上限值,即运营车辆数最大限值。

而在客运低峰时间段所需的车辆数最少,此时线路车辆总数称为最低线路车辆数。考虑客运服务质量需要,线路最小车辆数量不能少于下限值,即运营车辆数最小限值。

以上两个限制值,可以这样来确定:

(1)运营车辆数最大限值

运营车辆数最大限值(台)=周转时间(min)/行车间隔允许最小值(min)

(2)运营车辆数最小限值

运营车辆数最小限值(台)=周转时间(min)/行车间隔允许最大值(min)

4.2.2.2 行车频率

行车频率是指线路在单位时间内通过的车辆次数。行车频率是与乘客量成正比,与计划车容量成反比,其计算公式为:

行车频率(车次/h)=最高路段单向通过量(人次/h)/计划车容量(人次/台)

=线路车辆数(台)×周转系数或者行车频率(车次/h)

或者

行车频率(车次/h)=60(min)/平均行车间隔(min)

可见,行车频率与行车间隔成反比。

从运营调度的角度分析,行车频率同时具有时间性、方向性和断面性:

(1)时间上的行车频率是指在具体时间内起止站共发出的车辆次数,但不表明哪个方向、哪个断面,仅从时间上来说明所发车次数,即频率。确定分组时间的行车频率是编制行车作业计划的重要内容之一。

(2)方向上的行车频率是指单位时间内起止站向某方向发出的车辆次数。分析方向上的行车频率是计划调度中研究方向上的运力与运量是否平衡的一项基本工作。

(3)断面上的行车频率是指线路在单位时间内某一方向、某一断面所通过的车辆次数。

4.2.2.3 行车间隔

行车间隔是指正点行车时,前后两辆车到达(或离开)同一站点的时间之差,又称为车距,单位为"min/辆次"。

1)行车间隔的计算

行车间隔(min/辆次)=周转时间(min)/线路车辆数(台)

或者

行车间隔(min/辆次)=某时间段(min)/该时间段内发生的次数(辆次)

一般,行车间隔允许最大值取决于客运服务质量的要求,如公交车服务质量要求行车间隔不应大于15~20min为宜。而行车间隔允许最小值则应该满足下列条件:

行车间隔允许最小值(min)≥线路中途站的平均停站时间(min)+车辆尾随进出时间(min)+必要时等待交通信号的时间(min)

在行车秩序正常的情况下,对大中城市客运高峰线路,行车间隔允许最小值一般不低于1~3min为宜。

2)行车间隔的分配

行车间隔的分配是指对行车间隔计算值的分配,对呈现小数的行车间隔值取整数处理,并使之确定为适当数值便于行车掌握,或者,根据实际需要将一个整数行车间隔分为其他大小不同的整数行车间隔的过程。

如在周转时间 48min 内发出运行车辆台数为 11 辆,则行车间隔的计算值为 4.18min;由于 4.18min 不易掌握,可将其分配为 4min 和 5min 两种大小不同的行车间隔。

3)行车间隔的排列

行车间隔的排列是指根据客流需要和一定的原则,将分配得到的大小不同的行车间隔进行排列次序。排列的目的就是为了使运营发放车次时更加符合客流变化的动态趋势。行车间隔排列的原则主要有三种形式:

(1)由小到大顺序排列

在客流高峰向客流低峰过渡时,适宜采用这种排列。

(2)由大到小顺序排列

在客流低峰向客流高峰过渡时,适宜采用这种排列。

(3)大小相间排列

在客流变化不大时,可以采用这种排列来使得各行车间隔镶嵌均匀。

4.2.2.4 运营速度

运营速度是指车辆在线路上往返行驶时的周转速度,单位为"km/h"。其计算公式为

$$运营速度(km/h)=\frac{上行线路长度(km)+下行线路长度(km)}{周转时间(h)}$$

运营速度的高低,直接关系到乘客乘车的方便程度,也是组织线路运营的主要参数之一。

4.2.3 车辆调度形式及选定方法

这里的车辆调度形式是指线路运营行车中所采用的运输组织形式,按车辆工作时间长短可以分为正班车、加班车和夜班车;而按车辆运行及停靠站点则可以分为全程车、区间车、大站快车、直达快车、定点定班车和跨线车。

城市公交车运营线路需要以正班车和全程车作为基本的调度形式,并根据线路客流的分布等情况辅以采用其他调度形式。

1)按照车辆工作时间划分

在公交调度中,按车辆工作时间的长短车辆的调度形式分为:正班车、加班车、夜班车。

(1)正班车,主要指车辆在日间运营,连续工作,相当于两个工作班的一种调度形式。正班车又称为大班车。

(2)加班车,指车辆仅在某种情况下,在某段营业时间上工作,并且每日内工作累计工作时间相当于一个工作班的一种辅助调度形式,又称单班车。

(3)夜班车,指车辆在夜间上线工作的一种调度形式。一般城市夜间客运量不大的线路,夜班车的连续工作时间不足一个工作班,因此常与日间加班车相兼组织运营,只有夜间客运量较大的线路,夜班车的工作时间相当于一个工作班。

2)按照车辆运行和停站时间

按车辆运行和停站时间,车辆的调度形式可分为:全程车、区间车、快车、定班车、跨线车。

(1)全程车,指车辆从线路起点发车直到终点站止,必须在沿线固定停车站依次停靠,按规定时间到达指定站点并驶满全程的一种基本调度形式。全程车又称慢车。

(2)区间车,指车辆行驶线路某一客流量的高路段或高区段的一种辅助调度形式。

(3)快车,是为适应沿线长距离乘车需要,采取的一种越站快速运行的专线调度形式,包括大站快车与直达快车两种。

(4)定班车,一种专线调度形式。

(5)跨线车,是为平衡相邻线路之间客流负荷,减少乘客转乘而组织的一种跨线运行的调度形式。

在此主要对常用的区间车、快车这两种调度形式的选定方法进行介绍。

4.2.3.1　区间车的选定方法

1)判断指标

(1)站段通过量差站段通过量差是指单位时间内线路某个站段的单向通过量与沿线该单向的平均站段通过量之差,即

$$\text{站段通过量差}=\text{某路段单向通过量}-\text{该单向平均通过量}$$

(2)站段不均匀系数站段是指单位时间内线路某站段单向通过量与该单向的平均站段通过量之比,即

$$\text{站段不均匀系数}=\frac{\text{某路段单向通过量}}{\text{该单向平均通过量}}$$

2)判断准则

判断区间车的运行区间,要按照以下步骤进行:

(1)分别计算线路上行和下行的各站段客流差或路段不均匀系数。

(2)依据表4-1判断准则,任选一个准则来初步定出区间车运行的路段及站点。

(3)综合考虑线路站距、掉头车站以及调度工作方便等因素,拟定可行的运行路段及站点。

(4)确定区间车的运行定额和参数。这些定额主要包括区间单程时间、起点站停站时间、掉头站调整时间、区间周转时间及周转系数、计划车容量。而运行参数包括配备的线路车辆数、行车间隔、行车频率及运营速度等。

最后,编制区间车的行车作业计划。

区间车判断准则　　表4-1

判断准则	条　　件	限制条件的数值（2～4或1.2～1.4）
站段客流差准则	站点客流差≥2～4倍的计划车容量	当满载率定额较高时取较小值，反之取较大值
站段不均匀系数准则	站段不均匀系数≥1.2～1.4	

4.2.3.2　快车的选定方法

1)判断指标

(1)站点不均匀系数

站点不均匀系数是指在单位时间内线路一个单向某站点的乘客集散量与该单向沿线各站的平均乘客集散量之比，即

$$站点不均匀系数=\frac{某单向某站点旅客集散量}{该单向平均站点集散量}$$

(2)方向不均匀系数

方向不均匀系数是指在单位时间内整条线路两个方向中较高方向的客运量与平均单向客运量之比，即

$$方向不均匀系数=\frac{高单向旅客运量}{平均单向旅客量}$$

2)判断准则

考虑是否开通快车，可以按照以下步骤进行：

(1)计算站点不均匀系数或方向不均匀系数。

(2)根据表4-2中的两个判断准则，做以下处理：

快车判断准则　　表4-2

判断准则	条　　件	限制条件的数值（2～4或1.2～1.4）	适用情况沿线
站段不均匀系数准则	站点不均匀系数≥1.4～2.0	当满载率定额较高时取较小值，反之取较大值	若干站点乘客集散量超过各站平均集散量，并且长乘距客流较多，开辟大站快车以缓和乘车拥挤、消除留站现象
方向不均匀系数准则	方向不均匀系数≥1.2～1.4		线路两个方向的客流很不平衡，在客流较小的那个方向考虑开辟快车，以加速车辆运转速度，节省运力，增加效益

站点不均匀系数准则——先初步判断满足条件的大站点，然后根据客向量(客流从一个站点运往另一站点的数量)比例情况，找出连接这些大站点的其他相关站点，并且要求到达这些相关站点的客向量应该是大站点的大比例客流。这种处理办法的目的主要是疏导大站点的主要客流。

方向不均匀系数准则——先判断开辟快车的方向，若满足条件，则在客流低的方向

开通快车;然后,根据该方向的客向量分布情况,选定快车沿途停靠的站点。这种处理办法的目的主要是加快低客流方向的车辆周转。

(3)确定快车的运行定额和参数。这些参数主要包括单程时间、始末站停站时间、周转时间及周转系数、计划车容量等。而运行参数主要包括快车的线路车辆数、行车间隔、行车频率及运营速度等。

(4)编制快车的行车作业计划。

3)影响区间车和快车调度形式选定的其他因素

在采用上述方法选择区间车或快车调度形式时,除了考虑客流因素以外,还需要结合道路条件、交通条件、企业自身的组织与技术条件以及运输服务质量要求等多项因素作综合的分析,使得调度方案和措施具有充分的可行性、良好的经济性和服务性。

4.3 区域协调调度内涵及层次

目前,我国大多数公交运营组织调度工作都是针对单一线路进行的。线路之间、车队之间缺少协调手段与方法,只有在特殊条件与紧急条件下,才由管理层进行总体协调指挥,服务于应急工作。但单线路最优并不能保障整个公交系统的优化目标实现。而多线路协调调度,因其更能保障全局效益最大化,应该成为未来常态化的运营调度形式,从而实现运营管理由局部最优向全局最优的转变。

本书中公交线路协调调度的内涵是运力与客流的协调、线路间换乘协调、企业运营成本与乘客出行成本的协调。协调调度以区域多条线路为协调调度对象,以系统资源整合优化为目的,这些资源包括线路、车辆、场站、调度人员等。

本书将区域多线路协调调度分为三个层次进行研究,依次为:单线路协调调度、区域换乘协调调度、多线路关联协调调度。其中,单线路协调调度重点考虑协调单线运力与客流的均衡,以单线路运营及出行成本最低为主要的优化目标;区域换乘协调调度重点考虑区域内换乘相关的线路间,尤其是在枢纽的换乘协调。以换乘乘客避免错失衔接,换乘成本最小为主要优化目标;多线路协调调度则同时考虑线路间运力协调及换乘协调,以区域总运营及出行成本最低为主要优化目标。

单线路协调优化考虑的约束条件包括客流约束及车场资源等,换乘协调优化考虑的约束条件包括初始线路发车间隔、车场资源、单程点、线路数等,区域多线路协调调度优化考虑的约束条件除以上约束条件,还包括线路重复率、换乘率等。

三个层次的调度并不孤立,存在相互制约关系。在三个层面的优化目标及相应的约束条件下,可建立优化模型,制订优化算法,编制静态行车计划及动态调整规则,并通过一段时期的调整后评价来修正静态行车计划。进而形成一套完整的多线路协调调度方法。

由于三个层次的优化求解涉及变量众多,是一个复杂的大系统优化问题,寻找非最优解在实际工作中很难实现。为此本着寻找满意解的优化思想，同时在优化过程中也采取分解协调的优化方法，本书提出分阶段的协调优化的流程如图4-2所示。

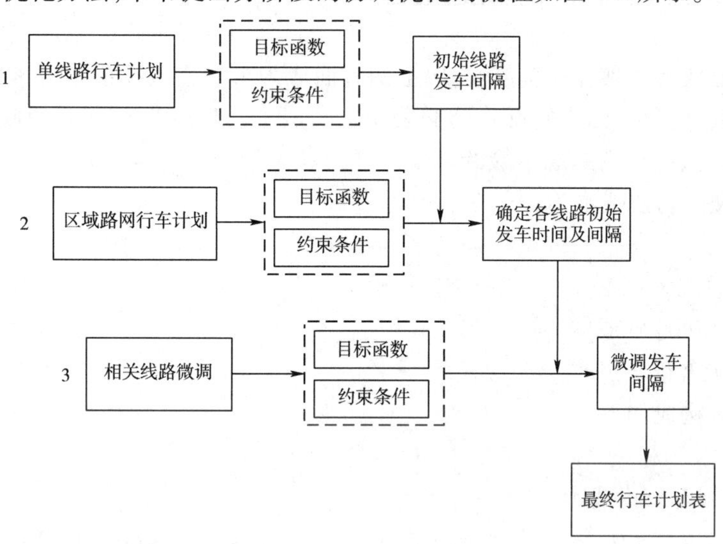

图4-2　分阶段的区域公交线路协调优化流程

在优化第一个阶段，以单线路运营及出行成本最低为主要的优化目标，对区域内的各条线路进行单线路行车计划初始方案编制，求解线路发车间隔初始最佳值。第二个阶段以换乘成本最小为主要的优化目标，对区域内尤其是在枢纽有换乘关系的各条线路确定发车时间，第三个阶段同时考虑线路间运力协调及换乘协调，以区域总运营及出行成本最低为主要优化目标对区域内相关线路微调确定发车间隔及调度形式。

在协调调度的理念下，在保证单线路合理调配车辆资源的前提下，应考虑与其他线路换乘及运力协调，同时，作为具有较强社会公益性的运营企业，还应协调公交公司的运营效益及公交服务质量。因此，以上三方面成为了建立协调调度模型时考虑的主要影响因素。

从调度方案的执行上，可分为静态调度及动态调度两个层次。静态调度是根据历史客流数据统计规律、车辆运营规律制定最优静态发车班次计划，动态调度是当发生运行状态严重偏移静态计划时所作的动态调整。在对一定时期的动态调整方案进行后评价基础上，可进一步调整静态方案。

公交区域动静态协调调度基本流程图如图4-3所示。

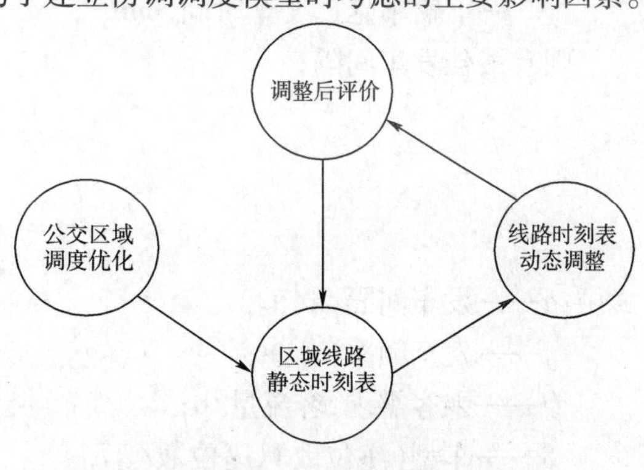

图4-3　公交区域动静态协调调度优化基本流程

4.4 单线路静态协调调度模型

公司运营成本及乘客候车成本,以上两方面成为了建立调度模型时考虑的主要影响因素,单线路的优化目标应使反映公交公司运营成本及反映乘客利益的候车成本(乘客等待时间)之和,即运营总成本最低。

设单线路运营总成本为:

$$C = C_b + C_p \tag{4-1}$$

式中:C——总成本;

C_b——车辆运营成本;

C_p——乘客候车成本。

乘客成本构成如下:

$$C_p = C_i + C_w \tag{4-2}$$

式中:C_i——乘客车内成本;

$C_i = T \times Q \times \alpha$($T$ 为平均车内时间;α 为乘客单位基本费用,单位为:元/人·h;Q 为客流量/车);

C_w——乘客等待成本。

乘客等待成本包括到站乘客等待费用,延迟发车等待费用,延迟时间内到站乘客等待费用,公式如下:

$$C_w = qd\left[\frac{(1+h)h}{2} + h\gamma + \frac{\gamma^2}{2}\right] \tag{4-3}$$

式中:q——乘客到达率;

d——乘客等待费用,元/人·min;

h——发车间隔,min;

γ——下辆车延迟发车时间,min。

则有最佳发车间隔,

$$h = \frac{1}{f} = \frac{S \times l}{Q} \tag{4-4}$$

$$f = \frac{Q}{S \times l} \tag{4-5}$$

式中:h——发车间隔,h/车;

f——发车频率,车/h;

Q——乘客需求,客流量/h;

S——车型(座位数),座位数/车;

l——载客率(实际客流)。

车辆运营成本(未计算驾乘人员)为:

$$C_b = \sum_{j=1}^{m}(C_{g(j)} + C_{r(j)} + C_{z(j)}) = B_k \bar{t} N + B_r M \tag{4-6}$$

式中:C_b——车辆运营成本;

$C_{g(j)}$——车辆 j 的燃料成本;

$C_{r(j)}$——车辆 j 的维修成本;

$C_{z(j)}$——车辆 j 的折旧损失;

B_k——车辆运行费用,元/min;

$\bar{t}$——车辆平均行驶时间;

B_r——维修费用,元/车;

M——该线路需要维修的车辆数;

N——该线路投入运营的车辆数;

j——车辆编号;

m、j 该线路车辆总数。

单线路运营总成本最小的优化模型为:

$$\min C = \min(C_b + C_p) = \min(C_{g(j)} + C_{r(j)} + C_{z(j)} + C_i + C_w) \tag{4-7}$$

4.5　区域枢纽换乘协调静态调度模型及方法

4.5.1　区域枢纽换乘协调静态调度模型

考虑整个区域公交系统的效益最大化,应对区域多个线路的时刻表进行同步优化。尤其应使在同一枢纽具有换乘关系的线路之间的换乘延误最小。换言之,应使具有换乘相关性的线路车辆尽可能在一定时间内相继或同时到达某一枢纽节点。

考虑到整个公交线网的庞大,经过枢纽点的线路多,不同线路的发车时间、发车间隔及车辆数等又各不相同,因此,不可能使所有具有换乘相关性的线路车辆都能够同时到达某一枢纽节点。A. Ceder 等人的论文虽然建立了整体优化的静态时刻表,但模型缺乏灵活性。模型对车辆的旅行时间准确度要求极高,另外,论文没有对换乘点的驻站时间进行优化,与实际情况不符。从整体线网优化考虑,本书目标函数要求在误差允许的范围内在同一节点具有换乘相关性的线路同时到达的次数最多,并通过约束条件的增加对各线路车辆的驻站时间进行优化。

公交换乘枢纽是公交线网中的重要节点,是线网中乘客集结与疏散的地点。随着城市公交线网的不断扩大,各线路间的交织换乘逐渐增多。由于在公交枢纽点乘客换乘量大,公交线路复杂,因此,对以枢纽换乘点为节点的公交网络运营调度进行优化,提高公交换乘效率,成为当前区域公交调度研究的重点。基于枢纽的协调调度可控性强,可靠性高,对公交网络换乘效率的优化效果明显。本节用线段与节点对公交线网进行表示,并通过旅行时间及驻站时间对线段及节点赋值。其中,考虑到实际公交车运行中会受到交通环境的影响,车辆未必能准时到达公交站点,因此将驻站时间设为一待求的变量。只要公交车在阈值允许的范围内到达站点,即认为有换乘相关性的公交车辆在站点有效相遇。为简化期间,本书以在换乘量较大的站点,尤其是枢纽点有效相遇次数最多作为目标函数对网络的相关线路发车时间进行优化。优化的结果使具有换乘相关性的车辆尽可能多的在站点相遇,从而减少乘客因换乘在站点的等待时间。因为网络中的换乘节点数越多,网络优化的复杂度越高。因此本书采用启发式算法对网络进行求解,并最终以实际例子进行了验证,结果表明算法满足当前公交调度静态时刻表制订的需求。

本节公交线网用有向图表示,$D=(N,A)$,其中 N、A 分别表示网络的点集合和弧集合。其中模型的具体参数设置如下:

T:模型的规划周期,各条线路的发车时间在周期$[0,T]$内确定;

M:网络中线路的条数;

N:网络中节点的个数;

V:线路 k 经过网络节点的个数,对应网络中的节点 N。V 属于自然数,其中按线路走向 $v_0=0, v_i<v_{i+1}$;

F_k:k 线路的车辆总数;

Z_{kiqjn}:第 k 条线路第 i 辆车与第 q 条线路第 j 辆车在节点 n 的允许时间差范围内相遇的最大值;

$H_{\max_k}$:k 线路相邻两班次的最大车头时距;

$H_{\min_k}$:k 线路相邻两班次的最小车头时距;

$TA_{ki}(n)$:线路 k 的第 i 班次车到达节点 n 的时间;

$TD_{ki}(n)$:线路 k 的第 i 班次车离开节点 n 的时间;

$TS_{ki}(n)$:线路 k 的第 i 班次车在站点 n 的驻站时间;

$TR_k(v_i,v_{i+1})$:线路 k 从节点 v_i 到节点 v_j 的旅行时间。旅行时间设为一固定值。当线路 k 不经过节点 v_i 或 v_{i+1} 时,$TR_k(v_i,v_{i+1})=0$;

ε_n:线路节点 n 的最小换乘时间,由经过节点的线路相关系数、换乘客流及车场资源约束等确定。当线路 k 不经过节点 n 时 $\varepsilon(n)=0$;

Δt:路网中允许不同线路到达同一站点的最小时间差。

模型的目标函数:

$$\max Z_{kiqjn} = \sum_{k=1}^{M-1}\sum_{i-1}^{F_k}\sum_{q=k+1}^{M}\sum_{j=1}^{F_q}\sum_{n\in \mathbf{N}} C_{kiqj(n)} \tag{4-8}$$

s.t.

$$C_{kiqj(n)} = \max\left[\Delta t - |TA_{ki}(n) - TA_{qj}(n)|, 0\right] \tag{1}$$

$$H_{\max_k} \geqslant H_{\min_k} \tag{2}$$

$$(F_k - 1) \cdot H_{\min_k} \leqslant T < F_k \cdot H_{\max_k} \tag{3}$$

$$\varepsilon_k(n) + \Delta t \leqslant TS_{ki}(n) \leqslant H_{\min_k} \tag{4}$$

$$0 \leqslant TA_{ki}(0) \leqslant H_{\max_k} \tag{5}$$

$$H_{\min_k} \leqslant TA_{k(i+1)}(n) - TA_{ki}(n) \geqslant H_{\max_k} \quad 1 \leqslant k \leqslant M, \quad i \geqslant 1 \tag{6}$$

约束条件(1)表示第 k 条线路的第 i 班次车与第 q 线路的第 j 班次车到达节点 n 的时间差,小于 Δt,即认为两条线路在节点 n 相遇。否则,目标函数值取 0 表示两者不相遇。这样,整个网络上目标函数 Z_{kiqjn} 的最大值即表明了网络中线路的相遇次数最多。此时枢纽换乘效率最高。

约束条件(2)表明了最大、最小车头时距。

约束条件(3)给定了计划周期范围。

约束条件(4)给定了驻站时间的取值范围。

约束条件(5)表示每条线路的第一个班次的发车时间不能大于最大车头时距。

约束条件(6)表明了车头时距范围。

$$TS_{ki}(n) = TD_{ki}(n) - TA_{ki}(n) \tag{7}$$

$$TA_{ki}(v_i) + TR_k(v_i, v_{i+1}) + TS_{ki}(v_i) = TA_{ki}(v_{i+1}) \tag{8}$$

$$TD_{ki}(v_i) + TR_k(v_i, v_{i+1}) + TS_{ki}(v_{i+1}) = TD_{ki}(v_{i+1}) \tag{9}$$

$$TA_{ki}(v_{i+1}) = \sum_{i=0}^{V}\left[TR_k(v_i, v_{i+1}) + TS_{ki}(v_i)\right] \tag{10}$$

式(7)、式(8)、式(9)、式(10)表现了节点间到达时间、驻站时间以及发车时间的相互关系。由于网络中的节点与线路上的节点具有一一对应关系,因此在实际节点间计算中,需要在两个节点库之间进行相互检索。

4.5.2 区域枢纽换乘协调静态调度优化遗传算法

公交车辆智能调度管理问题本身的组合优化特征存在较大复杂性,实际调度系统所采用的数学模型都对运行环境做了大大简化,尽管如此,仍然需要很大的计算量,因此仅靠已有的寻优改进,还不能满足运营调度方案的实时性和有效性要求。本节将利用遗传算法对区域多线路静态协调调度优化问题进行寻优。

1)遗传算法简介

遗传算法(Genetic Algorithm)是一类借鉴生物界的进化规律(适者生存,优胜劣汰遗传机制)演化而来的随机化搜索方法。它是由美国的 J. Holland 教授 1975 年首先提出,其主要特点是直接对结构对象进行操作,不存在求导和函数连续性的限定,具有内在的隐含并行性和更好的全局寻优能力。采用概率化的寻优方法，能自动获取和指导优化的搜索空间，自适应地调整搜索方向，不需要确定的规则[88]。

它是一类模拟生物界自然选择和自然遗传机制的随机化搜索算法，其内涵哲理乃是启迪于自然界生物从低级、简单到高级、复杂乃至漫长而绝妙的进化过程是借鉴达尔文的物竞天择、优胜劣汰、适者生存的遗传选择和自然淘汰的生物进化过程的计算模型。其本质是一种求解问题的高效并行全局搜索方法。由于遗传算法具有处理问题的柔软性和并行处理能力，尤其适用于处理系统搜索方法难于解决的非线性问题，在各个领域得到了广泛应用。

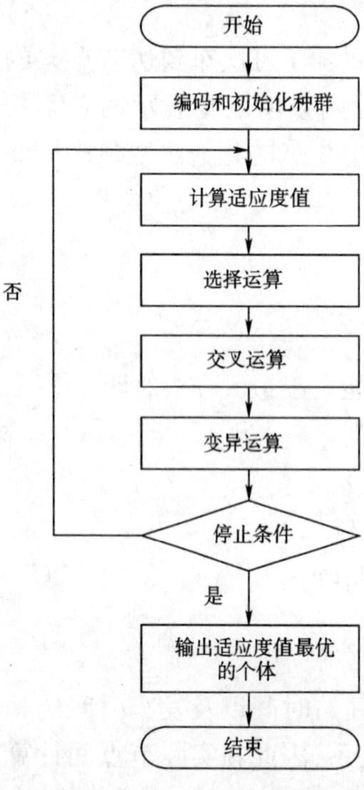

2）遗传算法运算步骤

遗传算法原理图如4-4所示。

遗传算法的步骤如下：

（1）初始化。染色体编码，随机产生初始种群，个体数目一定，每个个体表示为染色体的基因编码；

（2）计算个体的适应度，并判断是否符合优化准则。若符合，直接跳转到步骤8，否则进入步骤3；

（3）计算当前群体每个个体的适应度函数；

（4）选择操作：根据当前群体的每个个体的适应度函数进行选择生成中间群体；

（5）交叉操作：按照一定的交叉概率和交叉方法，生成新的个体；

（6）变异操作：按照一定的变异概率和交叉方法，生成新的个体；

（7）终止条件判断：是否满足终止条件，是，解码，输出具有最大适应度的最优解否则转到步骤2；

（8）终止。

开始
编码和初始化种群
计算适应度值
选择运算
交叉运算
变异运算
停止条件
否
是
输出适应度值最优的个体
结束

图4-4　遗传算法原理图

3）模型计算

本书采用免疫遗传算法进行寻优计算。与遗产算法相比，免疫遗传算法通过对后代进行多样性调整、疫苗提取注入和在群体更新中加入记忆单元解决了经典遗传算法较早收敛和退化的问题。遗传操作中交叉变异采用两基因位间基因互换的OX交叉方法和随机选取两基因变换的变异方法。根据免疫遗传算法的思想及优化数学模型设计了相应的求解算法，其流程图如图4-5所示：

步骤1：初始化所有节点，给网络节点与线路节点进行编号，并建立网络节点与线路节点一一对应的拓扑关系。

步骤2：选择一初始点，满足约束条件（5）。

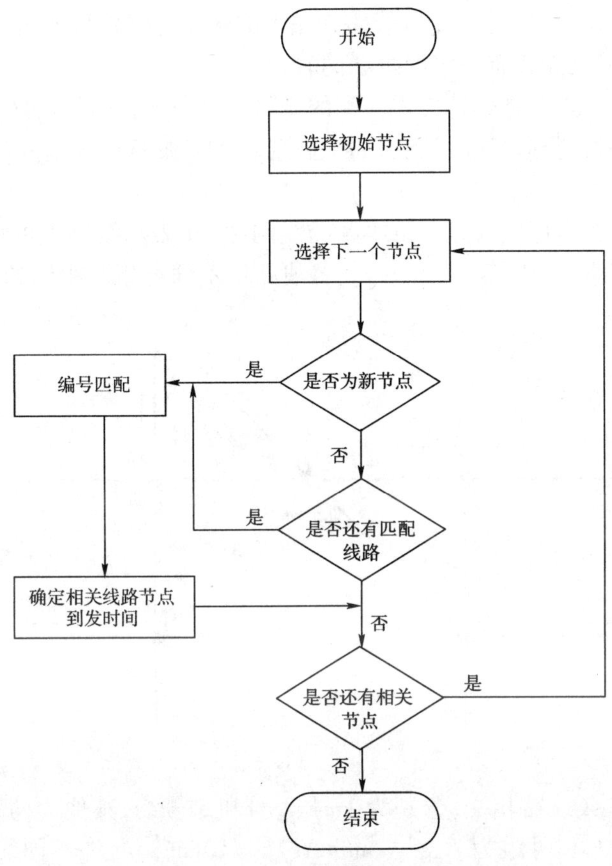

图 4-5 区域枢纽换乘协调调度优化遗传算法流程

步骤 3:选择与初始点相邻的节点作为下一个节点,确定是否为未匹配节点。找出经过线路最多的那个节点作为下一个节点。由约束条件(4)、(5)、(6)确定各条线路的发车时间,各线路在此节点的驻站时间。

步骤 4:确定选取节点上线路的发车时间。

步骤 5:检查此节点上是否还有未匹配的线路。

步骤 6:检查是否还有未匹配的节点,如果没有则结束程序。

步骤 1 中,因为网络中的节点可能有多条线路经过,为了计算每条线路在节点 N 的到发时间,对每条经过节点 N 的线路,按照线路走向进行新的顺序编号。并建立相应的编号拓扑关系。

步骤 2 是程序计算的开始,初始点为线路的始发点,始发点不参与编号匹配,所有线路的始发点编号为 0。

步骤 3 选择下一满足条件节点的过程,节点的选取以经过线路最多的节点为首选节点,这样,通过对初始值的迭代可以得到过条线路同时到达节点的时间。

步骤 4 根据约束条件(4)确定各线路在站点的驻站时间长短。由于驻站时间可以调整,因此线路在后面站点会有更多的机会同时到达。

步骤 5 判断此节点上是否还有未匹配的线路,如果有则返回步骤(4)。

步骤 6 判断是否还有未匹配站点,如果有则返回步骤(3),否则程序结束。

4)实例分析

本节给出一个 5 个枢纽节点 5 条线路的线网图。I 表示线网上的第一个节点,21 表示线路 2 对应的网络节点的第一个编号。各线路用不同类型及粗细的线条区分,线路走向如图 4-6 所示。

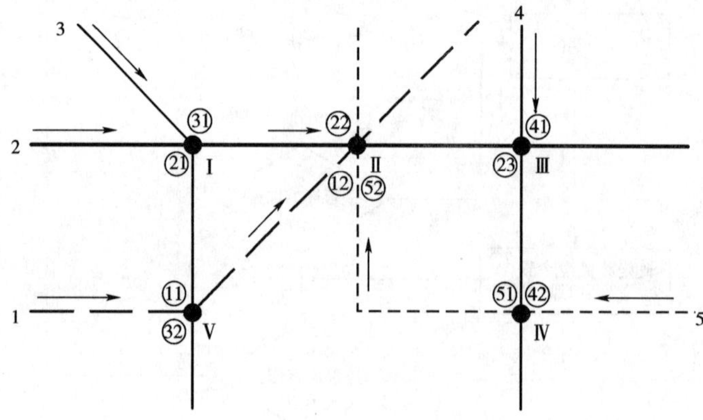

图 4-6 公交线网

在节点 II 有三条线路相交,分别为 1 号、2 号和 5 号线,其他为两条线路相交节点。设网络上最小最大车头时距为 $H_{\min_k}=4\text{min}$,$H_{\max_k}=10\text{min}$。允许不同线路到达同一节点时间差 $\Delta t=0.5\text{min}$ 由约束条件(3)一个计算周期 $12\leqslant T\leqslant 80$,计算开始时间为早上8:00,各线路车辆数 $F_1=5$,$F_2=8$,$F_3=5$,$F_4=4$,$F_5=6$。各线路在网络节点间的旅行时间及站点最小换乘时间设置见表 4-3。

线路旅行时间及站点最小换乘时间 表 4-3

线路旅行时间		线路站点最小换乘时间	
$TR_1(0,1)=16\text{min}$	$TR_1(1,2)=19\text{min}$	$\varepsilon_1(1)=30\text{s}$	$\varepsilon_1(2)=40\text{s}$
$TR_2(0,1)=13\text{min}$		$\varepsilon_2(1)=40\text{s}$	$\varepsilon_2(2)=50\text{s}$
$TR_2(1,2)=19\text{min}$	$TR_2(2,3)=17\text{min}$	$\varepsilon_2(3)=30\text{s}$	
$TR_3(0,1)=16\text{min}$	$TR_3(1,2)=8\text{min}$	$\varepsilon_3(1)=20\text{s}$	$\varepsilon_3(2)=30\text{s}$
$TR_4(0,1)=8\text{min}$	$TR_4(1,2)=7\text{min}$	$\varepsilon_4(1)=40\text{s}$	$\varepsilon_4(2)=30\text{s}$
$TR_5(0,1)=14\text{min}$	$TR_5(1,2)=22\text{min}$	$\varepsilon_5(1)=30\text{s}$	$\varepsilon_5(2)=40\text{s}$

按照算法的步骤,步骤 2 中任给一组初始解满足约束条件(5),由 3 号线路开始,3 号线的初始点编号为 0,转入步骤 3,与其相邻的经过线路最多的节点为节点 I。转入步骤 4,线路到达节点 I 的旅行时间为 16min,节点 I 有两条线路相交,由 3 号线的到达时间可

以确定出 2 号线同时到达节点 I 的发车时间。转入步骤 5，节点 I 没有未匹配的线路，转入步骤 6，网络中还有未匹配得节点，因此转回步骤 3，选择与节点 I 相邻且有线路 2、3 经过的节点，节点 II 经过三条线路，节点 V 经过两条线路，因此首先确定节点 II 上线路的发车时间，以此类推，直到没有未匹配得节点为止。最终得到各条线路在各个节点的发车及驻站时间，表 4-4 为各线路首班车在各个节点的发车时间。

首班车站点发车时间 表 4-4

首发班	初始点(h/m/s)	I (h/m/s)	II (h/m/s)	III (h/m/s)	IV (h/m/s)	V (h/m/s)
线路 1	8:07:15		8:45:55			8:24:44
线路 2	8:07:46	8:23:35	8:45:37	9:06:15		
线路 3	8:06:20	8:23:51				8:34:04
线路 4	8:03:09			8:12:24	8:21:26	
线路 5	8:05:55		8:46:32		8:22:36	

由表 4-3 可得，对于各线路的首班车，按照初始点的发车时间计算，在满足表 4-3 的约束条件的情况下，线路 2、3 在节点 I 相遇，线路 1、2、5 在节点 II 相遇，线路 4，5 在节点 IV 相遇。

各线路班次间的发车间隔 表 4-5

	间隔 1(s)	间隔 2(s)	间隔 3(s)	间隔 4(s)	间隔 5(s)	间隔 6(s)	间隔 7(s)
线路 1	584	393	341	314			
线路 2	416	383	288	312	264	256	400
线路 3	344	382	310	344			
线路 4	306	510	507				
线路 5	386	380	371	278	551		

表 4-5 为各线路各班次间的优化发车间隔，单位为秒，通过发车间隔以及线路旅行时间可以计算出各线路各班次在网络中各站点的发车时间。

计算周期内各节点线路相遇次数 表 4-6

	I (次)	II (次)	III (次)	IV (次)	V (次)
相遇次数	5	12	0	4	3

表 4-6 为最终优化结果，在一个计算周期内，当线路所有车辆完全发车时，各个节点车辆的相遇次数，最多的为节点 II 为 12 次，最少的为节点 III 为 0 次，即在计算中期内没有车辆在此节点相遇。而计算周期内总的相遇次数为 24 次。

4.6 多线路关联协调静态调度优化调整模型及方法

4.6.1 线路关联度分析

对于一个区域或交通走廊而言，其内不同公交线路之间多存在一定的关联关系，有关联的线路之间又分为有换乘接驳站点的关联，及线路部分运营段重复的关联。实现关联线路的无缝衔接及运力共享是区域线网调度技术整体优化的基本保障。这也是区域多线路协调调度的优化目标。

对于多线路协调调度，首先应选择彼此关系紧密的线路进行协调，才能达到资源整合、合理匹配运力的目的。本书在单线路调度方案生成的前提下，根据线路之间关联度分析，选择关联度较大且符合协调调度条件的线路，对其单线路调度方案进行发车时刻或运力的调整，进而制定多线路协调静态调度方案，从整体上优化线路运力配置及衔接。

本书利用线路重复率及线路间换乘客流量作为判断线路关联程度的参数。

1）线路重复率

公交网中，不同公交线路在某一路段有相同站点的情况普遍存在，本书将这种情况称为线路重复，并定义线路重复率：

$$\alpha = \frac{2S_{i,j}}{S_i + S_j} \times 100\% \tag{4-9}$$

式中：α——线路重复率；

$S_{i,j}$——线路 i 与线路 j 重复的站点数；

S_i、S_j——线路 i、线路 j 的总站点数。

假设一般公交线路站点数 20 ~ 30 个，本书对线路重复率进行如下分级，见表 4-7。

线路重复率分级 表 4-7

重复率	0	1% ~10%	11% ~20%	20% 以上
关联度	无关联	轻微关联	中度关联	密切关联

若 α 大于 30%，或有 6 ~9 个重复站点，则称线路间关联程度密切。

2）换乘率

线路关联密切的另一个特征是两条线路重合站点（即接驳站点）的换乘客流量较大，认为线路关联程度密切，线路关联程度可以用线路间换乘率来表示：

$$\theta = \frac{\sum_{c=1}^{n} p_c^{l,k}}{\sum_{c=1}^{n} p_{ci}^{l}} \times 100\% \tag{4-10}$$

式中：θ——线路 l、k 间的换乘率；

$p_c^{l,k}$——线路 l 的班次 c 换乘到线路 k 的乘客数量；

p_{ci}^{l}——线路 l 的班次 c 到达换乘站点 i 站时的载客量。

本书对线路换乘率进行如下分级，见表 4-8。

线路换乘率分级 表 4-8

换乘率	0 ~ 5%	6% ~ 10%	11% ~ 20%	20% 以上
关联度	无关联	轻微关联	中度关联	密切关联

由上述方法首先判断公交线路之间的关联程度，当线路之间线路重复率或线路换乘率反映出的关联程度达到中度关联或以上时，需要考虑线路之间协调调度问题，在静态调度层面上求得最优发车方案。

4.6.2 多线路协调静态调度模型及方法

当多条线路之间存在较为密切的关联关系时，为促进运力共享，在必要的时候可进行次要线路发车间隔及发车时间的调整优化。本书建议选择客流量作为确定线路主次的依据。即优先满足客流量大的线路运力供给。以此为基础再进行次要线路的时刻表优化。

对于日均客流量为 1 万和 2 万人次左右的线路而言，线路满载率随发车间隔递增的变化曲线如图 4-7 所示。

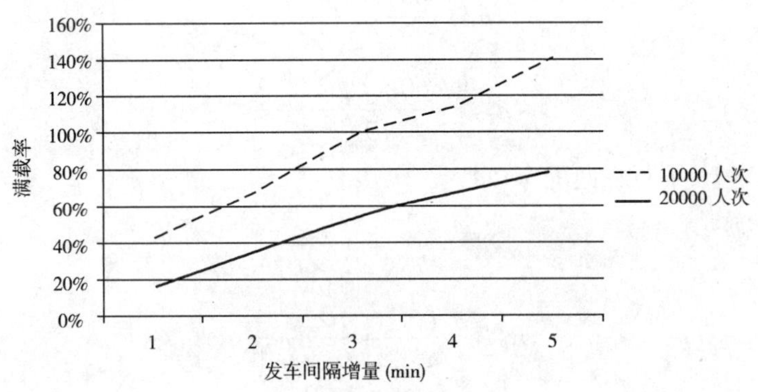

图 4-7 线路满载率随发车间隔递增变化曲线

由图 4-7 可以看出，客流量大的线路满载率随发车间隔递增的增幅较大，因此，为保证正常的公交服务水平，在高峰时段内不造成因车上人数大于车容量而造成的拥挤，制订发车间隔调整原则如下：当多条线路相互关联时，按客流量由大到小排序，从客流量排序第二位线路开始调整，主要配合前一位线路发车间隔，依次往下类推，如图 4-8 所示。

线路调整前，须确定初始发车间隔。设 h_k^{up}、h_k^{down} 为线路 k 上、下行发车间隔，$D_{\max}^{up}$、$D_{\max}^{down}$ 为线路 k 上、下行小时最大断面客流量，C_k 为线路 k 车辆额定载客量，O_k^{up}、O_k^{down} 为线路 k 上、下行满载率，T_k^{up}、T_k^{down} 为线路 k 上、下行单程行车时间，B_k^r 为线路 k 可调配车数，

B_k 为线路 k 车辆总数,λ 为弹性系数,取值范围[0,1],可根据时段特性进行标定,如高峰期可选取0.9或1,平峰期选取0.5~0.8。

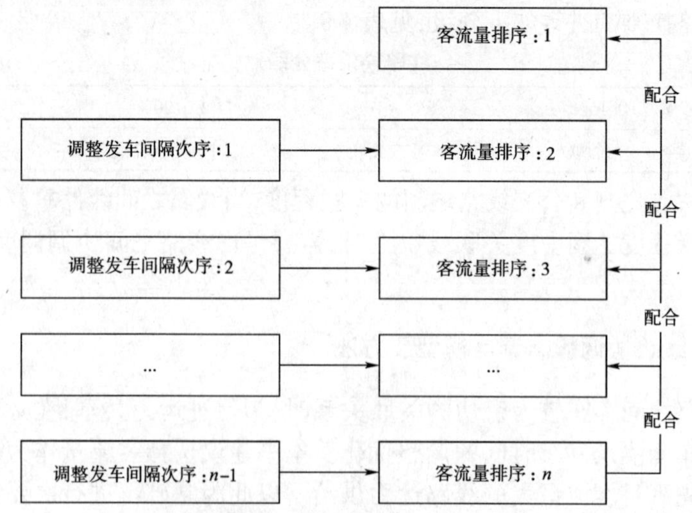

图4-8 多线路发车间隔调整次序示意图

对于线路 k,某时段线路 k 上、下行方向平均发车间隔初始值可按以下公式计算:

$$h_k^{up} = \frac{60 \times C_k \times O_k^{up}}{D_{\max}{}^{up}} \tag{4-11}$$

$$h_k^{down} = \frac{60 \times C_k \times O_k^{down}}{D_{\max}{}^{down}} \tag{4-12}$$

计算线路 k 上、下行方向配车数:

$$B_k^{up} = \frac{T_k^{up}}{h_k^{up}} + \frac{D_{\max}{}^{up}}{C_k \times O_k^{up}} \tag{4-13}$$

$$B_k^{down} = \frac{T_k^{down}}{h_k^{down}} + \frac{D_{\max}{}^{down}}{C_k \times O_k^{down}} \tag{4-14}$$

$$\text{且满足}\begin{cases} B_k^{up} + B_k^{down} \leqslant \lambda B^k \\ T_k^{down} \leqslant (B_k^{up} - 1)\, h_k^{up} \\ T_k^{up} \leqslant (B_k^{down} - 1)\, h_k^{down} \end{cases} \tag{4-15}$$

假定多线路的车辆运营总规模不变,各线路均各自保持固定的首、末车时间,及运力投入车辆数,在此实际约束条件下,考虑多线路关联的协调发车间隔优化目标是多条线路乘客总等待时间最短,该问题可转化为:若发车间隔调整Δ时,节省乘客总等待时间最多或增加的等待时间最少,即:

$$\min \Delta T_w$$

满足 $$B_k^r \leqslant \lambda B_k \tag{4-16}$$

式中：ΔT_w——各线路节省的乘客总等待时间/增加的总等待时间。

在线路 k 初始时刻表基础上，可采用如下试算的方法进行调整：以线路 k 某班次（高/平峰时段）发车时间点为中心点，向两侧依次按给定间隔延伸并遍历计算每个调整点对多线路协调运行的影响程度。

调整时间 Δ 范围取值为：

$$\Delta = \left[\frac{T_k^{up} + T_k^{down}}{B^k} - h_k^{up}/h_k^{down}, \frac{D_k^{\max}}{C_k \times O_k} \times (1+\eta) - h_k^{up}/h_k^{down} \right] \tag{4-17}$$

调整时间 Δ 下限为线路 k 全部车辆投入运营时最小发车间隔与初始值的差；上限为小时最大断面客流量所能接受的最大发车间隔，η 为定量系数，高峰期可取 0.1 ~0.5，平峰期可取 0.5 ~1。

乘客等待时间与发车间隔及乘客到达率有关，假设乘客站点到达率近似服从均值分布，计算乘客在站点 i 等待线路 k 某班次的时间为：

$$T_k^i = \frac{q_k^i(1+h_k)h_k}{2} \tag{4-18}$$

式中：T_k^i——线路 k 乘客在站点 i 等待某班次的时间；

q_k^i——线路 k 在站点 i 的乘客到达率；

h_k——线路 k 的发车间隔。

当线路 k 发车间隔调整 Δ 时，节省的乘客总等待时间为：

$$\Delta T_w = \begin{cases} \left(q_k^i h_k \Delta + q_k^i \dfrac{h_k}{2}\left(\dfrac{h_k}{2} - \Delta\right) \right) - q_k^i \Delta (h_k + \Delta), \Delta > 0 \\ \dfrac{q_k^i(1+\Delta+h_k)(\Delta+h_k)}{2} - q_k^i (h_k+\Delta)^2, \Delta < 0 \end{cases} \tag{4-19}$$

合并同类项后，得

$$\Delta T_w = \begin{cases} -q_k^i \Delta^2 - \dfrac{q_k^i h_k}{2}\Delta + \dfrac{q_k^i h_k^2}{4}, \Delta > 0 \\ -\dfrac{q_k^i}{2}[\Delta^2 + (2h_k - 1)\Delta - h(1-h)], \Delta < 0 \end{cases} \tag{4-20}$$

故有：

$$\min \Delta T_w = \min \sum_{i=1}^{m} \Delta T_w^k = \min \sum_{i=1}^{m} \begin{cases} -q_k^i \Delta^2 - \dfrac{q_k^i h_k}{2}\Delta + \dfrac{q_k^i h_k^2}{4}, \Delta > 0 \\ -\dfrac{q_k^i}{2}[\Delta^2 + (2h_k - 1)\Delta - h(1-h)], \Delta < 0 \end{cases} \tag{4-21}$$

根据公式(4-17)求得 Δ，更行发车间隔初始值，获得初次优化值 h_k^1：

$$h_k^1 = \Delta + h_k$$

h_k^1确定了在车辆约束下,保证乘客等待时间合理的发车间隔,公式(4-17)考虑了线路之间乘客换乘因素,对于换乘率的多线路而言,h_k^1即可作为满意解。但对于线路重复率高的线路,运力重复投入问题并为解决,因此,需对 h_k^1进行二次优化,以达到协调运力的目的。

多线路静态协调调度模型,是对具有一定关联程度的公交线路通过优化发车间隔或发车时刻,生成最终时刻表。从而在静态层面上实现协调调度。

5 公交事件检测及动态调度技术研究

公交静态时刻表的制订为公交运营及调度的操作提供了理论依据，但在实际的公交运营中，由于受到天气、道路交通环境及突发事件的影响，使公交车的运营班次并不能按照行车计划表的要求到达与发车[89]。当有异常事件发生时，由于受到异常事件的影响，公交运营系统的稳定状态被打破，系统的运营成本增加。当有异常事件发生时，需要调度指挥中心能够迅速检测到事件的类型，并根据事件类型对静态行车计划表进行调整，这个过程我们称为公交的动态调度。

5.1 公交运行异常事件概述

公交调度中常见的异常共有五大类，包括客流异常、线路运营异常、车况异常、车场资源异常、路况异常。

客流异常：指运营线路的一个或多个站点的客流量相对于该站点的历史平均客流量突然增加或减少，导致公交运营系统运力与运量失衡，造成系统运营成本增加的现象。客流异常的原因多为大型活动的集中结束或节假日该线路上的出行人数剧增。

线路运营异常：指线路车辆在运行过程中，由于受到道路环境及天气等的影响，造成串车、堵车、大间隔等运营异常。运营异常容易造成延误损失，且导致运力不协调，客流疏散不均衡等。

车况异常:指车辆在运行中发生的突发事件,比如车辆故障、车辆事故等情况。车辆在运行中的突发事件会导致车场资源的不足,因此,应及时检测事件,并对事件进行响应。如果处理及时并不会对整条线路的正常运行造成很大的影响。但是,如果这种异常事件不能够被及时处理,会导致线路异常。

车场资源异常:指在线路运营过程中,由于场站容量等原因,导致公交运营系统无法有序运行,从而造成系统运营成本增加的现象。车场资源异常通常由其他异常事件引起,如交通事故、客流异常、车辆故障等。

路况异常:指公交道路运行的路面有施工或大型活动导致公交车辆不能按原规划线路行驶的情况。路况异常需要调整车辆的行驶路线,行车计划的调整应根据路面的实际情况改变,当有其他路线可供选择时,应尽量选择行程时间短的线路。当无可供选择的线路时,应根据实际情况,调整发车类型,比如区间车,可在发生异常的路段两端同时开行区间车,以尽可能地保证线路上客流的出行需求。

车场资源异常及路况异常较为简单,车场资源异常可通过检测的进场车辆数量与站台容量相比进行判别。路况异常可通过 GPS 检测的公交车辆行驶路线与预定计划的偏差性分析得到。本书重点阐述客流异常、线路运营异常、车况异常的判别方法。

5.2 客流异常事件判断

5.2.1 客流异常

客流异常主要是指当运营线路的某一站点或多个站点客流量相对于历史平均客流量突然增加,或客流在线路上的空间分布差异过大,当超过一定阈值时,即认为该线路客流异常。

客流异常很容易打破公交运营系统的平衡状态,造成系统运营成本增加。因此,针对客流异常情况,应能根据实时变化的客流数据给出客流异常的判断条件,并根据异常情况给出合适的发车方案。

根据目前的实时信息采集及监控手段,站点客流(上车客流)较线段客流容易获取,故本书以站点客流为主要的判断参数,通过其与历史数据的差异,及全线站点客流空间分布的不均衡进行客流异常判断。

5.2.2 客流异常判断算法

本节在 4.2.3 节中介绍的若干调度判断指标基础上,对客流异常事件采用四个系数进行综合判断:站点客流时间维不均衡系数、站点客流空间维不均衡系数、线路客流不均衡系数与客流积聚系数。

1)站点客流时间维不均衡系数 $\lambda_i(t)$

客流时间维不均衡系数反映了该站点实时客流数据较历史平均客流数据的变化。当客流时间维不均衡系数超过给定的阈值时,即认为该站点发生客流异常。

站点客流时间维不均衡系数为

$$\lambda_i(t) = \frac{P_i(t)}{\overline{P_i}} \tag{5-1}$$

式中,$\overline{P_i}$为站点 i 在一天中某时段的历史平均客流量,$P_i(t)$为站点 i 的实时客流数据,当 $\lambda_i(P) \geqslant \omega_1 > 1$,则认为此站点发生客流时间分布异常,$\omega_1$ 为站点客流异常判断阈值。

2)站点客流空间维不均衡系数 $\lambda_i(p)$

即4.2.3节中的站点不均匀系数,描述某站点客流量与其所在线路平均站点客流量的比较。

站点客流空间维不均衡系数 $\lambda_i(p)$为

$$\lambda_i(p) = \frac{P_i}{\overline{P_L}} \tag{5-2}$$

其中站点 i 的客流量

$$P_i = \int_0^t r(t)_i \mathrm{d}t \tag{5-3}$$

这里 $r(t)_i$ 为站点 i 在时段$(0,t)$内的客流到达率。

线路中 n 个站点的总客流量及线路平均站点客流量为

$$P_L = \sum_{i=1}^{n} P_i \tag{5-4}$$

$$\overline{P}_L = \frac{P_L}{n}$$

当 $\lambda_i(p) > \omega_2 > 1$ 时,认为此站点发生客流空间分布异常,ω_2 为站点客流空间维异常判断阈值。

3)线路客流不均衡系数 $\lambda_L(P)$

线路客流时空不均衡系数反映了线路总的客流量在各个站点的分布情况。当该系数很小时,说明各站点客流分布比较均匀,线路班次适合发正班车,逐站停车。而当该系数比较大时,说明线路各站点之间的客流量相差较大,此时适合发快车或区间车来分担线路上的客流量。

线路客流不均衡系数 $\lambda_L(P)$为

$$\lambda_L(P) = \frac{\sum_{i=1}^{n} |P_i - \overline{P}|}{\sum_{i=1}^{n} P_i} \tag{5-5}$$

线路平均站点客流量为

$$\overline{P} = \frac{P_L}{n} = \frac{1}{n}\sum_{i=1}^{n} P_i \tag{5-6}$$

当 n 个站点客流量均为平均站点客流量 $\overline{P}$ 时，$\lambda_L(P)$ 取得极小值 0，此时线路总的客流量在各站点的分布按平均站点客流量分布。当 $n-1$ 个站点客流量为 0 时，$\lambda_L(p) = \frac{(n-1)\left|0-\overline{P}\right| + \left|n\overline{P}-\overline{P}\right|}{n\overline{P}} = \frac{2(n-1)}{n} = 2-\frac{1}{n}$，$n$ 趋于无穷多个时，取得极大值 2，此时线路总的客流量集中于一个站点，为最不均衡的情况。

因此，$\lambda_L(P)$ 的取值范围为 $[0,2)$。

当 $\lambda_L(P)$ 超过给定的线路客流不均衡判定阈值 ω_3 时，认为该线路客流不均衡。

线路客流不均衡系数反映了线路总的客流量在各个站点的分布情况。当该系数很小时，说明各站点客流分布比较均匀，线路班次适合发正班车，逐站停车。而当该系数比较大时，说明线路各站点之间的客流量相差较大，此时适合发快车或区间车来分担线路上的客流量。

4）客流积聚系数 $\lambda(k)$

客流积聚系数在客流不均衡系数的基础上进一步确定客流的分布情况，客流积聚系数反映了发生客流异常的站点在空间上的分布情况。根据客流积聚系数来判断发车类型为区间车或快车。

假设线路上 n 个站点中有 m 个发生客流异常 $n \geqslant m \geqslant 1$，用符号 $i_{s_j}(j=1,\cdots,m)$ 来标记这些异常站点，则距离最近的两个异常站点之间相隔的站数差为 $\left|i_{s_j}-i_{s_{j+1}}\right|$。

则所有相邻异常站点的相隔站数差之和为：

$$\Delta s = \sum_{j=1}^{m-1}\left|i_{s_j} - i_{s_{j+1}}\right| \tag{5-7}$$

显然其最小值为 $m-1$，最大值为 $n-1$。

客流积聚不均衡系数 $\lambda(k)$：

$$\lambda(k) = \frac{\Delta s + 1}{m} \tag{5-8}$$

式中 $\lambda(k)$ 取值范围 $\left[1,\frac{n}{m}\right]$，当 $1 \leqslant \lambda(k) \leqslant \omega_4$ 时，线路适合发区间车；当 $\omega_4 < \lambda(k) \leqslant \frac{n}{m}$ 趋向于 $\frac{n}{m}$ 时，线路适合发跨站快车。一般地，客流积聚判断阈值设定为 $\omega_4 = \frac{n-m}{2m}$。

5.2.3 客流异常实例分析

客流异常是公交动态调度中经常出现的事件，在公交系统的运营中，客流异常事件容易造成系统运力与运量的不协调。客流异常如果不能及时解决，会导致公交系统运营失衡,造成系统运营成本增加,服务水平下降。

经过对公交运营系统及客流异常事件的分析,建立了基于三个判断系数的公交动态调度算法。算法利用站点客流时间维不均衡系数对站点客流进行异常判断,利用线路客流不均衡系数对异常客流的分布进行分析,最后利用客流积聚系数给出合适的发车方案。客流异常的判断规则及流程如图 5-1 所示。一般通过历史客流数据以及实时客流数据对客流异常进行判断,利用三个阈值 ω_1、ω_2、ω_3 来区别客流异常以及不同异常情况下的发车类型。

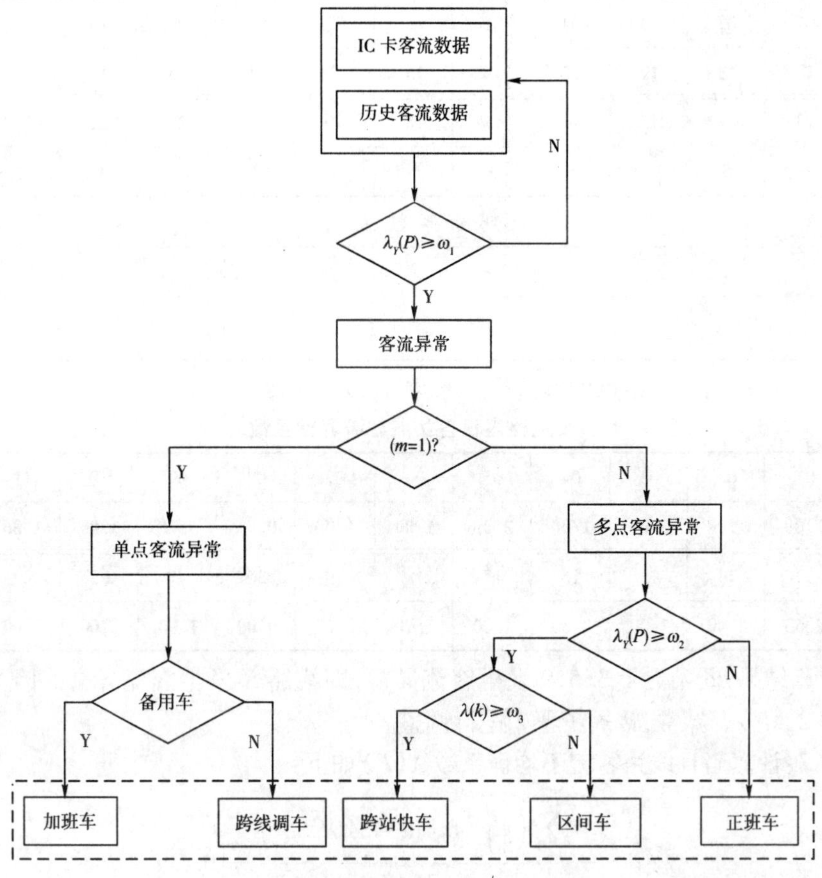

图 5-1 客流异常判断规则及流程

通常客流异常需要发区间车与跨站快车来解决,区间车与跨站快车的选择通过计算客流积聚系数来选择。

设:某线路 X 站点数为 23,其历史平均客流量见表 5-1,线路当日各站点客流量见表 5-2。经过数据调查与分析知,站点客流时间维不均衡系数、线路客流不均衡系数及客流积聚系数阈值见表 5-3。

X 线路各站点历史平均客流量 表 5-1

站点	01	02	03	04	05	06	07	08	09	10	11	12
客流	**5**	**12**	**4**	**12**	**6**	**10**	**7**	**15**	**4**	**17**	**7**	**16**
站点	13	14	15	16	17	18	19	20	21	22	23	
客流	**8**	**15**	**4**	**13**	**3**	**7**	**11**	**0**	**1**	**0**	**2**	

X 线路当日各站点客流量 表 5-2

站点	01	02	03	04	05	06	07	08	09	10	11	12
客流	**10**	**13**	**12**	**12**	**14**	**10**	**7**	**11**	**15**	**17**	**13**	**16**
站点	13	14	15	16	17	18	19	20	21	22	23	
客流	**5**	**6**	**4**	**5**	**3**	**7**	**1**	**0**	**1**	**0**	**2**	

判 断 系 数 阈 值 表 5-3

名称	ω_1	ω_2	ω_3
阈值	2	0.5	$\frac{n-m}{2m}$

步骤 1:计算当日各站点的客流异常系数 $\lambda_Y(P)$ 见表 5-4。

X 线路当日各站点客流异常系数 表 5-4

站点	01	02	03	04	05	06	07	08	09	10	11	12
系数	**2.00**	**1.08**	**3.00**	**1.00**	**2.33**	**1.00**	**1.00**	**0.73**	**3.75**	**1.00**	**1.86**	**1.00**
站点	13	14	15	16	17	18	19	20	21	22	23	
系数	**0.63**	**0.40**	**1.00**	**0.38**	**1.00**	**1.00**	**0.09**	**0.00**	**1.00**	**0.00**	**1.00**	

由计算结果知,站点 1、3、5、9 发生客流异常,即线路 X 发生客流异常。因为异常站点数大于 2 为多点异常,转入步骤 2 进行调整。

步骤 2:计算当日线路客流不均衡系数 $\lambda(P)$ 如下:

$$\lambda(P) = \frac{\sum_{i=1}^{n}\left(\left|\int_0^t r(i)\,\mathrm{d}t - \overline{ZDKLL}\right|\right)}{n\,\overline{ZDKLL}} = 0.598 \tag{5-9}$$

因为 $\lambda(P) > 0.5$,所以该线路客流分布不均衡,转入步骤 3。

步骤 3:计算客流积聚系数 $\lambda(k)$,选择方案。

如图 5-2 所示,线路 X 在历史平均客流数据的条件下,站点 2、4、6、8、10、12、14、16、19 发快车。计算在当日客流条件下线路 X 的客流积聚系数 $\lambda(k) = 1.09$,因为此时的客流积聚系数的取值范围为[1,2.09],因此在当日客流条件下,线路 X 适合发区间车,如图 5-3 所示。

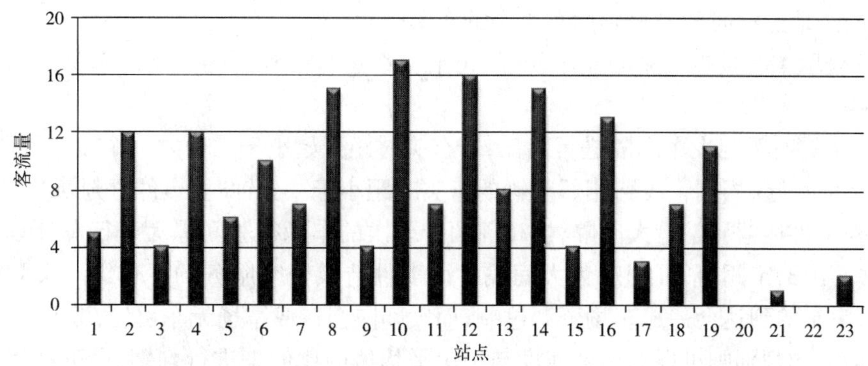

图 5-2　各站点历史平均客流

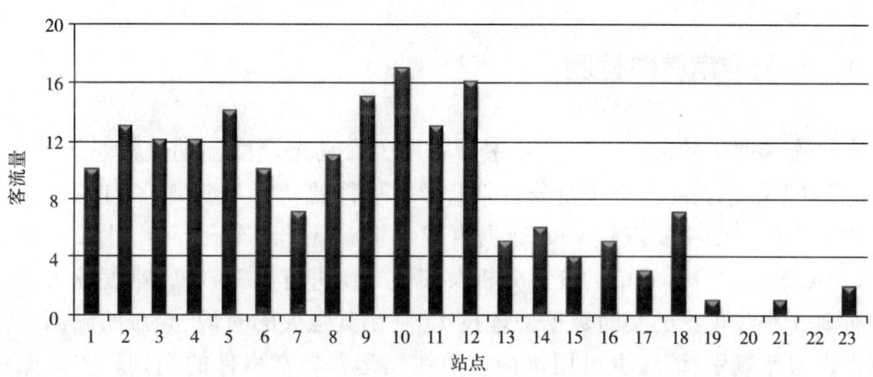

图 5-3　各站点当日客流

5.3　线路运营异常事件判断

线路运营异常，指线路车辆在运行过程中，由于受到道路环境及天气等的影响，造成串车、堵车、大间隔等运营异常。运营异常容易造成延误损失，且导致运力不协调，客流疏散不均衡等。

串车属于线路运营异常的一种典型情况，指同一线路的运营车辆在行驶过程中，由于受到路面交通环境及客流量的影响，相邻班次车辆的行驶间隔变小，两个或两个以上相邻班次的车辆前后跟驰行驶的情况。

串车会导致线路班次间运力不均衡、客流积聚、运营成本增加等，应及时检测并调整。串车的检测通常根据 GPS 信号数据计算相邻班次的车头时距完成，当相邻班次的车头时距小于给定阈值时，即认为形成串车。

串车判断步骤如下：

(1)获取在途运行的本线路车辆的 GPS 信息，包括速度、位置、时间信息。通过两辆车到达同一地点的时间差得到两车之间的车头时距。

(2)获取本时段本线路的发车间隔,包括在途运行未到达终点站的车辆的始发站时刻表间隔。

(3)车头时距与发车间隔进行对比,若车头时距开始小于三分之一个发车间隔,说明存在串车的危险,当同一线路相邻车辆的车头时距小于一分钟时,事件可判断为串车。

另外一种运营异常是大间隔,当相邻两个班次的车辆行驶间隔大于行车计划的发车间隔,并超出给定阈值,可判断为大间隔。该事件造成公交服务的不连续。大间隔与串车相反,串车的到达会造成车场资源过剩,而大间隔会造成车场无车可发,资源不足。

而堵车的判别则可根据运营速度与历史平均值的比值来进行判别,也可利用下节介绍的小波算法进行判别。

5.4 车况异常事件检测

公交动态调度中异常事件的检测主要利用公交动态调度辅助决策系统的事件检测模块,通过对系统采集的数据进行分析判断异常事件的发生及类型。当前我国监控系统中对异常事件的判断主要依赖 GPS 数据直观分析。但对于车况异常,比如车辆故障、车辆事故,由 GIS 数据进行简单的统计分析及阈值对比进行异常判断,难度较大,因此本章提出一种基于小波理论的实时数据处理技术,利用其强大的时域、频域的局部特征分析,来进行车况异常判别,该法也可用于堵车等线路运营异常事件的判别。实际操作中,也可通过车载事件键盘来进行车况异常事件类型的上传。

5.4.1 小波的发展

小波分析是近 20 多年来发展起来的新兴学科,是当前数学领域中一个迅猛发展的新方向,它既具有丰富的数学理论意义,又具有广泛的工程应用价值。从数值分析的角度看,它是 Fourier 分析的一个突破性进展,给许多相关学科的研究领域带来了新的思想,为工程应用领域提供了一种新的更有效的分析工具[90]。

自从 1807 年法国数学家 Fourier 根据热传导理论提出 Fourier 分析以后,无论对数学史还是对工程科学史的发展都起到了很大的影响和推动作用。Fourier 分析的关键在于通过 Fourier 变换引进了频率的概念,把一个函数展开为各种频率的谐波的线性组合(Fourier 级数),级数中的 Fourier 系数可以描绘出函数的性态和特征,并由此引出了一系列频谱分析的理论,使很多在时域中看不清的问题却能在频域中一目了然[91]。近两个世纪以来,整个工程分析几乎都属于 Fourier 分析这个范畴。但 Fourier 分析只是一种纯频域的分析方法,如图 5-4 所示。它不能提供局部时间域上的函数特征,因此长期以来,数学家和工程师们一直在努力寻找比谐波基更好的基函数,使函数(或信号)不但能得到一种新的正交展开,而且又能同时显示出时、频域的局部特征。为此,数学家和工程师们经过长期不懈的努力,终于找到了小波基,并逐渐发展为现在的小波理论[92]。

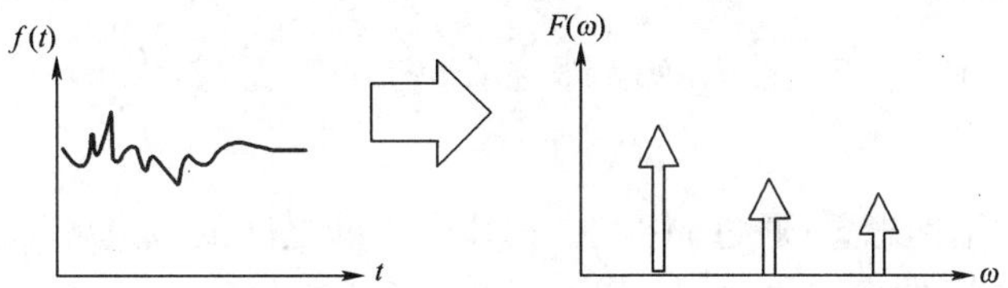

图 5-4 傅立叶变换

在小波分析中,利用平移和展缩巧妙地构造了小波基,同时具有时间平移和多尺度分辨率的概念,可用来同时处理时频分析。它既具有时频局部化和多分辨功能,又具有简单、灵活、随意的特点[93]。小波可对高频采取逐渐精细的时域步长,从而可以聚焦到分析对象的任意细节,如图 5-5 所示,故小波有“数学显微镜”之美称[94]。它比 Fourier 分析更适宜于处理非平稳问题。

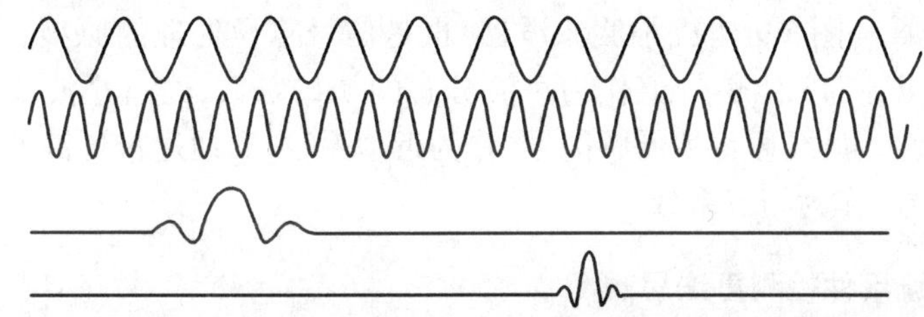

图 5-5 小波窗口大小随频率高低变化

5.4.2 小波 Mallat 算法

1988 年,Mallat 与 Meyer 提出了多分辨分析(Multi-resolution Analysis, MAR)的框架,统一了在此之前各种构造小波的方法[95]。空间 $L^2(R)$ 的多分辨分析是指构造 $L^2(R)$ 空间内的一个子空间序列 $\{V_j\}_{j\in Z}$,对于任意函数 $f(t)\in V_0$,可以将其分解为细节部分 W_1 和大尺度部分 V_1,然后将大尺度部分 V_1 进一步分解。如此重复就可以得到任意尺度(或分辨率)上的逼近部分和细节部分,如图 5-6 所示。

即
$$L^2(R)\approx W_1\oplus W_2\oplus\cdots\oplus W_J\oplus V_J$$

对任意 $f\in L^2(R)$,设 f 在 V_J 上的投影系数为 $c_{j,k}$,在 W_J 上的投影为 $d_{j,k}.j\in Z$,则对应于 $L^2(R)$ 式的分解,系数也有相应的塔式分解,如图 5-7 所示。

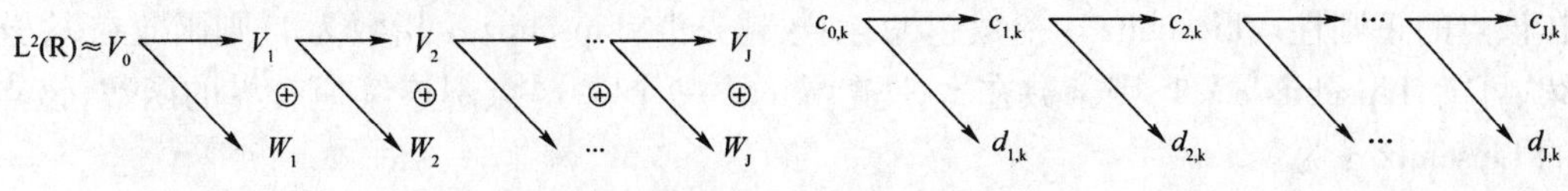

图 5-6 函数的塔式分解

图 5-7 系数的塔式分解

设$\{V_j\}$中相应的基函数为$\varphi(t)$，称之为尺度函数(scaling function)，而设$\{W_j\}$中相应的基函数为$\psi(t)$，称为母小波函数(wavelet function)，则f可表示为以下分解式：

$$f(t)=\sum_k c_{0,k}\varphi_{0,k}=\sum_k d_{1,k}\psi_{1,k}+\sum_k c_{1,k}\varphi_{1,k}=\sum_{j=1}^{J}\sum_k d_{j,k}\psi_{j,k}+\sum_k c_{J,k}\varphi_{J,k} \tag{5-10}$$

Mallat 算法的基本思想：通过 MRA 中相邻子空间之间的二进伸缩关系，找出相邻子空间中投影系数之间的递推关系[96]，如图 5-8、图 5-9 所示。

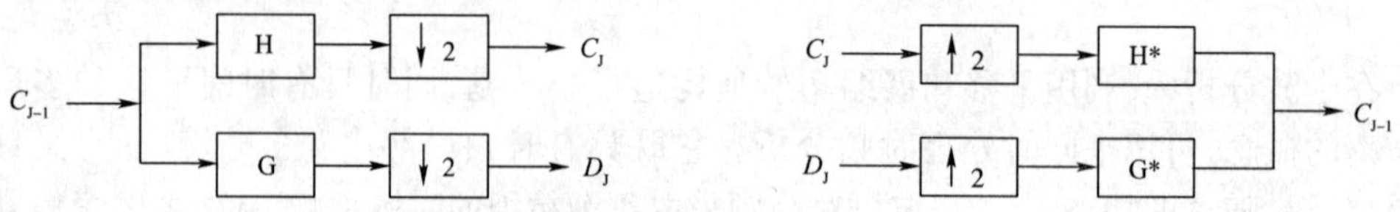

图 5-8　Mallat 系数分解　　　　图 5-9　Mallat 系数重构

其中，↓2为下采样算子，即从C_{J-1}到的样点数减少一半，H 和 G 分别为低通和带通滤波器。由图 5-8 和图 5-9 构成小波滤波器，也是信号降噪处理的原型。根据 Mallat 算法思想，我们将得到的一组信号值作为小波分解的初始系数，经过小波分解后得到通过低通滤波器的近似信号（通常为低频信号）作为近似系数，和通过带通滤波器的细节信号（通常为高频信号）作为细节系数。

5.4.3　小波事件检测算法思想

利用小波变换检测信号突变点的一般方法是对信号进行多尺度分析，在信号出现突变时，其小波变换后的系数具有模极大值，因而可以通过对模极大值点的检测来确定信号的异常情况[97]。

1）信号的奇异性表示

描述函数的局部奇异性通常用李普西兹指数(Lipschitz)，信号的奇异度的一般描述如下：

设n是一非整数，$n<\alpha\leqslant n+1$，如果存在两个常数A和$h_0(h_0>0)$及n次多项式$P_n(h)$，使得对任意的$h<h_0$均有

$$|f(x_0+h)-P_n(h)|\leqslant A|h|^{\alpha} \tag{5-11}$$

则$f(x)$在点x_0处的 Lipschitz 为α。如果上式对所有的$x\in(a,b)$均成立，且$x_0+h\in(a,b)$，称$f(x)$在(a,b)上是一致 Lipschitz α。$f(x)$在x_0点的 Lipschitz 指数α刻画了函数在该点的正则性。Lipschitz α指数越大，函数越光滑；Lipschitz α指数为 1，则函数在x_0连续、可微；Lipschitz $\alpha<1$，则函数在x_0是奇异的。一个在x_0点不连续但有界的函数，该点的 Lipschitz α为 0。

2）信号的突变检测原理

设$\theta(x)$为一起平滑作用的低通平滑函数，且满足如下条件

$$\int_{-\infty}^{+\infty} \theta(x)\,\mathrm{d}x = 1 \tag{5-12}$$

$$\lim_{|x|\to\infty} \theta(x) \to 0 \tag{5-13}$$

通常取 $\theta(x)$ 为一高斯函数,令

$$\theta(x) = \exp(-x^2/2\sigma)/\sqrt{2\pi\sigma} \tag{5-14}$$

$$\theta_s(x) = \frac{1}{s}\theta\left(\frac{x}{s}\right) \tag{5-15}$$

式中 s 为小波分解尺度变量,设小波函数 $\psi(x)$ 是光滑函数 $\theta(x)$ 的一阶导数 $\mathrm{d}\theta(x)/\mathrm{d}x$,则 $f(x)$ 在 s 尺度下的小波变换为 $Wf(s,x) = f * \psi_s(x)$,因此

$$Wf(s,x) = f * \psi_s(x) = f * \left(s\frac{\mathrm{d}\theta_s}{\mathrm{d}x}\right)(x) = s\frac{\mathrm{d}}{\mathrm{d}x}(f * \theta_s)(x) \tag{5-16}$$

上式表明,$f(x)$ 的小波变换系数正比于 $f(x)$ 按尺度 s 经 $\theta_s(x)$ 平滑后的一阶导数,由数学分析知,一阶导数绝对值最大值对应的是卷积函数 $f(x) * \theta_s(x)$ 的陡变极点,因此通过选用合适的尺度 s 对 $f(x)$ 进行关于 $\theta_s(x)$ 的小波变换。$|W_s^a f(x)|$ 模极大值所出现的位置,就是原始信号 $f(x)$ 的奇异点。

5.4.4　公交运行信号的小波分解

采用对公交车辆行驶状态最为敏感的速度值作为小波分解的输入信号 $f(x)$,如图 5-10 所示。

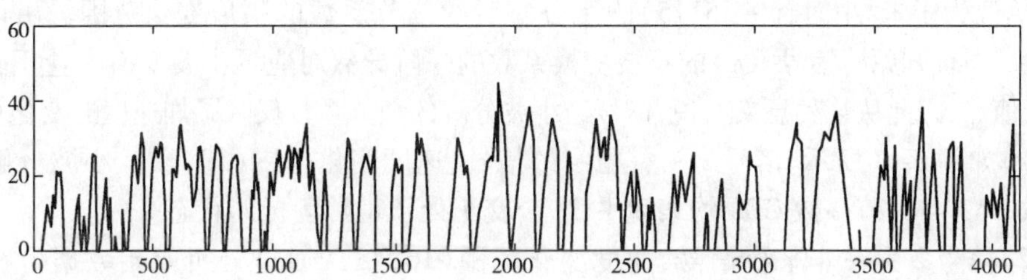

图 5-10　原始信号

根据上述原理,综合对比多尺度下的小波函数,采用正则性最优的 Daubechies(db3)小波对信号进行 3 层离散小波变换,如图 5-11 所示;并截取原始信号的部分区域分别对

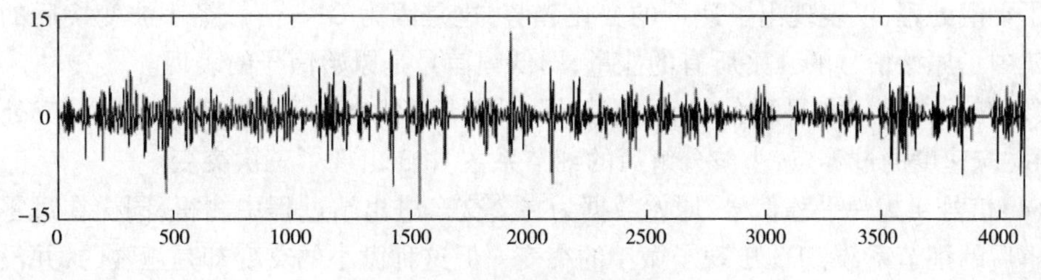

图 5-11　小波分解的细节系数

各种事件的小波分解形态进行说明。因为采样数足够多,所以可以将采样值看作小波分解的系数。

本节选择了北京53路公交车进行全程记录,如图5-12所示,从始发站北京西站至末站四方桥西,全程共27站。数据的采集依靠PDA手机跟车采集GPS信息。GPS采样率为1s,采样数据包括公交车行驶速度、经纬度、采样时间。跟车记录内容包括了以上提到的公交车行驶过程中出现的事件。根据实际需要共采集四组数据,其中一组数据用来标定事件的阈值,三组数据进行算法的评价。算法通过Matlab实现。

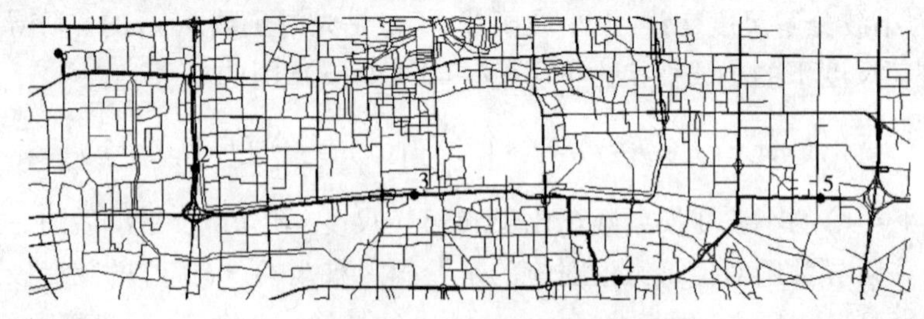

图5-12　53路公交车线路图

原始信号分解的细节部分出现很多“毛刺”,这从侧面显示了车辆在行驶过程中的不稳定状态。为了能够更好的展示车速波动与小波系数之间的关系,选取原始信号的不同部分进行分析,并且所截取的信号经小波分解后细节系数用CD3表示,近似系数用CA3表示。图中横坐标表示截取的时间区间大小,单位为秒。纵坐标(0,60)表示速度的大小范围,单位为千米/小时,(-15,15)表示分解后的细节系数的阈值变化范围。由信号的突变检测原理知原始信号$f(x)$的小波变换系数的一阶导数对应了小波变换的卷积函数的陡变极值点,因此从某种意义上说,信号经小波分解的细节系数反映了加速度的变化规律。

(1)如图5-13所示,信号1为一稳定的信号,速度变化范围(19,32),小波分解后近似系数CA3与细节系数CD3均表现平稳,公交车处于正常运行的状态。

(2)信号2为一非平稳信号,速度变化范围(16,45),通过分析原始数据得在横轴(52,61)秒的区间上,速度发生了剧烈变化,短短9s时间速度由37km/h降为23km/h后又升为45km/h,虽然公交车的运行没有中断,速度没有过零点。但小波分解后的细节系数CD3在该点却表现出了剧烈的波动,表明该点发生了突变。而近似系数CA3却将该点作了平滑处理,仅表现出了速度的变化趋势,这是因为GPS信号经小波变换后的低频部分集中了原始信号的几乎所有的能量,即低频信号是原始信号的表现。

(3)信号3为一非平稳信号,原始数据为在堵车状态下测得,速度出现了三处过零点,而对应速度的过零点,小波分解后的细节系数CD3出现了三次突变。

(4)信号4为一平稳信号,原始数据为在公交车进出站过程中测得,同样在过零点小波分解后的细节系数CD3出现了微小的突变。但这种微小的突变却是正常的,并没有超出给定的阈值范围。

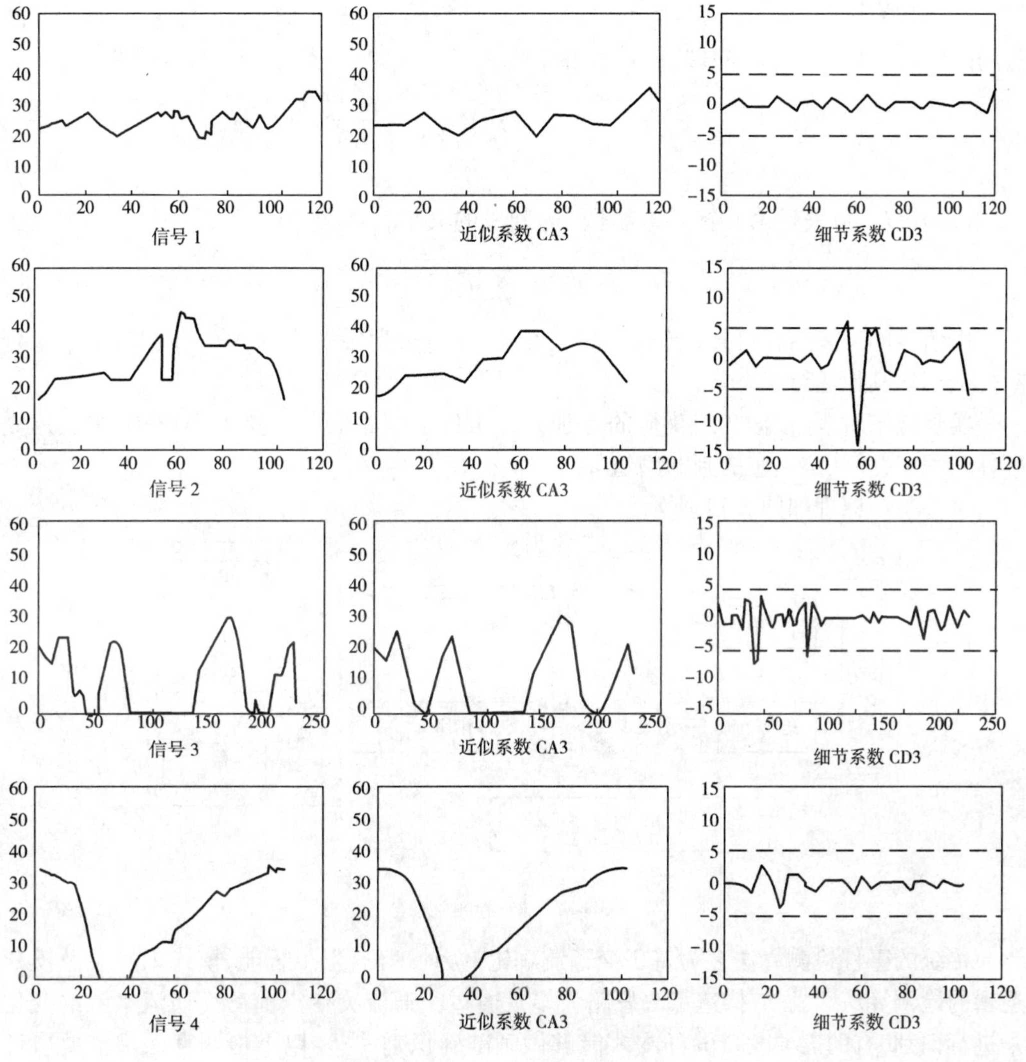

图 5-13 小波分解

5.4.5 公交车况及运行事件的类型判别

虽然信号经小波分解后能够很容易地判断出是否含有突变点以及突变点的位置和个数,但仅凭上述数据并不能判断公交运行的状态。为了得到更加准确的公交运行信息,作如下假设:

(1)对某一时间域(t_i,t_j)的突变点用$P(\lambda_1,\lambda_2,\lambda_3)$表示。其中$\lambda_1$、$\lambda_2$、$\lambda_3$为$P$的三个参数,分别表示突变的大小,个数以及突变发生的位置。当有多个突变点时λ_1取最大值,λ_2取自然数表示突变的个数,λ_3取以下值:站点、路段。

(2)速度用 V 表示,因为 GPS 采样率为 1s(即每隔 1s 采一次样),因此 V_i 表示 t_i 时间点的瞬时值。$\overline{V}$ 表示在时间域(t_i,t_j)上的均值。

$$\overline{V} = \frac{\sum_{k=1}^{j} V_k}{j - i} \tag{5-17}$$

(3)用 $T_i(0)$ 表示第 i 个速度为零的时间段的大小。

$$T(0) = \sum_{i=1}^{n} T_i(0) \tag{5-18}$$

由信号的分解结果可知,当有突变点发生时,可根据突变点的大小、位置、个数来判断公交车的其他运行状态。

实际应用时,可根据实测获得的各种异常事件下采集的突变点大小位置、个数建立事件匹配库,并确定相应的判断阈值。

事件检测原理如图 5-14 所示。

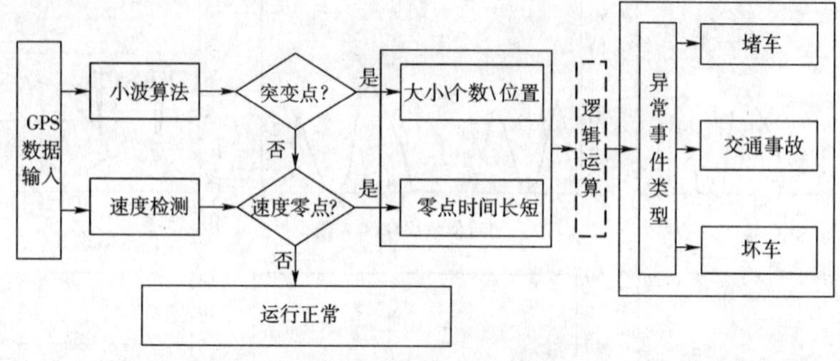

图 5-14　事件检测原理

传统的事件检测算法多为基于交通流理论、统计理论、人工智能、模式识别以及模糊逻辑的检测算法[98-100]。构造算法思路大多是通过交通流突变点前后交通流参数的变化来进行识别,有的需要大量的样本才能够做到准确识别[101]。以上检测算法都需要事件发生时,交通流参数有较大的波动,算法对交通流参数的变化敏感度不够。而公交车的运行特点为运行状态多变而波动范围不大,因此用以上算法并不能满足对公交车运行状态的判别。

利用小波分析对公交车的运行状态进行检测有两大优点:一是小波的时频分析能力,这种能力能够很方便地对信号进行频域与时间域的分析,保证了检测的实时性。二是小波的多分辨分析能力,小波的多分辨分析被誉为数学中的"显微镜",对信号的微小变化具有很高的敏感度。以上两点是能够利用小波对公交车运行状态进行判别的基础。以实测数据为例,对出现的各种公交运行状态进行检测,其中事故和坏车用模拟数据检测,检测结果见表 5-5。

算法评价 表5-5

事件类型	事件数(次)	检测数(次)	检测结果		
			检测率(%)	误报率(%)	平均检测时间(s)
堵车	23	19	83	1.7	120
交通事故	10	9	90	10	160
坏车	10	9	90	10	240

5.5 公交信息预测技术

5.5.1 地面公交信息预测概述

在城市交通系统中,地面公交的运行受到道路环境、其他交通方式、客流变化等多种因素的影响。这些影响因素的存在,使得地面公交运行的稳定性,特别是局部稳定性并不能得到保证。通过对大量运营数据统计观察可以发现,地面公交的运行是存在一定特征规律的,这种规律表现在单日内各时段运行特征的相似,如高峰与平峰,也表现在以日、周、月、季度、年等为周期的阶段运行特征的相似,甚至在不同气候条件下,在不同的交通政策环境下,地面公交运行特征规律都存在一定的相似性。

类似于分子运动,看似杂乱无章却有内在规律可循。在城市交通这个大系统中,地面公交好比一个分子,其运行的不稳定性,取决于城市交通系统中的具体环境,而运行的规律性,则取决于交通参与者对城市交通系统内各种变化的自适应性。一旦掌握了地面公交运行的种种规律并采取相应的措施,其运行的不稳定性会有所降低,从而对优化地面公交运营管理、提升服务水平产生推动作用。正是基于维持运行稳定、优化管理的需求,衍生出了地面公交信息预测的相关技术研究,其理论支持包括相关数学理论,如模糊数学、统计学等,也包括交通流理论,如跟驰理论、排队论、流体力学模拟理论等。预测内容包括地面公交车辆旅行时间、客流变化的短时预测,以及客流的近、中、远期预测等。

地面公交的信息预测,是指通过GPS、乘客计数等技术采集公交车辆运营及客流信息数据,利用历史数据以及相应的预测算法对公交车辆到、离站时间,乘客到达率,升降客流等进行预测。简而言之,一是预测公交车辆的运行状况,二是预测客流的变化。从地面公交运营管理角度来看,公交调度员需要掌握公交车辆到达首末场站的时间以及客流的短时变化情况,从而确定相应的发车计划,使运力的投入能够满足需要;地面公交的管理层则希望获知宏观层面的客流变化情况,从整体上把握运力配置,编制发展规划。而作为公交乘客,如果获知公交车辆到达站点的时间或位置,能够在一定程度上缓解等车时的负面情绪,或根据获得的信息选择变更出行方式。由此可见,地面公交信息预测的意义体现在指导公交运营管理、服务公众出行两大方面。具体而言,公交信息预测的作用主要体现在以下几方面：

(1)为乘客提供公交车辆到达时间等实时信息，缓解乘客紧张、焦躁情绪；

(2)改善公交车辆动态调度效果，提高公交车辆运营调度管理水平和行车安全；

(3)提高公交服务质量，改善公交公司形象；

(4)为实现公交优先提供基础数据，提高交通资源利用率。

地面公交信息预测的作用能否充分发挥，取决于预测结果与实际情况的吻合程度。为了保证预测的精度，首先需要有及时可靠的信息来源，该环节是开展信息预测的基础，不少西方发达国家已建立了较为完善的公交智能调度系统，实现了对车辆运行、客流等信息的实时采集传输。在我国，公交智能调度系统还处于发展阶段，信息的采集功能尚未完善，但随着我国地面公交信息化建设的不断深入，运营数据的自动化采集逐步成为现实，将为地面公交的信息预测提供数据支撑；其次是采用合适的方法。由于地面公交受偶然性因素影响较大，不少预测算法在理论研究与实践应用上还存在着一定的差距，如何提高异常波动下的信息预测精度，一直是该技术领域研究的难点。另外，根据不同地域的交通特性的差异，还应考虑预测算法的适应性。

根据地面公交信息预测的内容、预测周期的不同，对地面公交信息预测进行分类：

按照信息预测对象不同，可将地面公交信息预测分为车辆运行信息预测与客流信息预测，车辆运行信息预测包括车辆旅行时间预测、到站时间预测、站点停靠时间预测，客流信息预测分为线路客流量预测、站点客流登降量预测、客流 OD 预测、公交客流需求预测；公交客流需求预测又包括地面公交出行生成预测、出行分布预测、出行方式分担预测。

按照信息预测周期不同，可将地面公交信息预测分为短时预测，以及近期、中期、远期预测。短时预测是指在单个运营日的某一时间段内对车辆信息与客流信息进行预测，是实时的预测。近、中、远期预测主要是对客流信息预测而言，预测周期在 2 年内可认为是近期预测，3 ~ 5 年为中期预测，5 ~ 10 年为远期预测。

5.5.2 地面公交信息预测方法研究

5.5.2.1 地面公交车辆运行信息预测现状

先进的车辆定位信息采集装置和技术的研发，为公交车辆到达时间的研究和应用奠定了坚实的基础。近年来，许多国家都意识到精确的公交车辆到达时间预测在 ITS 技术应用中占有举足轻重的地位，于是，纷纷利用先进的交通信息采集手段和设备，结合自身地理条件和多种交通影响因素，进行公交车辆到达时间预测的研究，旨在通过到达时间的实时发布，减少乘客的等待时间，提高公共交通的吸引力，树立良好城市的形象，促进城市公共交通及 ITS 的应用和发展。

在日本，公交车到达时间预测作为一项交通需求管理措施得到政府的大力支持。其控制中心利用 GPS 掌握公交车的位置,通过互联网向用户的电脑或手机发送公交车的预测到达时间。实验结果表明乘客候车时间减少 6min(约占平均候车时间的 63%),60%的冈山居民认为由于该预测系统使他们更加愿意乘坐公交车,从而有效限制了私家车的使用数量。

目前,在美国广泛使用的到达时间预测算法有:

(1)为弗吉尼亚乡村 Blacksburg 设计的基于 GPS 的公交车到达时间预测的算法。

(2)由洛杉矶运输部门为公交车迅速运输服务提出的 Metro Rapid 预测算法。

(3)由华盛顿大学为西雅图提出的公交车到达时间预测算法。

(4)在休斯敦,为演示实时到达时间而提出的算法。

在我国台湾,公交车到达时间预测技术已开展了一定的研究。张堂贤针对不同旅行者的需求设计不同模式的预测算法,不仅提供短距行程时间预测,还提供距离较长的重要站或转乘站的行程时间估计;李颖将预测到达时间分为前向式和回馈式。前者利用行为模式仿真出驾驶员行为的假设性数据;后者利用实时或事后侦测的交通数据进一步求得到达时间的预测值;吴佳峰指出影响预测准确度的因素有:乘客上下车时间、车辆转弯时间及道路交通流变化等;李俊贤提出"随机性动态旅行时间模型",获得车辆出发时段与到达时间预测准确性的关系;Huang 基于信号柱、电子标签和微波侦测技术,构建回归模型进行公交车到达时间预测,实验表明其预测时间误差小于 30s 的占 55.52%,小于60s 的占 80.48%。

近年来,内地的公交车到达时间预测研究也迅速发展。吉林大学韩印应用广义回归神经网络预测站点间运行时间[102],吉林大学孙喜梅提出利用随机服务系统的理论和方法解决公交站点间行程时间的预测问题。陈鹏在其论文中探讨了将在公交运营调度的历史数据和 GPS 数据的基础上,将 BP 神经网络技术应用于智能公交实时调度研究,建立了基于 BP 神经网络的公交车辆运行时间预测模型,并在此基础上设计了公交智能实时调度算法[103]。同济大学研制的"交通信息网格系统"依托交通信息网格平台,将海量的流动车辆(出租汽车和公交车)采集到的 GPS 数据,用高性能计算机进行适时处理,并通过智能导航系统为车载终端用户、PDA 用户以及手机用户等提供公交到站时间预测、实时路况、路况预测及最佳动态出行方案等。目前,该系统已在上海市 71、72 路公交车的部分路段上使用。预计 2010 年将全面投入使用,覆盖整个上海交通网。此外,一些国内的公司充分利用 GPRS/CDMA 无线通信技术、嵌入式控制技术及 LED 安全显示技术等,设计出能进行到站信息预报的公交电子站牌系统。在北京、沈阳及广州等城市已经率先安装该系统,其预测平均误差约为 1.2min,有效预报率达 94%。但从总体上来看,国内关于公交车到达时间预测技术的研究仍然较少,多数已有研究和应用的重点仍局限于预测公交车辆到达下游站点的距离。由于车辆在行驶过程中受到各种随机因素的影响,因而对乘客而言,获得距离信息往往没有时间信息直观和可靠。

5.5.2.2 地面公交客流信息预测现状

在地面公交客流信息短时预测方面,国外 Nancy L. Nihan(1980)研究了使用时间序列方法在短期的客流预测中的应用[104]。通过建立 1968 ~ 1977 年每月的高速公路断面数据库,得出了时间序列模型,并用此模型预测 1977 年的流量。将模型产生的预测结果与实际流量结果对比,发现时间序列方法可以用于高精度低成本的短期客流预测中。Chao Han、Brian L. Smith 等人在多篇论文中研究了基于非参数回归、神经网络等模型的交通流量预测方法[105, 106]。

我国杨兆升等人在多篇论文中探讨了利用逐步回归分析方法预测公交站点客流量集散,并利用广义回归神经网络方法预测站点间运行时间,并在长春市实际应用中得到了验证[107, 108]。杨新苗、李明等人分别在其论文中探讨了公交及轨道交通车站客流预测模型[109 - 111]。杨新苗等(2000)提出了公交线路客流变化具有复杂性、随机性、周期性的特点,通过分析当前时刻与前一时刻历史数据相比较的变化趋势以及当前时刻与下一时刻历史数据比较的变化趋势,建立了一种基于模糊神经网络理论的公交线路客流预测模型。此外,他还利用费歇算法对公交调度峰值曲线进行优化[110, 112]。

5.5.3 地面公交信息预测模型概述

5.5.3.1 车辆运行信息预测模型

地面公交车辆运行信息的预测,原理与预测社会车辆旅行时间相同,只是在建立预测算法模型时需要考虑地面公交自身的运行特性。对车辆旅行时间预测的研究在国外开展较早,近年来在我国也成为了研究的热点,比较具有代表性的有:Naugi 和 Rauphail (1995)利用宏观延误模型预测了信号控制路段上车辆旅行时间的分布,但模型中所需要的交通参数较多。Do H. Nam (1996) 应用随机排队理论建立了高速公路旅行时间模型,根据路段上的车辆数来预测旅行时间。该模型没有对交通流状态作任何假设,具有良好的实用性,但该模型没有考虑交叉口的情况。新泽西工业技术研究所(2001)研究认为基于浮动车的路径旅行时间预测不能依附于路段旅行时间,而应单独研究。通过模拟发现,在正常的交通状态下,路径旅行时间预测较路段旅行时间预测获得了精度更高的预测结果,但是对预测精度有影响的因素要进行详细分析。John Rice 和 Erik van zwat (2002)运用当前交通状况结合历史数据进行高速公路路段旅行时间预测,通过单线圈和双线圈数据、视频数据和基于浮动车数据等其他方式获得当前交通状况信息后,利用旅行时间数据在时间序列上的线性相关性进行行程时间预测,这种方法简单有效。

以车辆旅行时间预测研究成果为基础,作为一种延伸,应用于地面公交特定车辆,将车辆旅行时间预测应用于地面公交车辆,也取得了较大进展,主要预测模型总结如下:

1)基于历史数据的预测模型

基于历史数据的到达时间预测模型以大量历史数据为基础,以假设交通模式循环变化为前提,其预测如式(5-19)和式(5-20)。式(5-19)计算到达下游站点的平均时间与离开上游站点的平均时间(到达时间+站点滞留时间)之差,从而获得路段行程时间;式(5-20)通过递归预测公交车辆到达下游站点的时间。该模型必须已知公交车到达第一个站点的时间且仅能在站点进行预测。

$$T_{it} = A_{i+1} - (A_{it} + D_{it}) \qquad i \leqslant N,\ t \leqslant T \tag{5-19}$$

式中:T_{it}——公交车于 t 时段从站点 i 到站点 $i+1$ 的路段行程时间;

A_{it}——公交车于 t 时段出发到达站点 i 的平均时间;

D_{it}——公交车于 t 时段出发在站点 i 的平均滞留时间;

A_{i+1}——公交车于 t 时段出发到达站点 $i+1$ 的平均时间;

T——时段标记;

N——站点数。

$$A_{jtk} = A_{mtk} - \sum_{i=m}^{N-1} T_{it} + \sum_{i=m}^{N-1} D_{it} \qquad i \in [m,N], t \leqslant T \tag{5-20}$$

式中:A_{jtk}——公交车 k 于 t 时段出发到达站点 j 的时间;

A_{mtk}——公交车 k 于 t 时段出发到达当前站点 m 的到达时间。

该模型原理简单、直观,操作方便,因此获得广泛的应用,其应用的约束条件也因所采取的处理方法不同能被较好的克服。较为典型的模型有:

(1)Lin 和 Zeng 利用定位数据、公交时刻表、实际到达时间与时刻表时间的差值及校对时刻表所需的时间等信息为弗吉尼亚的 Blacksburg 提出的基于 GPS 定位数据的实时公交车辆到达时间预测算法。该算法是为郊区出行者设计,因此,主要应用于交通堵塞较少的乡村公交线路。

(2)Chen 假设城市交通状况是循环变化的,且在特定路段内历史行程时间与当前行程时间的比值是恒定不变的。通过历史数据库建立预测模型,利用连续更新的实时定位数据调整公交车的预测到达时间。但该算法需要大量的历史数据且移植性不强。

(3)Ojili 将公交路线分成若干个行程时间为 1min 的区域,通过实时确定车辆所在区域,计算距离目的车站的区域个数,从而获得到站时间。该方法操作简单、原理易懂,却忽略了堵塞和滞留时间,实用性不强。

(4)Li 等提出在站点预测公交车到达时间的算法,其包括一个主算法和用以追踪车辆位置及预测车辆速度的两个子算法。追踪车辆位置子算法的误差小于 8%,预测速度子算法成功解决了 GPS 速度为零的问题。但是,该算法同样未考虑滞留时间的影响。

2)变量衰减预测模型

变量衰减预测模型是以多个重要因素(如:距离、交通状况、上下乘客数、相隔站点数、公交车中途延迟时间以及天气情况等)为变量,获得车站间行程时间函数,从而,建立预测公交到达下游各站点时间的数学模型,该模型能够在最大限度上减小因素波动所造成的影响。

变量衰减预测方法可以分为:单变量预测模型和多变量预测模型。前者通过非独立变量与历史数据在算术上的固有关系预测其值。但在实时预测中该模型存在短时间滞后,其预测精度与当前交通情况和历史交通情况的相似程度密切相关,且历史均值的偏差将导致预测结果的不准确。

多变量模型通过大量独立变量构成的数学函数关系估计出非独立变量的值。实际应用中,该模型能以大量独立的影响因素建立表征公交车行程时间的预测函数。假设某公交路线共 9 个站点,将站点间距离、公交时刻表时间差和站点滞留时间作独立变量(三者的相关系数小于 0.15),按照衰减模型的原理,建立公交车到达时间衰减预测模型如下。

$$T_{Mik} = b_0 + b_1 DS_{Mk} \tag{5-21}$$

$$T_{Mik} = b_0 + b_1 DS_{Mk} + b_2 S_{Mk} \tag{5-22}$$

$$T_{Mik} = b_0 + b_1 DS_{Mk} + b_2 S_{Mk} + b_3 D_{ik} \tag{5-23}$$

$$T_{Mik} = b_0 + b_1 DS_{Mk} + b_2 D_{ik} \tag{5-24}$$

$$T_{Mik} = b_0 + b_1 S_{Mk} + b_2 D_{ik} \tag{5-25}$$

$$T_{Mik} = b_0 + b_1 DS_{Mk}^2 + b_2 S_{Mk} + b_3 D_{ik} \tag{5-26}$$

$$T_{Mik} = b_0 + b_1 DS_{Mk}^2 + b_2 S_{Mk} + b_3 D_{ik}^2 \tag{5-27}$$

$$T_{Mik} = b_0 + b_1 DS_{Mk}^2 + b_2 S_{Mk} + b_3 D_{ik}^2 D_{ik} \tag{5-28}$$

$$A_{ik} = A_{Mk} + T_{Mi} \tag{5-29}$$

式中:T_{Mik}——公交车 k 从当前站点 M 到站点 i 的行程时间,$i = M, N$;

DS_{Mk}——公交车 k 从站点 M 到站点 i 所行驶的距离;

S_{Mk}——公交车 k 在站点 M 的公交时刻表时间差,该差值等于实际到达当前站点 M 的时间(A_{Mk})减去时刻表规定的到达时间;

D_{ik}——公交车 k 在站点 i 的滞留时间;

b_i——影响系数,$i = 0,1,2,3$;

A_{ik}——公交车 k 在站点 i 的到达时间。

衰减模型操作简单,建模容易,适合于解决参数估计问题。典型算法有:Patnaik 和 Chien 利用车载自动乘客计数系统(Automatic Passenger Counters, APC)获得上下车的乘客数及延误时间,结合到站距离、滞留时间、车站数和时段等因素建立基于多变量衰减的公交车到站时间预测模型。在预测时,将影响系数存入数据库中并实时更新,以供预测使用。

3)基于人工神经网络的预测模型

由于具有解决复杂非线性问题的能力,早在 20 世纪 90 年代,交通领域开始广泛采用人工神经网络模型(Artificial Neural Network models, ANNs)。一些研究证明基于人工神经网络的模型较之其他预测模型能够获得更精确的预测结果。基于人工神经网络的预测模型仿效人类大脑的学习方式，通过训练和测试两个阶段实现。在训练阶段，模型本着诱导学习原则，从大量训练数据中学习，其学习方式分为无监督和有监督两种模式。在无监督学习模式中，网络按照输入方式将训练数据分类；在有监督学习模式中，网络调整连接权重值以求获得期望的输出。在此过程中，输出层的误差被层层反馈，促使网络不断调整连接权重值，所以被称为反馈算法，该技术目前被广泛应用于交通领域。

式 5-30 为典型的基于人工神经网络结构的公交车到达时间预测模型，模型以到达时间、站点滞留时间以及公交时刻表时间差为输入，由最小预测误差确定隐藏层权重和参数的最优值，由预测结果选择、训练网络，并确定最佳的训练函数。

$$T_{Mi}=f(A_{ik},D_{ik},S_{Mk}) \tag{5-30}$$

目前，基于人工神经网络的模型已成为备受推崇的一种公交车到达时间预测模型，较为典型的应用有以下两种。

(1) Chien 等指出广泛用于解决交通问题的反馈算法由于学习耗时长并不适合在线预测计算，因此提出通过一个基于实时数据信息调整因子修改原有行程时间的预测模型，并利用 CORSIM(Corridor Simulation Model)仿真产生交通流数据和乘客数目，该算法假设能够从实际的 APC 和自动车辆定位系统(Automatic Vehicle Location, AVL)中获得相似的数据。但实际上，典型的 AVL 系统无法获得类似的数据，且使用 APC 系统的交通部门仅占使用 AVL 系统的 40%，此外，该模型也未考虑滞留时间和公交时刻表信息，不符合城市交通的实际情况。

(2) Jeong 和 Rilett 在得克萨斯州休斯敦市采集公交车的实时 AVL 数据，综合考虑实际到站时间与时刻表到站时间之差以及滞留时间的影响，利用人工神经网络技术建立起公交车到站时间预测模型，并通过比较各种模型的平均绝对百分误差(Mean Absolute Percentage Error, MAPE)，肯定了人工神经网络模型优越的预测性能。

4) Kalman 滤波器模型

Kalman 滤波器是一个最优化自回归数据处理算法。对于解决很大部分的问题，它是最优、效率最高的。一般的，一个预测系统可用下式表示：

$$X_{k+1}=\Phi_k x_k+A_k+w_k \tag{5-31}$$

$$z_k=H_k x_k+v_k \tag{5-32}$$

式中，$\Phi_k=\begin{pmatrix}1 & 0\\ 0 & 1\end{pmatrix}$；

$H_k=(0\quad 1)$；

$A_k=\begin{pmatrix}-T_{k,k+1}\\ T_{k,k+1}\end{pmatrix}$；

w_k 和 v_k——噪声，并假设均为高斯白噪声(White Gaussian Noise)，其协方差分别为 Q 和 R。

Kalman 滤波器模型的广泛应用已经超过 30 年,其适用领域包括:机器人导航、控制、传感器数据融合,甚至军事方面的雷达系统以及导弹追踪等。而在公交到达时间预测方面的典型应用有以下三种。

(1)Wall 和 Dailey 在西雅图市将 AVL 数据与历史数据相结合预测公交车的到达时间。算法利用 Kalman 滤波器模型追踪车辆,通过概率统计预测行程时间,并综合实时 AVL 数据和历史数据,获得行程时间的分布。实验表明,该算法预测公交车到达时间的误差小于 12%(例如:当预测公交车的到达时间为 15min,则公交车的实际到达时间为 13 ~17min 的概率为 70%)。但算法仍未考虑滞留时间。

(2)Chen 和 Chien 等人利用 Kalman 滤波器技术预测公交车的行程时间。由于 Kalman 滤波器模型具有很强的适应交通参数随时间波动的能力,因此,在提前一步预测行程时间时,该类模型具有很高的性能。

(3)Shalaby 和 Farhan 通过多伦多市区的 4 辆安装 AVL 和 APC 设备的公交车采集数据,利用 Kalman 滤波器模型建立公交车行程时间预测模型。该模型将 2001 年 5 月中 5 个工作日的数据作为实验数据,其中 4d 的数据用于学习和建立模型,1d 的数据用于验证模型,并分别建立预测行程时间和滞留时间的 Kalman 滤波器子模型。实验表明,Kalman 滤波器模型的预测结果优于基于历史数据的模型、变量衰减模型以及时间滞后的循环人工神经网络模型。

5)时间序列模型

时间序列模型利用历史数据间的内在数学关系预测出非独立变量的值。其预测精度取决于当前交通状况与历史交通状况的相似程度,较大的历史均值偏差将导致预测结果的极度不准确。

Angelo 利用非线性时间序列模型预测高速公路上公交车辆的行程时间。在预测过程中,Angelo 进行了两种方案的对比,一是仅以速度数据作为变量的模型,二是由速度、车道占有率和交通流组成的多变量模型。实验证明前者的预测效果优于后者。

6)公交车辆到达时间预测模型的分析

上述预测模型在预测精度和实际应用上各有特点。基于历史数据的到达时间预测模型假设公交车的实际行驶情况围绕历史行驶情况小幅度波动。模型以大量的历史数据为基础。该类模型原理易懂、操作简单,因此被广泛采用。但是,当突发事件导致公交车的实际行驶情况大幅度偏离历史情况时,预测效果会不理想。较之基于历史数据模型,在影响因素随时间和空间不断波动时,变量衰减预测模型可充分考虑多种因素的影响,从而获得更加精确的预测结果。但该模型需预先确定公交车所处的交通状况,并要求输入变量是独立变量(即:相关系数小于一定的阈值),而实际上大多数的交通变量都是密切联系的,从而,在很大程度上限制了其应用。

人工神经网络模型具有解决复杂非线性问题的能力。与基于历史数据和变量衰减预测模型相比,人工神经网络模型在预测精度上具有绝对的优势,已经成为当前备受推崇的一种公交车到达时间预测模型。但是,神经网络的训练函数、学习函数以及一些参数的选择却需要经验或试取,并且网络训练时间较长。因此,实现在线的实时训练和动态预测具有不小难度。Kalman 滤波器模型利用不断逼近的方式获得较高的预测精度,尤其在提前一步预测行程时间时,该模型具有良好的预测性能。但是,其能力却随步骤的增加而不断衰退。

时间序列模型适用于交通状况规律变化的环境。但其预测精度取决于当前交通状况与历史交通状况的相似程度。较大的历史均值偏差将导致预测结果的不准确。

5.5.3.2 客流信息预测模型

从国内外客流预测相关研究与应用来看,客流信息预测的方法很多,有时间序列法、基于模糊神经网络理论的预测法、分层不等概率整群抽样法、牛顿差值法、基于灰色理论的预测法、"四阶段"预测法、基于联合方式划分交通分配模型的预测法等。目前世界上普遍采用的还是"四阶段"预测法。但因为"四阶段"预测法是以城市大量 OD 调查为基础的,而大量的 OD 调查是很费时费力的,因此有必要找到一种低成本的方法来估计当前和未来的 OD 量。

在制订公交线路运营计划中,运营调度管理者最为关心的两个问题是:

(1)在未来一段时期内客流总量的变化,这是指导运营管理者安排每日总运力的依据;

(2)线路客流的时段分布规律,这是安排运力计划在一天中分布的依据。

在实际的运营调度管理中,由于缺乏定量的分析预测手段,公交运营调度管理大多依靠经验和直觉来判断客流的变化,人为影响因素大会导致预测结果的准确性和稳定性较差,而由于人的经验、判断能力有所不同,因此不同的线路或班次的运营水平差异是普遍存在的。由此可见,进行公交客流预测需要有一种定量化的、稳定的、可靠度高的预测模型。短时客流预测方法可参照车辆运行信息短时预测的各种模型,近、中、远期的客流信息预测的主要方法与模型可考虑四阶段法等方法。

6 基于枢纽的区域动态协调调度方法

6.1 公交动态调度系统概述

目前的公交系统大多缺乏对公交运行全面的动态信息采集，对于道路状况、车辆运行时刻（是否正点）、驾驶员的驾驶操作情况（是否违章）、车载乘客数量、各个站台候车人员数量、车辆运营状态等信息获取存在盲区或传输不够实时。因此调度指挥员的决策不可避免地带有盲目性和滞后性，影响了公交运营公司调度管理的科学性和高效性，成为公交信息化建设的瓶颈。

在公交动态信息采集成熟的条件下，公交动态调度系统的主要任务是当线路车辆运行异常时，对异常事件做出及时的检测及判断，并根据预测对异常事件提出科学合理的处理方案。公交车辆运营调度的动态调整方法，是在已知调度系统参数及运营信息条件下，给定初始调度信息以及与动态调整幅度相应的偏离阈值，适度修改发车时刻表，使得调整幅度在满足正常运营的同时，也避免对后续车辆运营造成过大的影响。公交车辆动态调度实质上是在某些条件偏离理想值的状态时进行重调度或在线调整。

公交动态调度一般具有以下要求：

（1）实时性要求高；

(2)能尽快恢复计划运行,保证车辆运营的连续性;

(3)尽可能满足原有的性能指标;

(4)避免追求全局最优时大规模调度问题求解的计算复杂度过大,计算时间过长。

动态调度应兼顾效率与效果,一方面需要对异常情况尽快做出响应,另一方面必须保证调整的方案既能解决当前的问题,又尽可能不影响后续的运营。为了保证车辆运营的连续性不受到破坏,动态调度对计划调整的幅度应该尽可能的小。对于变化幅度不大的情况,只需对运营车辆进行适当的微调。

动态调度的主要特点是其具有实时性,全面掌握公交车辆运行以及客流的实时变化情况,需要强大的监控、信息采集、网络通信等系统的支持,也需要有良好的预测手段,公交信息预测技术的好坏,直接影响着动态调度的效率。基于预测的公交动态调度遵循以下策略:

(1)实时或定时预测公交车辆当前运营的基础数据。检测异常,将预测数据作为参数传递给动态调度系统实时调整。

(2)动态调度系统根据预测数据,调整行车计划,使其满足预定调度目标。

6.2 异常情况的一般处理措施

当出现异常情况时,进行的调度方法主要有:

(1)当车辆发生事故或出现故障时,报维修厂组织抢修,使抢修车在最短时间到达事故及故障车辆地点。

(2)调整行车顺序。调整前后车的发车时间,适用于车辆出现故障、驾乘人员迟到、个别车组晚点等,在日常调度中较为常见。

(3) 调整行车间隔。调整有关车次的发车时间。当部分班次不能准时到达首站或末站,或因个别车辆故障、调出或劳动力不足等因素使计划的发车车辆数和行车间隔不能保证时,可采取在所少班次之前的班车推迟发车时间,在所少班次之后的班次提前发车的办法,使行车间隔尽量均匀,维持线路正常运行。因客流量增加需要加车时,也需要调整行车间隔。调点是日常调度中最常用的方法,适应频繁的塞车、公交车不能准时到站的情况。

(4)调整中途站停站次数,具体包括三种方式。

①空车发出中途载客。在线路出现较大行车间隔,若干车辆同时到站,必须将其中部分车辆在本站不载客发出(放车)。用放车的调度方法迅速疏散车辆,尽快恢复线路中途的计划行车间隔,均衡中途各站乘客的待车时间,避免行车间隔过大,车辆堆积现象循环出现。

②本站载客越站停车。车辆晚点、多车到站时,可采取将其中部分车辆在本站载客、

邻近数站不停车载客的办法。

③临时大站快车。将班车改为在中途上下乘客较多的大站停车,可以疏散客流,缩短车辆行驶时间。

(5)调整车辆行驶区段(区间车)。缩短车辆在本线路行驶的里程,在线路的某个区段开行区间车,可以缩短车辆的全程行驶时间,提高车辆周转频率。当部分路段客流激增时,可以指定部分车辆改全程行驶为区间行驶。

(6)安排机动车。机动车的安排包括两个方面:

①根据客流的规律预先在某地待命,需要时加入。

②临时加入机动车,根据车流情况,安排行驶路线,使机动车能在最短时间内投入客流繁忙线路的运行,增加该线路的输送能力,提高周转频率,对于缓解客流高峰起重要作用。

(7)改变车辆行驶路线。如果原线路中部分路段进行市政施工或举行重大活动,需要长期占用运营路线时,就必须采取改变车辆行驶线路的措施。

(8)分段行驶。如果重大活动或市政施工等影响到公交线路时,又不想绕线行驶,就需把整条线路分成若干路段,不同车辆分区段行驶。

(9)缩线。缩短车辆行驶路线,应对市政施工等。

(10)放大行车间隔。当车辆不足或客流不足时考虑。

(11)延长单程点。要求车辆在途中低速行驶,延长车辆单程行驶时间,这种措施主要用于特殊的天气条件下。

针对公交调度中常见的五大类异常,包括客流异常、车场资源异常、路况异常、车况异常、线路运营异常,与之对应的调整策略分为五类包括快车调整、区间车调整、跨线车调整、加班车调整、发车时间调整,如图 6-1 所示。

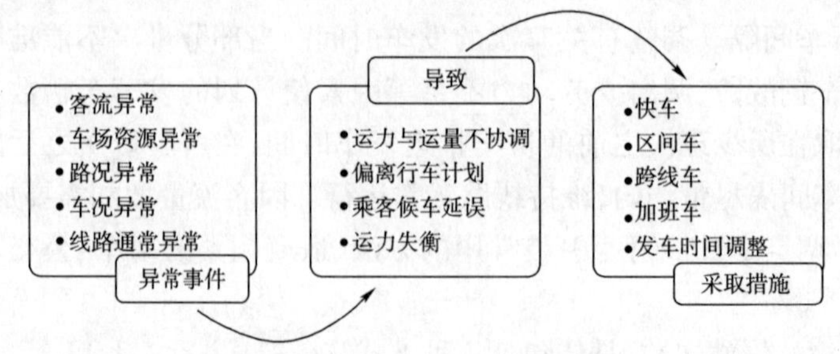

图 6-1　公交调度中常见异常及措施分类

6.3　基于枢纽的区域多线路动态协调调度

虽然目前公交调度一般为单线路调度,但当某条线路严重偏离发车班次计划或遇到突发事件，通过调配线路自有车辆资源不能应对时，可在保证区域内其他单线路正常运营的前提下，调用其他线路机动车辆或驾乘人员，尽快恢复线路正常运营。这实际上就是区域多线路间动态协调调度。区域多线路协调调度常用于平衡线路间运力，并在紧急情况下开展应急调度。

区域多线路动态调度，在调度的协调性上的要求更高。相应的在调度模式及实现上，也有特定的原则及方法。

6.3.1 区域多线路协调调度模式

虽然目前在在突发事件或大型活动期间，也会采用跨线调度的方式，但传统的跨线调度模式是：当需要借调其他线路车辆时，调度员需要逐层上报上级领导，由上级领导下达调度指令并逐层下发。传统的跨线调度模式如图 6-2 所示。

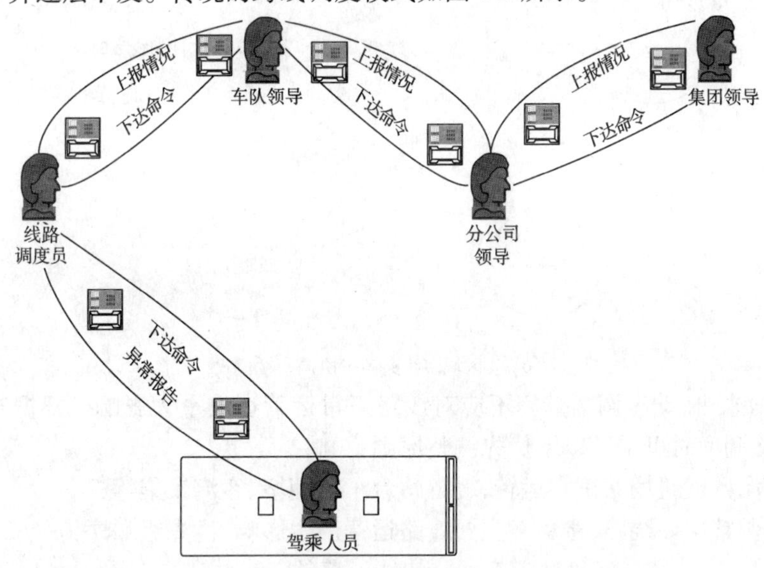

图 6-2　传统跨线调度模式

区域多线路协调调度模式将原有的多级管理模式整合，使调度员可进行区域间多线路的跨线调度，保证调度的合理性。区域多线路间协调调度模式如图 6-3 所示。

在区域多线路协调调度模式下，车辆、人员资源可按人不固定车、车不固定线的区域调度机制制订。

6.3.2 区域多线路协调调度原则

当所辖区域线路车辆运营严重偏离行车计划或枢纽场站出现非正常运转状况时，可采取区域多线路间动态协调调度。和静态协调调度一样，区域多线路动态协调调度，也是为了实现资源的整合优化，这些资源包括线路、车辆、场站、调度人员等。动态协调调度分为三个层次，依次为换乘枢纽协调调度、单线路协调调度、区域多线路协调调度，而且每个层次，都有和静态调度类似的目标函数。动态协调调度不仅要在各条线路的调度中满足运营成本以及乘客满意度的要求，同时还要满足枢纽场站利用率等要求。由于实时性及系统稳定性的要求，动态协调调度的重点在于确定动态调度的触发阈值，并迅速确定调度方案。

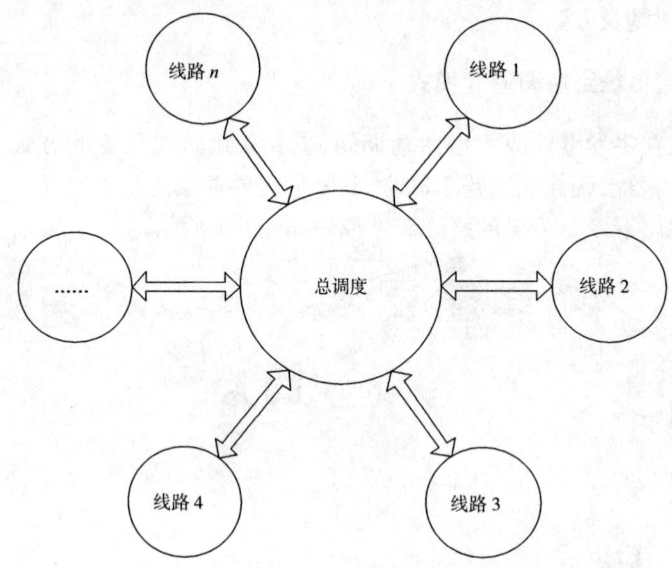

图 6-3　区域多线路动态协调调度模式

(1)一般来讲，动态调整措施不应对线路正常运营造成重大影响。根据对公交系统的影响，动态调度时可采取以下优先调整原则：

①优先保证枢纽场站正常运转，缓解站台车辆拥堵、客流聚集等；

②优先调整次要线路，避免对主要线路运营产生影响，优先级顺序为：

轨道交通→快线→普线→支线

对于同级线路，可根据历史客流量决定其主次关系。线路主次关系随客流量大小依次排列。

③考虑线路之间的协调运营，优先考虑枢纽场站换乘客流的候车时间，兼顾考虑其他站点客流的候车时间。

(2)根据动态协调调度的层次性及以上优先原则，动态协调调度可采用多级触发原则：

①当实际监测的车流量或客流量超出枢纽场站及站台容量安全阈值时，触发一级动态调度功能；

②当单条或多条线路车辆偏离行车计划，造成乘客延误超过阈值时，触发二级动态调度功能；

③当枢纽站换乘客流错失连接延误损失超过阈值时,触发三级动态调度功能;

为避免不必要的调整,可根据枢纽内部线路之间客流换乘规律,选取换乘量较大的线路纳入避免错失连接的动态调整考虑范围。

6.3.3 分级动态调度优化模型及方法

6.3.3.1 一级动态调度

一级动态调度重点是换乘枢纽协调调度,枢纽场站容量约束决定了一级触发的阈值。场站的合理分配是一级动态调度的目标。

(1)一级动态调度涉及的主要参数如下:

①枢纽站车道数量及每条车道的长度;

②枢纽站调度线路条数;

③各线路行驶车辆的车型及长度。

(2)场站分配需满足以下条件:

①一条线路只能停靠在一条车道上,不能跨道设置车位;

②一条车道可以停靠多条线路;

③线路固定车位(站牌)停靠。

各线路在 t 时刻占用车道的长度可根据各条线路发车时间间隔以及停站时间来确定。比如:一条线路在某一时段的发车间隔为两分钟,停站时间为三分钟,那么这条线路此时至少需要两个停车位才能保证车辆的正常运转,因此这条线路此时占用车道的长度就是两个停车位的长度。而每个停车位的长度用车长以及车与车之间的空余系数来确定,显然,每条线路在 t 时刻占用车道的长度与行车计划是密切相关的。

建立场站合理分配的数学模型定义如下:

$$
\begin{cases}
\min z = \sum_{j=1}^{m-k}\left(l_j - \sum_{i=1}^{n} c_i x_{ij}\right) \\
s.t. \\
\sum_{i=1}^{n} c_i x_{ij} \leqslant l_j & (j = 1,2,\cdots,m-k) \quad (1) \\
\sum_{j=1}^{m-k} x_{ij} = 1 & (i = 1,2,\cdots,n) \quad (2) \\
\sum_{i=1}^{n} x_{ij} \leqslant \left[\dfrac{n}{m}\right] + \lambda & (j = 1,2,\cdots,m-k) \quad (3) \\
x_{ij} = 0 \text{ 或 } 1 & (i = 1,2,\cdots,n; j = 1,2,\cdots,m-k) \quad (4)
\end{cases}
\tag{6-1}
$$

式中:n——线路的总和。即共有 n 条线路;

m——车道(到发线)的总和。即共有 m 条到发线;

i——线路的下标；

j——到发线的下标；

l_j——各条到发线的长度，$j=1,2,\cdots,m$；

c_i——各条线路占用到发线的长度，$i=1,2,\cdots,n$；

x_{ij}——第 i 路公交车停在第 j 条到发线为 1，否则为 0。$i=1,2,\cdots,n;j=1,2,\cdots,m-k$；

k——用来停放新增线路的到发线的条数。

当实时数据或预测数据表明枢纽场站车容量或站台客流容量已不能满足正常运转条件时，则开始启用动态调度措施。

6.3.3.2　二级动态调度

二级动态调度重点是单线路协调调度，一般当有异常事件发生时，公交车辆会受到异常事件的影响而不能按照静态行车计划表运行，从而造成车辆偏离最优的静态计划表，造成系统运营成本增加。此时需要根据异常事件的特点，重新对行车计划进行优化以满足系统针对异常事件做出的实时调度。

本节将主要针对这个问题对异常事件下的公交二级动态调度模型进行研究。

与静态单线路协调调度类似，单线路的优化目标应使反映公交公司运营成本及反映乘客利益的候车成本(乘客等待时间)之和，即运营总成本最低。考虑可操作性及简便性，本书主要通过运力与运量协调控制及满载率控制来满足动态调度目标要求。

1)运力与运量协调控制

依据对公交运营系统的分析，公交动态调度应首先考虑公交运力与乘客总量匹配的问题。当有异常事件发生时，首先应保证公交公司的运力与需要承担的运量相协调。具体可通过运力与运量协调控制参数 α 控制。

$$\alpha = \frac{C}{Y} = \frac{S \cdot n}{\sum_{i=1}^{M} r(i) \cdot t} \tag{6-2}$$

$$x(i) = r(i) \cdot t \tag{6-3}$$

式中：α——运力与运量协调控制参数；

C——线路运力；

Y——运量；

S——额定载客量；

n——线路车辆数；

$r(i)$——站点 i 的乘客到达率；

t——事件持续时间；

M——线路站点总数；

$x(i)$——站点 i 在时段 t 内的上车人数。

2)满载率控制

对于公交运营系统,既要保证线路上运力与运量相协调,同时也要保证线路各班次间的运量均衡。线路间各班次的运量均衡是公交系统运营效率和服务水平的基本保证,线路间各班次的运量不均衡通常是由于串车、大间隔等线路运营异常导致。对于由线路运营异常事件导致的线路各班次的运量不均衡,可通过满载率控制参数 β 来进行调整。

$$\beta = \sum_{j=1}^{B} |\mu(j) - \bar{\mu}|^2 \tag{6-4}$$

线路班次平均满载率 $\bar{\mu}$:

$$\bar{\mu} = \frac{Y}{B \cdot S} \tag{6-5}$$

班次 j 在站点 i 的满载率 $\mu(ij)$,班次 j 的线路满载率 $\mu(j)$:

$$\mu(ij) = \frac{w_i + x(ij) - y(ij)}{s}(i = 1,\cdots,k),\mu(j) = \frac{\sum_{i=1}^{k} u(ij)}{k} \tag{6-6}$$

式中:B——班次数;

w_i——班次 j 到达站点 i 时的载客量;

$x(ij)$——班次 j 在站点 i 的上车人数;

$y(ij)$——班次 j 在站点 i 的下车人数。

k——线路站数。

由 1)“运力与运量协调控制”和 2)“满载率控制”得到公交动态调度模型的目标函数为:

$$Z = \min\left[\theta \left| (1-\alpha) \right| + (1-\theta)\beta\right] \tag{6-7}$$

式中:θ——权值,取值范围[0,1]。

调度模型的优化是通过约束条件,给出满足条件的行车时刻表。其中约束条件即包括目标函数中的参数,也包括各班次的时间约束。参数的约束通过调查经验给定一个取值范围,如满载率控制参数的取值范围设为(0.8,1),平均满载率的取值范围设为(0.9,1.5)。而时间约束包括单个班次的行程约束、班次间的约束、发车约束等。公交动态调度模型的约束条件如下。

$$0.8 < \beta < 1 \tag{6-8}$$

$$0.9 < \bar{\mu} < 1.5 \tag{6-9}$$

$$t_{ij}(S) = t_{i(j+1)}(S) + t_{j(j+1)}(jg) \tag{6-10}$$

$$t_{ij}(S) = t_{ij}(A) + t_{ij}(zz) \tag{6-11}$$

$$t_j(dc) = \sum_{i=1}^{k-1} t_i^{i+1}(j) + \sum_{i=1}^{k-1} t_{ij}(zz) \tag{6-12}$$

$$2y(ij) \leqslant t_{ij}(zz) < \min t(jg) \tag{6-13}$$

约束条件(6-8)和条件(6-9)给出了满载率控制参数及线路班次平均满载率的取值范围。约束条件(6-10)、(6-11)、(6-12)、(6-13)给出了单个班次及班次间的时间约束关系。其中式(6-10)表明相邻两班次发车时间与发车间隔的约束关系。式(6-11)表明在第 i 个站点,班次 j 的发车时间与到达时间及驻站时间的约束关系。式(6-12)表明班次 j 运行一个单程所需的时间与站点间运行时间以及班次 j 在线路各站点驻站时间的约束关系。式(6-13)表明班次 j 在站点 i 的驻站时间要小于线路最小发车间隔的约束,并大于乘客对下车时间的需求,其中经调查发现乘客的下车时间为2s/人。

式中:$t_{ij}(S)$——班次 j 在站点 i 的发车时间;

$t_{j(j+1)}(jg)$——相邻班次 j 与 $j+1$ 之间的发车间隔;

$t_{ij}(A)$——j 班次车到达站点 i 的时间;

$t_{ij}(zz)$——j 班次车在站点 i 的驻站时间;

$t_j(dc)$——班次 j 的单程点,即班次 j 单程运行时间;

$t_i^{i+1}(j)$——班次 j 在相邻站点 i 与 $i+1$ 之间的运行时间。

当预计运力与运量协调控制参数及满载率控制参数超出二级触发的阈值时,可调整发车时间使基于运力与运量相协调控制参数及满载率控制参数的公交动态调度目标值最小化作为二级动态调度的目标。

具体实施动态调度时,可以分钟为单位,遍历计算以发车间隔为中心点,向两侧延伸的时间点的影响程度,延伸范围不超过发车间隔时间的50%。从而选择目标函数值最小的时间点作为最优动态调整时间。

6.3.3.3 三级动态调度

三级动态调度重点是区域多线路协调调度,主要优化目标是考虑整个区域公交系统的效益最大化。具体操作时可以在同一枢纽具有换乘关系的线路之间的换乘延误最小为优化目标。与静态调度模型类似,动态调度应使具有换乘相关性的线路车辆尽可能在一定时间内相继或同时到达某一枢纽节点。

7 公交动态调度辅助决策系统

本章主要对公交调度系统的专家辅助决策子系统进行分析与介绍。系统的建设基于公交运营过程中出现的异常事件，针对不同的异常事件给出调度方案，帮助调度员及时对公交运营过程中的异常事件进行处理。系统主要利用专家系统基于规则与基于案例推理的技术对异常事件及案例进行辨识。

7.1 公交动态调度辅助决策系统概述

公交调度辅助决策系统作为调度系统的一部分，其主要作用是为调度员提供辅助决策信息。系统主要根据各线路车辆的运行及到站信息，辅助调度员判断车辆是否正常运行及是否需对线路行车计划表进行调整，以合理统筹协调现有场站资源，并使系统所统筹的各线路运营成本最小。

近年来，通过在公共交通日常运营调度中引入智能交通系统技术，逐步开发了智能化运营调度系统，这些系统通过在公交车辆上安装定位技术设备和通信设备，将车辆运行状态信息传输到调度中心，并在调度中心对运营车辆进行实时跟踪监控及动态调度[113]，如图 7-1 所示。从 20 世纪 90 年代开始，对于公交调度的研究和探索大都集中在

注：本章所用公式符号与前面几章无关。

两方面:一方面是如何应用先进的公共交通系统(Advanced Public Transportation System, APTS)理论及其相关技术来集成调度系统,实现公交系统的智能化[114, 115];另一方面是调度问题优化算法和近似算法的研究[116, 117]。而研究关于公交调度辅助决策系统的方面的论文却很少,现有研究成果与实用化还有很大差距。

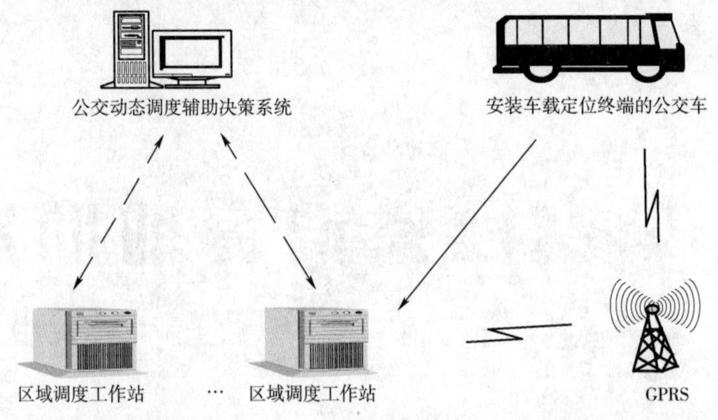

图 7-1　辅助决策系统工作示意图

公交运营调度是在公交行车计划编制完成后,根据行车计划组织公交车辆运营。行车计划在执行过程中常会遇到临时性变化,使车辆运营偏离行车计划,因此需要公交调度根据变化的情况,对公交运营中出现的事件采取有效措施,及时解决临时性的变化,使车辆运行尽快恢复到行车计划,按行车计划继续组织车辆运行。运营调度是对行车计划的局部调整,行车计划编制过程中考虑的因素的动态变化是运营调度调整的重要依据。

辅助决策系统可对实时事件自动给出不同的响应,并对当前行车计划提供调整方案。在公交车辆运营过程中发生异常事件时,通过重编时刻表,修改配车计划、配班计划及时地对在线以及待发车辆做出调整,保证运营的连续性[118]。通过实时控制手段,包括事件的自动检测、提出调度方案、修改时刻表等实现。事件的解决可通过提前制订预案,并在实时条件下通过预案的条件匹配,以决定事件是否需要处理及如何处理。当不满足预案条件时,可根据需要重编行车计划。

7.2　基于专家系统的辅助决策系统

7.2.1　专家系统概述

专家系统的定义最早由美国斯坦福大学教授费根鲍姆给出,简单概括为:专家系统是一种智能的计算机程序,这种程序使用知识与推理过程,求解哪些需要杰出人物的专门知识才能求解的复杂问题[119]。在其定义中提到两点,一为专业知识,二为规则推理。

专家系统的模型有很多种，其中较为流行的有：基于规则的专家系统、基于事例的专家系统、基于框架的专家系统、基于模糊逻辑的专家系统、基于 D-S 证据理论的专家系统、基于人工神经网络的专家系统和基于遗传算法的专家系统等[120]。根据公交运营系统的特点以及公交动态调度的特点，本书采用基于规则与基于案例相结合的专家系统。

基于规则推理（Rule Base Reasoning，RBR）的方法是根据以往领域专家的工作经验，将这种经验知识归结为计算机能够识别的规则，并通过启发式经验知识进行推理[121]。基于规则的方法容易使人类专家与知识工程师合作，易于被人类专家理解，它具有明确的前提，得到确定的结果。在转换为计算机语言时，采用“IF…AND（OR）…THEN…”表示，因此这种系统也叫做产生式专家系统。基于规则的推理因为其在规则库中的知识具有相同的结构，这种统一的结构便于推理机的设计同时也便于格式的管理。基于规则的专家系统适合的领域应具有以下特点：

（1）系统结构简单，有明确的前提和结论，问题仅仅用有限的规则即可全部概括。

（2）问题领域不存在简洁统一的理论，知识是经验的。

（3）问题的求解可视为一系列的相对独立的操作，或者问题的求解可视为从一个状态向另一个状态的转换，一个操作或转换可以被有效地表示为一条或多条产生式语句。

基于规则的推理以产生式系统为基础，产生式通常用于表示一些具有因果关系的知识，其基本形式一般为，

$$A \rightarrow B$$

或

$$\text{IF } A \text{ THEN } B$$

其中，A 是产生式的前提或条件，用于指出该产生式是否是可用的条件；B 是一组结论或动作，用于指出该产生式的前提条件 P 被满足时，应该得出的结论或应该执行的操作，A 和 B 都可以是一个或一组数学表达式或自然语言[122]。

产生式表示法不仅可以表示精确知识，而且还可以表示不精确的知识。用产生式表示知识的智能系统中，决定一条知识是否可用的方法是检查当前是否有已知事实可与前提中所规定的条件匹配，匹配可以是精确的，也可以是不精确的，只要按照某种算法求出前提条件与已知事实的相似度达到某个制订的范围，就认为是可匹配的。

基于事例推理（Case Based Reasoning，CBR）的方法就是通过搜索以前曾经得到解决的类似问题，通过新问题与旧问题的特征比较，找出两者的区别，重新利用或参考以前的知识或信息，达到利用以往方法解决新问题的目的[123]。被检索出的相关事例可能与新的事例不完全一致，这时需要对旧的事例的某些特征进行修改（此时也要按照某些规则修改）使它适合新的情形，以便得到对新的情况的预测或解。新的解并不一定完全满足现实的情况，如果对新解的检验发现与实际情况不符，则需要对其加以修正完善，最后新的事例被写入到事例库中[124]。同时新的事例的索引被建立和存储，此时，系统学到新的

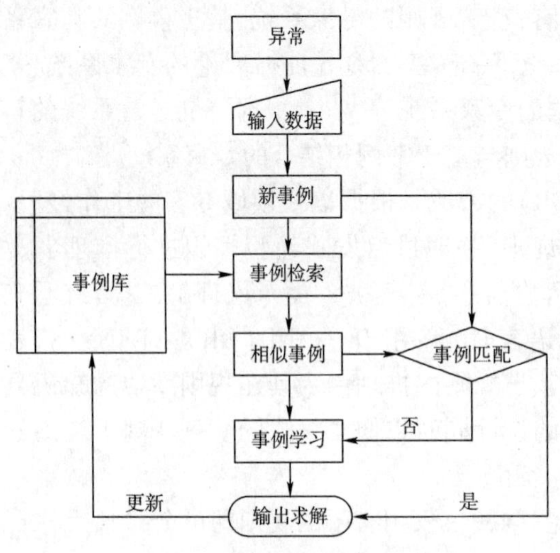

图 7-2　基于事例的推理流程

知识。这个过程便是事例的推理和学习过程。基于事例的专家系统无须提取规则特征,降低了知识获取的难度,对于一些无法用规则知识进行表示的问题具有很好的适用性。而且随着系统事例的不断增加,开放式的体系,增量式的学习,使事例库不断丰富完善。基于事例的推理流程如图 7-2 所示。

该过程我们可以将其归纳为:事例的表示、事例的索引、事例的重用、事例的修改、事例的存储。

1)事例的表示

所谓一个事例就是解决某个问题时的状态,它应该包括该问题的特征和属性、解决该问题时所用到的知识和方法,以及结果和措施等。事例表示的任务有两项,一是选择表示方法,二是构造存储结构。事例表示需要把事例的类别、特征、属性、方法和措施、解答和结论、一般知识或领域知识表示出来。然后研究如何将上述的信息组织及存储到事例库中[125]。

2)事例的获取

对于需要解决的问题,CBR 方法就是从事例库中获取一个与当前问题最相似的一个事例,即运用解决该事例的方法来解决当前问题。事例获取首先要识别当前问题的特征。若特征对系统是未知的,则要求用户提供解释。理解一个问题涉及过滤问题描述器的噪声。检查特征值在内容中是否有意义等。除了已给出的输入描述器外,其他描述器可用一般知识模型。

3)事例重用

对于获取的事例,如果该事例与当前问题完全匹配,系统就会按照解决该事例的方法来解决当前的问题。若不完全匹配,但大多数事例特征相匹配,则系统对其事例重用某些求解方法,某些求解方法作适当的修改,使之达到当前问题的求解要求[126]。事例重用的任务集中在两个方面一是所获取的事例与当前事例中的差异性,二是所获取的事例中的哪些内容能够直接应用于当前问题。前者需要进行修改,后者可直接拷贝。

4)事例修改

如果所获取的事例与当前问题不完全匹配(即大多数事例特征不匹配),则需要把该事例与当前问题进行比较,并通过人—机界面的干预,可得到一个解决了的事例,通过修改过程检验这个解答是否成功,若成功则可由实际环境或专家或评价模型来评价,如失败则需要再修改,直到成功为止。事例修改的任务也有两个,一是评价由事例重用所产生的事例解答,如果是成功的,则从成功中学习,否则用特殊知识或用户输入的修改事例的解答。

5)事例保留

对于所修改过的事例可当作一个新事例,在新事例中,从所提出解答的成功或失败中学习是由评价及可能的修改结果中引发的,它涉及从所保留的事例中选择那些信息,保留什么形式,从类似的问题中为以后的知识获取怎样建立索引事例,以及在存储结构中如何集成新的事例等。在 CBR 中,不管解决什么问题都要更新事例库。如果当前问题由所获取的事例使用解决了,则可把事例归类到事例库中。如果新事例为经过修改过的事例,则该事例可作为全新的事例添加到事例库中。在这个过程中,需要抽取正确的内容加入新事例库中,并需要修正索引结构以使新事例能为将来的使用正确地进行索引。

7.2.2 专家系统的结构

不同领域和不同类型的专家系统其体系结构和功能不尽相同,但通常,一个最基本的专家系统由知识库、知识获取、数据库、推理机、解释机构 6 个部分组成,如图 7-3 所示。

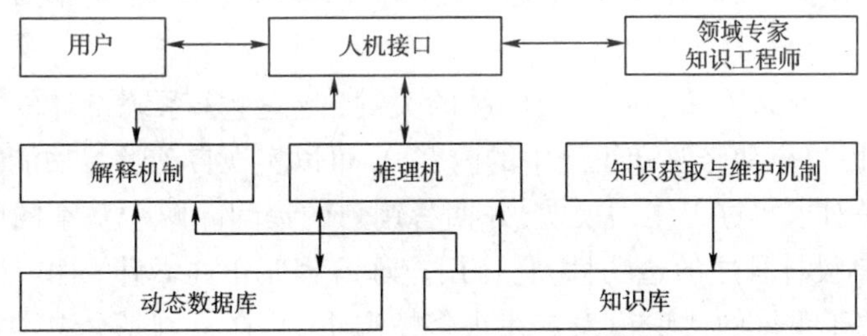

图 7-3 专家系统结构图

知识来存放专家提供的知识。专家系统的问题求解过程是通过知识库中的知识来模拟专家的思维方式的,因此,知识库是专家系统质量是否优越的关键所在,即知识库中知识的质量和数量决定着专家系统的质量水平。一般来说,专家系统中的知识库与专家系统程序是相互独立的,用户可以通过改变、完善知识库中的知识内容来提高专家系统的性能。知识的分类见表 7-1。

知 识 的 分 类 表 7-1

知识的分类	解 释	说 明
陈述性知识	概念、对象、事实	对应于事实知识库
过程性知识	规则、策略、议程、过程	对应于规则知识库
控制性知识	求解步骤、选择、技巧	对应于推理

人工智能中的知识表示形式有产生式、框架、语义网络等,而在专家系统中运用得较为普遍的知识是产生式规则。产生式规则以 IF…THEN…的形式出现,就像 BASIC 等编

程语言里的条件语句一样,IF 后面跟的是条件(前件),THEN 后面的是结论(后件),条件与结论均可以通过逻辑运算 AND、OR、NOT 进行复合。在这里,产生式规则的理解非常简单:如果前提条件得到满足,就产生相应的动作或结论。

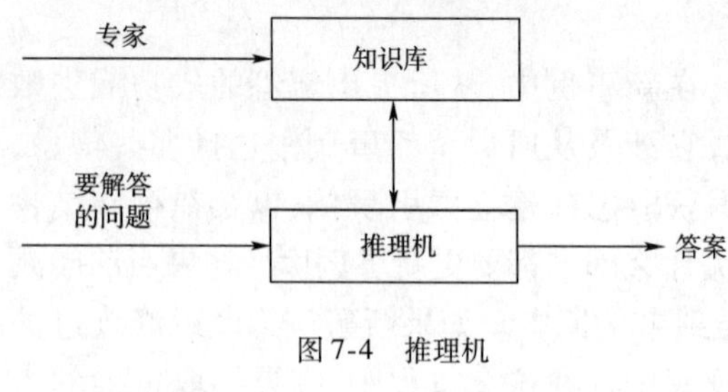

图 7-4　推理机

推理机针对当前问题的条件或已知信息,反复匹配知识库中的规则,获得新的结论,以得到问题求解结果,如图 7-4 所示。在这里,推理方式可以有正向和反向推理两种。正向推理是从前件匹配到结论,反向推理则先假设一个结论成立,看它的条件有没有得到满足。由此可见,推理机就如同专家解决问题的思维方式,知识库就是通过推理机来实现其价值的。

人机界面是系统与用户进行交流时的界面。通过该界面,用户输入基本信息、回答系统提出的相关问题,并输出推理结果及相关的解释等。

综合数据库专门用于存储推理过程中所需的原始数据、中间结果和最终结论,往往是作为暂时的存储区。解释器能够根据用户的提问,对结论、求解过程做出说明,因而使专家系统更易理解。

知识获取是专家系统知识库是否优越的关键,也是专家系统设计的"瓶颈"问题,通过知识获取,可以扩充和修改知识库中的内容,也可以实现自动学习功能。

解释机制是对求解过程作出说明,并回答用户的提问。两个基本的问题是"why"和"how",解释机制设计程序的透明性,它让用户理解程序正在做什么和为什么这样做,向用户提供一个关于系统的认识窗口。在很多情况下,解释机制是非常重要的,为了回答为什么得到某个结论的询问,系统通常需要反向跟踪动态库中保存的推理路径,并把它翻译成用户能接受的自然语言表达方式。

专家系统的工作过程是系统根据用户提出的目标,以综合数据库为出发点,在控制策略的指导下,由推理机运用知识库中的有关知识,通过不断的探索推理以实现求解的目标。因此,知识库与推理机是专家系统的核心知识,专家系统的工作过程是以知识为基础、对目标问题进行求解的过程,是一个搜索过程。因此,如何进行知识表达将是问题求解成否的关键。

7.2.3　公交动态调度辅助决策系统

动态调度辅助决策系统是一个庞大的处理中心,利用一定的算法与相应规则,可对公交实时信息进行识别,在必要的时候予以响应,提供应对措施,是实时调度的有力保障。当线路车辆运行异常时,动态调度辅助决策系统的主要任务是对异常事件做出及时的检测,并对事件提出科学合理的处理方案。

辅助决策系统可利用专家系统基于规则的推理进行方案的自动生成,从而缩短实时响应时间,如图7-5所示。如果调度员采纳了系统提出的调度方案,则系统会根据调度方案的要求自动对行车计划表进行调整,如果调度员没有采纳系统提出的方案,则系统会将本次事件的处理方法作为一个新的案例进行存储。系统案例的存储包括本次事件的处理措施以及本次事件发生满足的条件。

针对公交日常发生的问题调度员已经形成了自己的有效经验,并经过多年的实践已经成为了可靠的规则,在建立专家系统时,将这些规则直接作为事例库的一部分存储到事例库中。推理过程中如果事例库中没有匹配的实例,则进入事例的规则推理,并将这一阶段得到的结果作为新的案例直接写入事例库。在规则推理中为了更好的表达公交调度领域的知识,将采用面向对象的方法来表达这些规则并进行相应的推理规则设计。

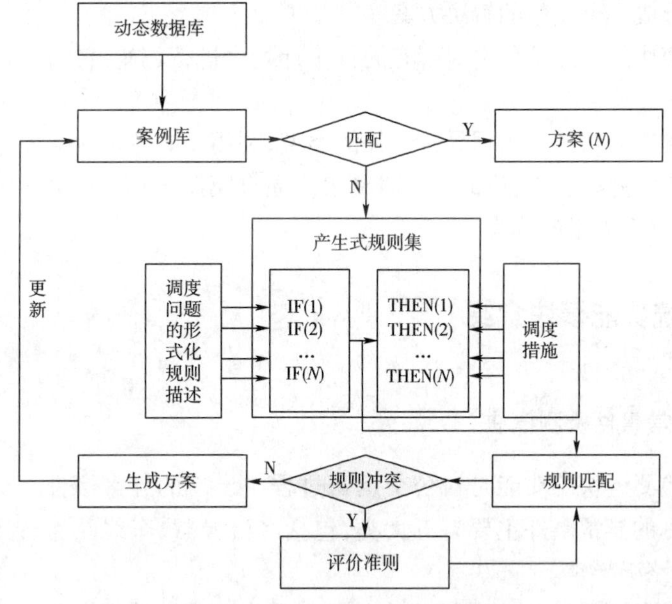

图7-5 基于专家系统的调度流程

7.3 公交动态调度辅助决策系统功能

基于专家系统的公交动态调度辅助决策系统主要包括五个模块:事件检测模块、规则匹配模块、方案生成模块、方案执行模块、方案评价模块,如图7-6所示。

其中事件检测模块的功能是根据异常事件的阈值或特征对异常事件进行检测。根据对公交运营实时数据的获取与异常事件的阈值进行比对,对超出阈值的事件报警处理。

规则匹配模块的功能是根据事件特征,与已有事例库中事件类型进行比对,从而确

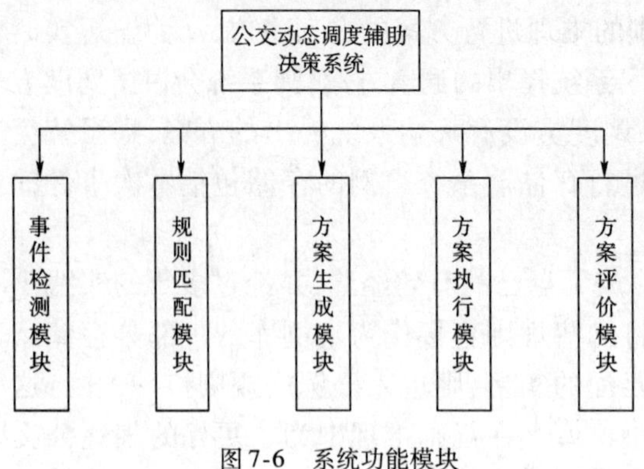

图7-6　系统功能模块

定要调用的解决方案。

方案生成模块是根据新检测事件的类型特点,利用现有线路资源重新对行车计划进行优化。从而使异常事件发生后,系统能够最快找到最优的解决方案。方案调整模块可以根据新事件的特点给出新的解决方法,并将其加入到原始方案中生成适合新事件的解决方案。方案生成模块的功能是根据一个或多个事件的比对结果,从案例库中调出一个或多个解决方法进行整合形成一个完整的解决方案。

方案执行模块的功能是负责对现有的行车计划表进行调整,使行车计划按照调整后的方案执行。

方案评价模块的功能是根据异常事件的类型,利用动态调度优化模型对公交线路资源进行重新优化,并得到优化后的行车时刻表。通过模型优化后的时刻表与案例库方案进行比对,从而确定方案的优劣。

7.4　系统功能模块介绍

7.4.1　异常事件检测模块

异常事件检测模块的功能是对公交运营过程中出现的异常事件进行检测。在公交运营过程中常见的异常事件主要有五大类,包括客流异常、车线路运营异常、车况异常、车场资源异常、路况异常。

客流异常信息主要可通过公交IC卡信息以及实时通信手段获得。线路运营异常主要指车辆出现串车、大间隔等现象,可以通过GPS信号直接获取,对于不稳定的交通流状态则可以通过对随机性的事件检测获得。车况异常主要是运营车辆性能方面的突发性异常,更需要及时处理,一般可通过CAN总线的传感数据进行检测。车场资源异常主要与交通枢纽及公交总站停车场的容量限制及调度有关,可通过视频识别及RFID等检测。路况异常指交通流环境受到交通事故、交通管制等随机性事件影响而产生的堵车现象等,也可通过视频识别。

7.4.2　规则匹配模块

规则匹配模块主要功能为将当前发生的事件与已知事件进行匹配,根据匹配结果调用案例生成模块。相当于专家系统的推理机的功能。系统将一个事件分为多个条件,当几个条件同时满足时则事件成立。条件查询首先需对异常事件进行特征值提取,事件特征分别从公交运营中的动态信息与静态信息获得,见表7-2和表7-3。在进行规则匹配时,可根据给定的阈值进行判断。

动态信息表 表7-2

<table>
<tr><th colspan="2">事件</th><th>特征描述</th></tr>
<tr><td colspan="2">客流异常</td><td>站点客流时间维不均衡系数、站点客流空间维不均衡系数、线路客流不均衡系数与客流积聚系数超过阈值</td></tr>
<tr><td rowspan="4">线路运营异常</td><td>串车</td><td>车辆线路号相同的相邻两车车头时距小于给定阈值</td></tr>
<tr><td rowspan="3">堵车</td><td>车速缓慢</td></tr>
<tr><td>突变点增多</td></tr>
<tr><td>速度零点个数增多</td></tr>
<tr><td colspan="2" rowspan="2">车场资源异常</td><td>停车位不足</td></tr>
<tr><td>机动车数量不足</td></tr>
<tr><td rowspan="5">车况异常</td><td rowspan="3">车辆事故</td><td>小波检测突变点超过阈值</td></tr>
<tr><td>正常运营期车速长时间处于零点</td></tr>
<tr><td>收到故障报警</td></tr>
<tr><td rowspan="2">车辆故障</td><td>正常运营期车速长时间处于零点</td></tr>
<tr><td>收到故障报警</td></tr>
<tr><td colspan="2" rowspan="2">路况异常</td><td>道路施工,无法通行</td></tr>
<tr><td>恶劣天气,通行困难</td></tr>
</table>

静态信息表 表7-3

<table>
<tr><th>可控信息</th><th colspan="2">信息类型</th></tr>
<tr><td rowspan="4">车辆信息</td><td>1.线路号</td><td>2.车辆号</td></tr>
<tr><td>3.班次</td><td>4.运行方向:上行/下行</td></tr>
<tr><td>5.运行类型</td><td>6.速度</td></tr>
<tr><td>7.所在站点</td><td>8.车辆状况:正常/报修/损坏</td></tr>
<tr><td rowspan="4">线路信息</td><td>1.线路号</td><td>2.车辆号</td></tr>
<tr><td>3.线路配车数</td><td>4.线路运行车辆数</td></tr>
<tr><td>5.站点数</td><td>6.站点编号</td></tr>
<tr><td>7.单程点</td><td></td></tr>
<tr><td rowspan="3">场站信息</td><td>1.车场容量</td><td>2.场站备用车数量</td></tr>
<tr><td>3.场站线路信息</td><td>4.车辆号</td></tr>
<tr><td>5.车辆最短驻站时间</td><td></td></tr>
<tr><td rowspan="3">发车信息</td><td>1.正常车</td><td>2.区间车</td></tr>
<tr><td>3.快车</td><td>4.跨线车</td></tr>
<tr><td>5.跨站车</td><td></td></tr>
</table>

7.4.3 方案生成模块

调度方案的生成是基于先前制订的规则库与案例库,规则库通过一系列的参数及阈值确定,当参数值超过阈值时会进行判断并给出下一步的处理。图7-7给出方案生成的流程图。

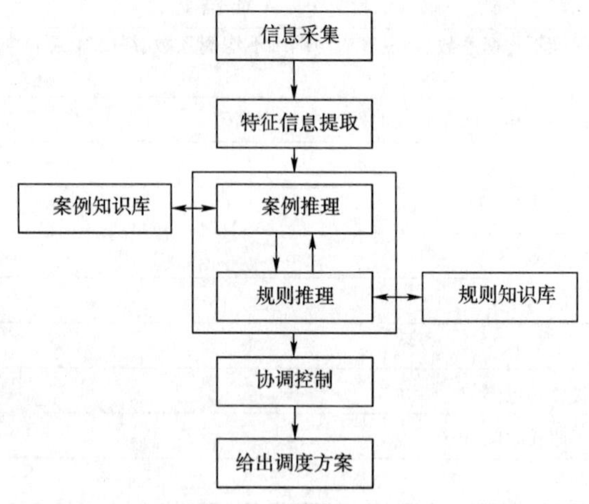

图7-7 方案生成模块

案例库是基于之前处理类似事件时采取的方案,案例库具有一定的容错性,这样,当相似事件发生时,系统会根据规则库进行判断,并通过案例库给出类似案例,再通过规则库进行修正,最后给出适合事件的方案。

7.4.4 方案执行模块

当系统给出应急预案后,需要根据预案对现有的行车计划表进行调整。行车计划表包括了线路班次车辆的发车时间、发车间隔、发车类型等信息。发车类型的调整需要针对异常事件类型制订,由应急预案给出。而行车计划表发车时间及发车次序的调整需要根据一系列的调整算法来实现,包括间隔调整算法、次序调整算法、车头时距算法等。

1)间隔调整算法

公交车在不同的运营时段,所需要的车辆数不同,此时需要在原有车辆的基础上进行加减车操作。当公交车出现串车时,车辆不能按照计划发车,会出现较大延误,为了保证客流均衡,在本站检测到串车或大延误而又无车可发的情况下,可以在端站调整发车间隔,将总延误时间平均分配到后面的班次中,对第一个延误的班次到最后一个延误的班次适当增加发车间隔,以避免再次出现串车现象。

2)次序调整算法

当发生超车,或者驾售人员迟到时,可以根据超过车辆数以及驾售人员晚点时间,对运营班次的次序进行调整。

设正常情况下,车辆班次号由小到大依次排列,即前车的班次号小于后车,或某一线路上出现前车班次号大于后车,则将两车班次号对调。

当出现驾售人员迟到时,设正常班次为(x_{bc1},x_{bc2},…,x_{bci},$x_{bc(i+1)}$,…,x_{bcn}),对班次 x_{bci} 的驾售人员迟到时间预测为 t_{ss},设 $t_{jg}(k,k+1)$ 为班次 x_{bck} 与 $x_{bc(k+1)}$ 之前的发车间隔,则当 $t_{ss}>\sum_{k=i}^{k=j} t_{jg}(k,k+1)$ 时,计算 $j-i=k$,将班次 x_{bci} 移到 $x_{bc(i+k)}$ 位置,并将其的前面班次依次上调。

3)车头时距算法

线路运行车辆的车头时距反映的是车辆运行的连续性,两车间正常的车头时距应在两车发车间隔大小左右摆动,不应超出一定的范围,车头时距太小或太大都表明车辆出现延误或串车。因此车头时距算法主要用于检测线路运行车辆的连续性。动态调度时可根据 GPS 信息计算车头时距。可参见本书 5.3 线路运营异常事件判断一节。

4)串车异常分析

根据公交动态调度辅助决策系统基于规则的推理,当线路发生串车时,应首先通过车头时距对前后车进行事件判断。具体步骤如下:

步骤 1:计算车头时距,判断是否发生串车;

步骤 2:计算延误,确定后续可能发生延误的班次;

步骤 3:本站调整。根据当前机动车数量,调整剩余班次数;

步骤 4:对端站调整。对端站获得总延误时间,根据串车预测及剩余班次数,调整发车间隔。

步骤 5:串车到达后本站调整;

步骤 6:串车到达后对端站调整。

若对端发区间车,本站应在同一时段发区间车,若对端调用调整间隔算法,本站应根据对端发车时间加单程点确定本站对应班次发车时间。

注意:步骤 5 与步骤 6 是循环进行的,直到当前机动车辆与剩余班次数刚好相符,且不会发生再次串车现象。

7.4.5 方案评价模块

通过规则推理给出的调度方案只是反映了历史相似问题的解决方案,由于公交运营系统复杂,各种异常事件都会发生,相似的事件解决结果可能不同。因此系统给出的异常事件调度方案可能并不是最合适的方案,在现实中由于各种复杂的影响因素,针对某一事件的最佳方案可能并不存在,但是可以通过评价的方法对系统提出的方案进行比较，并最终对系统案例库进行更新完善。这个过程称为方案的评价过程，如图7-8 所示。

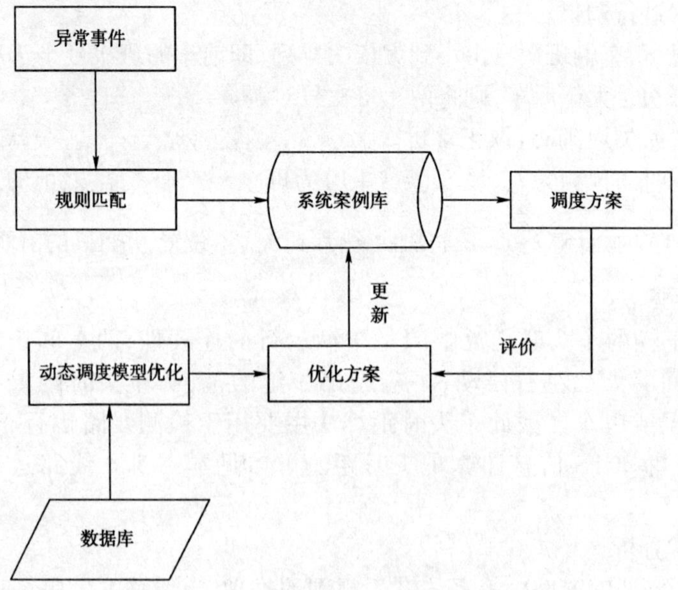

图 7-8　方案评价模块

8 公交运营服务水平评价技术

公交运营服务水平评价是进行智能调度的基础，随着公交智能化数据采集设备的广泛应用，使全面及时地掌握公交客流与车辆运行信息得以逐步实现。因此，在基础数据获得的基础上，建立公交运营服务水平评价指标体系，能够有效的为智能化运营调度提供必要的参考和决策依据，促进公共交通的蓬勃发展。

本章基于公交运营调度的应用需求，考虑多源数据支撑条件下的指标获取可行性，完成评价指标初选及计算，并将效用函数综合评价方法用于公交运营服务水平评价。

8.1 公交服务水平评价研究现状

从20世纪70年代开始，发达国家就开始对公交服务水平评价进行研究和系统的分析。研究主要集中在影响因素分析、评价指标的选取、评价指标体系及评价方法的改进四方面。

在影响因素分析方面，David A. Hensher[127]对公共汽车服务质量中潜在的重要影响因素进行了研究，建立了一种测定每个影响因素以及识别彼此之间相对重要性的方法，提出了一种定量计算服务质量的方法，来比较不同公交驾驶员之间的服务水平。

Matt G. Karlaftis[128]将美国印第安纳州的公交系统分为大、中、小三个规模，根据运营数据进行回归和相关分析,发现相比公交运营班次的缩减,公交系统规模对公交水平的影响更为明显。

Paul Ryus[129]列举并分析了影响公交服务水平的要素,包括:服务范围、服务频率、服务时间、可达站点的数量及质量、人口及工作密度。

裴玉龙[130]等分析了公共交通服务水平包括服务方便、安全、舒适程度等方面。影响因素主要有线网密度、准点率、车辆满载率、车辆安全行驶里程、公交站点覆盖率、非直线系数。

金宁[131]运用帕累托定律分析了少量主要公交线路完成大量旅客运输的规律,建立了公交乘客服务满意度指数模型,满意度影响因素包括到站步行距离、候车时间、换乘便利性、乘车安全性、座位舒适性、车内保修/洁净/噪声情况、报站情况、驾售人员文明程度、票价合理性等,对公交服务水平进行了定量分析。

Xumei Chen[132]将公交服务可靠度评价分为线路、站点、路网三个层次,利用线路准时指数、到站偏离指数、平均站点数作为评价参数,分析了影响公交服务可靠度的影响因素,结果显示线路长度、车头时距、站点至终点距离、公交专用道等因素对可靠性的影响较大。

关于公交运营水平的评价,李维斌[133]等分析与公共交通服务水平直接相关的公交运营的主要工作为:线路的安排,站点的布设,运营车辆的配备以及调度的科学性、灵活性、行车服务的组织等。在体现对乘客的服务质量方面,具体则应包含有关方便性、迅捷性等多个方面的内容。

在评价指标选取方面,1976 年,Alter[134]将可达性、出行时间、可靠性、直达系数、服务频率和客流密度作为吸引潜在乘客流量的 6 项服务质量水平评价指标。公共交通领域著名学者 Avishai Ceder 在其研究中曾经提出,评价一个公交企业的客运能力和经济效益,在很大程度上依赖 5 个基于公交线路的变量,分别为:

(1)车时;

(2)车公里;

(3)客运量;

(4)运营收入;

(5)运营成本。

而当今美国和欧洲关于的公交企业经济和运力评价标指标,也是以这 5 个变量为基础演变而来,包括:

(1)车小时载客量,这是公交评价中应用最广泛的运力评价标准,这是由于美国的运营预算按小时支付。实际上它最大限度地取决于非连续出行的乘客数量(即客运量)和服务(收益)时间。

(2)车公里载客量是反映每单位距离内的车辆载客量,它也取决于非连续出行乘客数量和运营公里数。

(3)每车次载客量,即单车次运送(单方向)的乘客数,该指标的优点在于简单易统计。

(4)乘客人均费用,是财务标准,用来确定线路的运力。

(5)成本收益率,是指运营支出(人员的工资和福利,维修费用、燃料成本等)和线路使用者(乘客)支付车费的收入比例。

(6)乘客人均补贴,是支出/乘客和收入/乘客的差,收入/乘客标准反映不同线路的费用。

(7)相关性能,这是描述一条公交线路与其他具有相同特点的线路相比所具有的性能,例如某线路在整个线路系统的综合等级,或是在一组提供相同服务的线路集合中所占的比重,而这种划分的标准贯穿于整个公交系统。Avishai Ceder[135]将这些评价指标主要分为两类,第一类是基于乘客,即与运力标准有关,第二类基于费用,主要与财务标准有关。

表8-1列出了Ceder所提出的上述7个指标的类别、序号、名称、适用范围和备注。

公交运营评价指标及其适用范围(Avishai Ceder研究) 表8-1

类别	序号	指　标	适用范围	备　注
基于乘客	1	车小时载客量(PVH)	最小8~40PVH;最小为系统平均PVH的50%~100%	与服务类型、时段、运营日相关
	2	车公里载客量(PVK)	最小0.6~1.5PVK;最小为系统平均PVK的60%~80%	与服务类型、时段、运营日相关
	3	单车载客量	单车载客量最少为5~15位乘客;所有线路平均载客量最少为15位乘客	快车单车的最小平均载客量为20~30名乘客
基于费用	4	每乘客费用	最大为系统平均的1.4倍	该标准通常和其他标准组合使用构成一个综合指标
	5	成本收益率	比例最小为0.15~0.30;对快车类型服务的比例最小为1.0	不同类型公交公司对于服务类型和综合指标的使用有所区别
	6	每乘客补贴	基于每位乘客的票价,最少为系统平均的25%~33%	成本和收益对乘客和公交企业而言是相对的概念
	7	相关性能	根据所有线路的综合运力评价,最少达到10%~20%	线路间性能相比较

在评价指标体系建立方面,在以往研究中,根据评价目的的不同,研究者们建立了多种评价指标体系。各国也建立了相应的评价体系框架,美国评价体系框架分为两部分,包括公交线路的评价和公交服务的需求响应程度评价(面向乘客),每类评价又按车站、线路段、系统这三个层次来分类,而且在每个层次上又都按照公交服务的可达性和舒适便利程度来分别选取指标,从而将指标体系与人们选择公交出行的决策过程很好地对应

起来,见表8-2。在这套评价体系框架中,面向公交线路的评价等级分为六级:A(最好)~F(最差),在实际应用中,除了获得综合评价结果,该指标框架体系还能单独对车站、线路段、系统分别进行评价。由于并不是每个影响公交服务水平的评价指标都有可靠定量化的数据来源,因此,在这套评价体系框架外,TCQSM(Transit Capacity and Quality of Service Manual)还从正面和负面影响两方面入手,讨论了影响公交服务水平因素,如站点间距、低踏板公交、公交信号优先、收费方式、服务频率等。

美国公交服务水平评价指标框架 表8-2

公共交通服务水平(公交线路)			
指标类别	车站	线路段	系统
可达性	到站频率	日运营小时数	站点覆盖率
舒适便利性	客流量	可靠性	公共交通与私人汽车出行的耗时差
公共交通服务水平(需求响应)			
可达性	响应时间	服务范围	
舒适便利性	准时性	无公交服务出行	出行时间预测与出行时间差

我国井国龙[136]提出了基于多源数据的常规公交分层次服务水平评价模型,将常规公交分为站点、路段、线路三个层次,建立了基于累计Logistic回归的服务水平评价模型,利用专家打分法为区段服务水平要素加权,选取反映乘客需求的区段客流旅行时间作为评价线路服务水平的指标。

在评价方法的改进方面,Martijn Brons[137]等人利用元分析法对面向公交运输效率的多种评价方法进行了系统的分析,实验结果表明参数分析法与非参数分析法的评价结果相似,其中基于时间序列或时间横截面数据的评价效率更高。非参数分析法中,数据包络分析方法(Data Envelopment Analysis,DEA)的计算效率要低于无界分析方法(Free Disposal Hull,FDH)。

Snehamay Khasnabis[138]利用层次分析法与目标分析法对密歇根州的公交系统服务水平进行评价,评价指标包括成本、服务效率、车辆利用率、服务质量、劳动生产率、可达性,证明了两种评价分析方法均可用,但层次分析法在综合评价中的准确性、判断一致性、适用性相比之下更好。

Yong Lao[139]利用GIS软件对公交线路进行勾选并提取线路站点间距、位置等相关信息,基于DEA法对公交线路的运营效率和周转能力进行评价,模型输入包括周转时间、往返距离、站点数、站点服务范围、公交常规乘客数、老龄人口、残疾人口,输出为总乘客人数。

Maria P. Boile[140]同样利用DEA方法,评价了美国23家公交企业的运营水平。研究方法注重选取具有相似性的公交企业属性作为评价对象,如运输方式(地面公交/轨道交通)、企业类型、车队规模、线路覆盖范围(市区/郊区)等。决策单元选取车辆调度成本、车辆维护成本、其他维护成本、管理成本、车时、年客运量6个指标,结果显示该方法比单因素 DEA 法的评价结果更为综合,获得信息更加全面。

Lishan Sun[141]利用 DEA 法评价了换乘枢纽的服务效率,输入变量包括换乘面积、运营成本、员工数、车容量,输出变量为换乘安全、平均换乘时间。

Matthew G. Karlaftis[142]利用主成分分析方法对印第安纳州公交服务水平的影响因素进行了分析,得到了三个能够描述服务水平的因素:运营效率、运营效益以及服务水平。

王炜[2]等提出了一种基于 GIS 的公共交通系统服务水平模糊聚类分析方法。这种方法从网络服务供给与需求的相互协调关系出发,通过定量和定性相结合的方法对公交系统服务水平进行分析评价。

尹峰[143]提出了一种新的模糊综合评价方法, 假定了线性(三角)隶属度函数,并定义了相应的公交服务质量评价综合指数及其计算方法, 以评价整体的出行服务质量, 使评价工作具有可操作性。

在实践上,发达国家自 20 世纪 80 年代起就将研究成果用于行业评价。如美国的研究报告 METRO[144]、TCRP(Transit Cooperative Research Program)[145],欧洲的 QUATTRO[146]三个报告阐述了美国与欧洲公交行业及公交服务的标准,见表 8-3。此外,METRO 中还将评价公交行业指标重要性分为 10 个权重等级,1995 年分为 5 个权重等级。主要评价指标包括:

(1)可达性;

(2)收入与支出比;

(3)客运量;

(4)运营成本。

对于公交企业,最高的权重等级一直以来都给了可达性和运营成本指标。这样的权重分配也显示了公共交通服务具有社会性和经济性双重属性的特征。

美国和欧洲公交服务标准及范围 表 8-3

类别	序号	指 标	范 围	备 注
公交线网	1	线路长度	单程最长 40 ~ 100min	对较大的企业可以设置更长的时间
	2	站点间距	120 ~ 400m	与人口密度、土地利用相关
	3	线路开行方向	偏离最短路径的上限为 20% ~ 50%	在偏离路段上寻求更高的效率
	4	区间车	仅限高峰时段	目标在于减少运营费用
	5	线路覆盖	市区线路最小长度 800 ~ 1000m,步行至站点最大距离 400 ~ 800m	至少 50% ~ 95% 的居民在最大步行距离范围内
	6	线路重复	仅限 CBD 附近	避免混淆并保持线路差异
	7	线网结构	每条线路/环线在终点附近最多 2 ~ 3 条支线	通过不同的线路编号减少混淆
	8	线路衔接性	一条线路最少 1 ~ 3 个换乘点	尤其对网络中的新线路

续上表

类别	序号	指　标	范　围	备　注
公交服务	9	服务时间	每周服务时间段最少为5:00～6:00至22:00～2:00	大型企业服务时间更长
	10	满载率	高峰时段最大为座位数的125%～150%，平峰时段为100%	对短时服务（区间车、补给车）可设置更大范围
	11	无座乘客	最多为座位数的50%	与公交车的内部配置有关
	12	发车间隔（上限）	最大（法定）发车间隔：高峰时段为15～30min，平峰为20～60min	与服务类型和不同的运营日有关
	13	发车间隔（下限）	最小发车间隔：2～3min	在较小的公交企业中更常见
	14	换乘站点	每个OD对最多1～3个换乘点	较大的公交企业允许更多
	15	公交站点	每天上车乘客最少65～100人次	应照顾老人和生活中心（如医院）
	16	准点率	高峰时段最少80%准点（包括5min内的延误）；平峰时段为90%	对较短发车间隔的线路可宽松处理
	17	及时换乘	在换乘点等车最多3～8min	在较小的公交企业中更常见
	18	班次计划	最少有90%～95%的车次按行车计划执行	与可靠性准则相悖
	19	乘客安全	每100万个乘客中最多有6～10次乘客事故；每160000辆·km最多允许4～8次事故	依赖于更新的安全数据
	20	公众投诉	限制每位驾驶员/每车次/每个时间周期内被投诉的次数	公众评价与投诉数据一般可获取

8.2 公交系统运营调度评价需求分析

城市公共交通系统是一个综合、复杂、开放、动态的系统[147]，以往的运营服务评价多从公交的总体服务水平出发进行的综合性评价，影响因素涉及规划、调度、信息服务、安全、车辆管理等多个方面。评价出发点多是基于乘客的服务水平评价，有些同时从运营者的角度，从运营成本效益出发，进行了多方位的运营服务水平评价。

为对评价体系对公交运营调度具有更强的针对性，本书从公交运营调度的决策需求出发，充分利用现有智能信息获取手段，进行评价指标选取及体系构建。

作为公交运输业务的经营方，运营者关注的是在提供满足运输需求的运力的同时，获取更多的运营收益，这与公交乘客的期望在一定程度上是矛盾或是对立的。公共交通服务兼具市场性与社会公益性两种属性，在政治、经济、社会发展水平存在差异的国家或地区,其公共交通系统服务和经营的理念或重心也不尽相同。但由于城市交通拥堵、能源消耗及环境污染等问题的日益严重,无论是发达国家还是发展中国家,公共交通行业的社会公益性受到了更多的关注,而对于运营者在运输过程中的经济亏损,行业管理部门可通过市场经济调节手段、政策优惠措施和财政补贴等方式来对公交企业进行补偿,使公交企业能够更好的投入要运输工作中,改善公交运营服务水平。

从运营角度来看,运营者希望通过科学有效的手段,来获知公交运营调度技术与服务水平的现状、存在问题、发展瓶颈或决策的效果等信息,从而通过制定发展对策、提高运营调度技术、改善运营调度方案等手段来推动公交运营服务水平的提升。通过评价,能够为运营者揭示当前公交系统的服务质量处在何种水平,甄别制约因素,进而辅助其制定相关决策,从运营业务、技术等层面进行改进和完善。从运营者角度出发,其关注的因素可归纳为运力配比、运营技术、运营成本效益、服务水平四个方面。

从乘客的角度来看,其所期望的公交服务水平包括几方面:

(1)便利性,即公交服务可获得的便利程度,体现在到达公交站点的便利性、公交换乘的方便程度以及公交服务时间等;

(2)舒适性,如拥挤、卫生、服务态度等;

(3)经济性,公交出行的费用;

(4)快捷程度,如公交服务提供的运输速度;

(5)准时性;

(6)安全水平。

8.3 评价指标体系构建及指标选取

评价指标体系的确定是公交服务水平评价的重要一环,其主要是根据评价的需要,选择合适的评价指标体系结构,并确定评价指标体系的构成成分。由于城市公共交通系统是一个复杂的组合体,评价指标体系结构需要进行逻辑关系梳理,宜构建多层次的评价指标体系;其单个子目标应反映系统某一方面的特征,子目标的集合则应综合体现总评价目标的意义[148];由于评价指标较多,需要将反映系统相似特性的评价指标聚集在一起,并对指标进行筛选、甄别以及改造。

关于面向复杂系统的综合评价,由于影响因素众多,且受数据来源的限制,其评价指标的构成多是定性与定量相结合的。层次分析法是美国著名运筹学家 T. L. Satty 等人在 20 世纪 70 年代提出的一种定性与定量分析相结合的多准则决策方法[149]。其特点是能够对复杂的决策问题、影响因素以及内在关系进行深入分析,从而构建多层次的结构模型,这样的特点使得层次分析法在梳理系统相关因素逻辑结构、概念分解、层次排序等方面具有优势。层次分析法能够从反映系统不同特性的侧面入手,按照层次关系,推导出影响系统特性的各个子系统,通过对影响子系统、子项目的指标体系进行分解,得到整个系统的指标体系。对城市公共交通系统运行状态评价指标体系的构建要面向用户应用需求,即根据评价对象的不同梳理各自的评价目的,再根据多个评价目的将评价内容解析,转化成多层次、含多个子目标的评价体系。基于层次分析法的理论思想,构建评价指标的基本步骤可概括为:

(1)明确评价目标与子目标,对评价内容进行整合与归类;

(2)解析评价子目标,对评价子目标所包含的内容进行深入剖析,基本确立指标体系架构;

(3)解析评价指标,从概念层面选取基本评价指标,使得每一个系统的主要特性都能由相应的指标来反映;

(4)设计各层次的评价指标,形成评价指标体系。

本书重点是针对运营调度进行相关评价,为调整调度方案提供依据。评价的总目标是获得关于公交运营者(公交企业)运营调度水平的评价结果。综合以往研究成果,本书将影响评价目标的主要因素概况为运力配比、运营技术、运营成本、服务水平,作为评价的子目标。

另外,涉及公共交通的评价指标至少有几十种,但评价指标体系的建立,绝非评价指标越繁多、越细致就越好。选取适当的指标,构建评价指标体系,既要考虑到指标的适用性、合理性等因素,还要注意指标间是否存在相互干扰、相关等关系,故需要根据与运营调度目标的相关性、数据可获取性和科学的比选方法来最终确定评价指标。

经分析,本书建议评价体系中各子目标具体的评价指标如下:

1)运力配比

运力配比反映了公交企业提供的运力与客运需求的匹配程度。单纯的衡量客运量的多少并不能够用于评价运营水平的高低,而运力配比子目标所涵盖的二级评价指标,描述的是运力与运量间的量化关系,本书选取满载率作为相应指标刻画运力水平与运量的契合程度。

2)运营技术

运营技术是公交运营调度的核心环节,评价内容应能够反映出运营中技术层面所表现的效率。技术层面内容主要包括调度技术、车辆运行两方面。本书选取班次兑现率、工作车率作为相应指标。

3)运营成本

运营成本反映的是公交企业在运营中的费用消耗情况。成本消耗主要包括车辆维修、燃料成本、购置成本、材料成本、人力成本等,而评价成本消耗水平应当与运输需求相结合,使评价能够反映出成本消耗的合理或不合理因素及其所占比例。本书选择空驶率、每乘客补贴率表征运营成本的相关指标。

4）服务水平

服务水平反映了公交企业提供运输服务的好坏程度，多从可达性、便利性、舒适性、经济性、快捷性、安全性等方面来评估。考虑数据可获取性及与运营调度的相关性，本书选取便利性、舒适性、快捷性、安全性、可靠性 5 个方面，作为评价服务水平的 5 个子目标。并选取乘客等待时间、换乘时间表征便利性，满载率表征舒适性、以速度同时表征快捷性及安全性（速度超过速度限制时视为超速并将其作为安全的主要隐患之一），以准点率或车头时距方差表征可靠性。

面向运营调度的评价指标体系如图 8-1 所示。

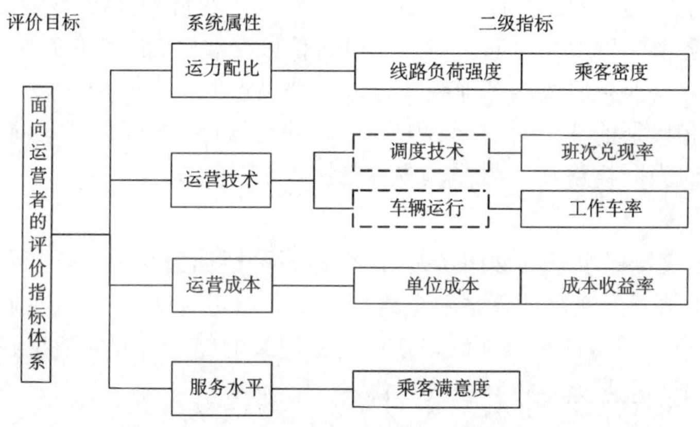

图 8-1　面向运营调度的评价指标体系

该评价体系适用于单线路的运行调度评价及区域运营调度评价，当用于单线路时，服务水平中可取消换乘相关的指标如换乘时间。

8.4　评价指标计算

本节重点介绍可通过公共交通系统 IC 卡数据及 GPS 数据来计算的主要评价指标及计算方法。

1）等待时间

$$T_p = \frac{1}{2} \times h \times (1 + r) \tag{8-1}$$

式中：T_p——平均等待时间，min；

h——统计时段内，车辆平均发车间隔，min。发车间隔数据可根据公交 IC 卡交易数据或 GPS 数据推算相邻班次到达同一站点的时间间隔，作为车辆发车间隔；

r——乘客平均换乘系数（如果进行单线评价，$r=0$）。

$$r = \frac{R_v}{P_v - R_v} \tag{8-2}$$

式中：P_v——车辆 v 的 IC 卡交易记录数；

R_v——车辆 v 的换乘人次数。

2）换乘时间

由于不同票制类型的公交线路 IC 卡数据字段不同，因此换乘时间计算方法也有所区别：对于综合枢纽与公交换乘站点，换乘时间 T_t 可计算为：

$$T_t = t_b - t_a \tag{8-3}$$

式中：T_t——换乘时间，min；

t_b——乘客换乘后上车时间。对于分段计价公交线路，乘客在换乘后的上车时间可近似为换乘后线路其他乘客在该换乘站点的下车时间，min；

t_a——乘客换乘前下车时间。对于一票制公交线路，乘客在换乘前的下车时间，可近似为同线路其他乘客在该站点的上车时间，min。

3）运送速度

作为反映公交服务水平的常用指标，该指标还可根据公交 IC 卡进行推算，计算时需要结合站点间距信息。通过计算站间距离与站点间运行时间的比值，获得站间平均运送速度，站点间运行时间可计算相邻站点首位交易记录的交易时间差值得到。

站点间平均运送速度 $v_{i,j}$ 计算公式为：

$$v_{i,j} = \frac{D_{i,j}}{t_i^1 - t_j^1} \tag{8-4}$$

式中：$D_{i,j}$——站点 i 与 j 的站间距离，km，i，j 可以为相邻站点；

t_i^1——站点 i 首次交易记录的交易时间，h。

线路平均运送速度计算为：

$$\bar{v} = \frac{1}{\boldsymbol{n}_i} \sum_{i=1}^{n_i} \frac{D_{i,j}}{t_i^1 - t_j^1} \tag{8-5}$$

式中：$\bar{v}$——线路平均运送速度，km/h；

n_i——有交易记录的站点数。

4）满载率

$$l_f = \frac{P \times L_p}{B_v \times S_v \times l_s} \times 100\% \tag{8-6}$$

式中：l_f——统计时段内的满载率；

P——统计时段内出行总人次；

L_p——统计时段内乘客平均出行距离，km。可通过公交 IC 卡数据推算乘客出行距离求均值；

B_v——车辆 v 的额定载客量。

S_v——统计期内车辆 v 的运营班次数；

l_s——线路单程长度,km。

5)班次兑现率

$$w = \frac{P_s - |R_s - P_s|}{P_s} \times 100\% \tag{8-7}$$

式中：w——班次兑现率；

P_s——计划发车班次数；

R_s——实际发车班次数。

6)工作车率

$$q = \frac{V_r}{V} \times 100\% \tag{8-8}$$

式中：q——工作车率；

V_r——统计期内为运营而出车工作的运营车辆数；

V——统计期内所有可被调度的车辆数。

7)空驶率

$$e = 1 - \frac{J_r}{S_v \times l_s + J_e} \times 100\% \tag{8-9}$$

式中：e——空驶率；

J_r——载客里程,指运营车辆规定载运乘客行驶的里程,车·km。线路载客里程包括运营车辆在固定线路、临时线路、旅游线路载客行驶的里程。本书载客里程指代固定线路载客行驶里程。其中单班次线路载客里程可由末位乘客下车站点与首位乘客上车站点间距得到；

J_e——其他行驶里程,包括车辆所行驶的公务里程、培训驾驶里程以及其他里程。

8)每乘客补贴率

$$z = \frac{C_v \cdot C_p}{C_v} \times 100\% \tag{8-10}$$

式中：z——每乘客补贴率；

C_p——统计期内乘客平均每次出行支付费用,元；

C_v——运送每乘客的成本,元。

8.5 评价指标等级划分

美国是世界上较早建立城市公交服务水平指标体系的国家。经过多年的推广和实践,已经采集到了大量的相关数据,为服务水平指标等级的确定奠定了可靠的基础。但由于社会经济发展水平、公交运营机制、城市交通环境等方面都存在着差异,并不能完全照搬美国的评价指标等级划分方案。根据公交行业相关标准规范、公交调查数据以及参阅大量的研究文献[150-157]，本书将评价指标等级分为好(1)、较好(2)、中等(3)、较差(4)、差(5)五个等级，每个等级的指标取值范围见表8-4。

指标等级划分中的相关问题说明如下：

(1)指标量化值对应评语的取值区间为半封闭区间，$[x,y)$，x、y分别代表每个评语中指标取值的上、下限；

(2)当指标量化值超过评价等级极值时，对应指标权重取相应极限全值。如运送速度若超过40km/h，根据一般公交企业运营规定属于超速，则该指标对应权重值取0。

(3)地面公交标准车辆按额定客位80人折算。

评价指标等级划分 表8-4

序号	评价指标	好	较好	中等	较差	差
1	等待时间	0~3	3~5	5~8	8~11	11~15
2	换乘时间	0~4	4~7	7~10	10~13	13~16
3	运送速度	30~40	25~30	20~25	15~20	0~15或>40
4	满载率	0.5~0.7	0.7~0.9	0.9~1.1	1.1~1.3	1.3~1.5
5	班次兑现率	0.95~1.00	0.90~0.95	0.85~0.90	0.80~0.85	0.75~0.80
6	工作车率	0.95~1.00	0.90~0.95	0.85~0.90	0.80~0.85	0.75~0.80
7	空驶率	0.00~0.05	0.05~0.10	0.10~0.15	0.15~0.20	0.20~0.25
8	每乘客补贴率	0.0~0.3	0.3~0.5	0.5~0.7	0.7~0.9	0.9~1.1

8.6 多指标综合评价方法

8.6.1 评价方法选取

当今，国内外对于多指标综合评价方法的研究成果已有很多，根据对指标权重分配方式不同，可将综合评价方法分为主观评价方法和客观评价方法[158]。根据权重确定方式结合评价原理，也可将综合评价方法分为效用函数综合评价法与系统评价方法[159]，见图8-2。效用函数综合评价法一般采取主观或客观评价法确定权重，然后对无量纲的数据进行加权汇总；系统评价方法是综合运用运筹学、模糊数学、多元统计、系统工程等领域的方法进行评价，评价结果不是根据标准化指标值进行加权汇总，而是采取各种不同的算法，评价中可能用到权重，也可能不用权重。如模糊综合评价法、突变理论、数据包络分析等。总体上，效用函数综合评价方法仍然是现实生活中用得较多的评价方法。

常见评价方法优缺点以及适用问题见表8-5。在众多的评价方法中，许多方法都是基于"无量纲化方法"演变而来,而"无量纲化方法"正是效用函数综合评价方法的核心,该方法与其他综合评价方法在形式上的相似之处为:

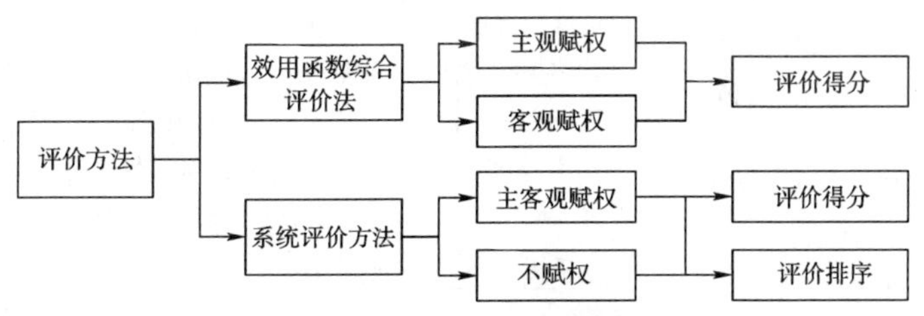

图 8-2 多指标综合评价方法分类

(1)模糊综合评价方法虽是建立在模糊集合的基本理论之上,但综合评价时的隶属函数与无量纲化函数是完全相似的,故隶属函数可以看作是一种效用函数。模糊合成算法与效用函数法的合成原理也是一致的。可以说,单一评语等级之下的模糊综合评价结果即为效用函数综合评价方法。

(2)灰色系统分析法的综合评价功能同样与效用函数法有十分相似的地方,白化函数本质上是一种无量纲化方法。

(3)虽然人工神经网络法的综合评价函数是"隐含"的,本质上还是"无量纲化结果的加权非线性合成"。

与其他综合评价方法相比较,效用函数综合评价法的最大特点是评价结论具有直观性且通俗易懂,其评价过程各环节(指标值效用量化、指标加权综合)之间没有信息传递关系,各环节都有众多的方法可供选择,故可有多种不同函数组合的方法,理论上讲,这类综合评价方法的内容最为丰富[160]。对于本书构建的公交系统评价指标体系,可选用效用函数综合评价法,理由是:

(1)构建的评价指标体系考虑了多源数据支撑下的指标可行性,即绝大部分评价指标的数据都是可量化的;

(2)指标等级划分方案是根据公交运营管理经验提炼得到,结合量化评价指标,能够直观的、快速的确定指标值所属的评价等级;

(3)本书评价工作所面向的用户不仅关注最终的综合评价结果,对能够反映系统重要属性的评价子目标或评价指标同样颇为关注,而一些不依赖权重分配的系统评价方法(如模糊评价法、数据包络分析法)难以反映系统单方面属性的表现水平,故在此并不适用;

(4)从评价方法实用性来看,效用函数综合评价方法操作简单实用,依托理论基础也直观移动,能够较快的被业务操作人员熟练掌握。

综上所述,本书建议选择效用函数综合评价方法来进行公交运营服务评价。

评价方法比较　　表 8-5

类别	名称	描述	优点	缺点	适用问题
效用函数综合评价法	效用函数平均法	将每一个评价指标按照一定的方法量化为效用函数值，然后再按一定的合成模型加权合成求得总评价值	评价结论直观，评价过程各环节之间无信息传递关系，各环节都有众多的方法可供选择	不同合成方法的特点难以从数学上进行严格证明，在实际应用中须结合评价目的、对象、指标选择、数据特点等属性进行综合分析，确定最合适的合成方法	广泛适用于多目标决策问题，如工业企业经济效益综合评价考核，生活质量指数评价等
	专家分析法	通过专家讨论形成评价结论	操作简单，可利用专家的经验	评价结果受主观因素影响	适用于战略层次的决策分析对象，无法或者难以量化的大系统，简单的小系统，如科研生产力评价、城市环境综合整治与定量考核及企业经济效益的考核等
	德尔菲法	通过对专家问询、问卷调查得出评价结论			
系统评价法	模糊综合评价法	利用模糊关系合成原理，获取多个因素对被评价对象（评价目标）隶属度	简单可行，可解决评价中的不确定性问题	受主观因素影响，无法鉴别评价指标间相关关系的影响	适用于类型识别、多目标评价系统，如消费偏好识别，专家决策系统评价等
	数据包络分析法（DEA）	根据多指标投入和多指标产出对相同类型的决策单元进行相对有效性或效益评价	可评价多输入/输出的大系统	评价结果只显示决策单元相对发展指标，无法表示实际发展水平，决策单元间可比性低，影响权重分配	适用于多投入、多产出的社会经济系统，如规模有效性、系统有效性评价
	灰色关联分析评价法	根据影响因素之间发展趋势的相似度高低来衡量彼此关联程度，对因素进行排序评价	对指标量化程度要求低，简单可行，只需代表性的少量样本	需要具有时间序列特性的数据样本	适用于社会、经济、管理评价，如经济效益评价、企业竞争力评价、供应商选择决策、客户满意度评价等
	人工神经网络评价法	通过神经网络的自学习、自适应过程，模拟人类思维来获取评价结果	具有自适应性，评价结果较客观	需要大量学习样本，算法复杂性高，精度有待提高	适用于非线性、非局域性的大型复杂系统，如银行贷款、股票价格评估、系统发展水平等

8.6.2 效用函数综合评价法

效用函数综合评价方法可描述为：按照一定的计算法则（效用函数）将每一个评价指

标量化,变成对评价问题测量的量化值(效用函数值),然后再按一定的合成模型加权合成求得总评价值。用公式可描述为:

$$F = \xi\left(\sum_i w_i f(x_i)\right)(i = 1,2,\cdots,n) \tag{8-11}$$

式中:w_i——单项评价指标 x_i 的权重;

$f(x_i)$——x_i 的效用函数评价值,也称"无量纲化值"或"同度量化值";为便于量化计算,效用函数 $f(\cdot)$ 的取值区间一般为[0,1];

ξ——综合评价值的合成模型。

在综合评价指标体系已经确定的情况之下,效用函数平均法的关键是单项评价值的确定(即效用函数 f_i 的确定)、权值 w_i 的确定、合成模型的选择(即 ξ 的确定),对应这三个内容,对评价指标的同度量化,指标权重分配,以及综合评价值的合成方法描述如下。

8.6.2.1 同度量化方法

目前采用的同度量化方法很多,大致可以归为四类:广义指数法、广义线性功效系数法、非线性函数法、分段函数法。其中广义指数法与线性功效系数法实践中应用最广泛的无量纲化方法。

广义线性功效系数法的基本形式是:

$$d_i = \frac{x_i - x_l}{x_u - x_l} \tag{8-12}$$

其线性变换为:

$$Fd_i = d_i \times a + b \tag{8-13}$$

式中:d_i——单项评价指标的评价值;

Fd_i——该指标线性变换值,表示其在取值空间中的位置;

a、b——参数,一般可取0.4,0.6,或40,60,根据指标体系评分标准取值;

x_i——第 i 个指标的实际值;

x_u、x_l——指标 i 的两个关键点,x_u 为满意值,x_l 为不容许值,对于正指标,有 $x_u > x_l$,对于逆指标,有 $x_u < x_l$。x_u、x_l 可以有多种取值组合,如极大值与极小值,算术平均值与极大值,算术平均值与极小值,算术平均值和算术平均值与标准差之和等。

广义指数法与广义线性功效系数法都属于直线型的效用函数,但现实中许多评价对象的价值水平与指标值本身之间的关系却是非线性的,由此衍生出了许多非线性的效用函数,具有代表性的函数有指数型、对数型等。此外还可以根据单项指标的特征寻求更加恰当的函数形式,如抛物线型、双曲线型、三角函数型等,也可将分布密度函数作为无量纲化函数,如Logistic分布密度函数、极值分布密度函数、Weibull密度函数、Beta分布密度函数、F分布密度函数、t分布密度函数等。再进一步,可以根据指标特征,将上述多种函数进行整合,生成分段效用函数,使指标实际值在递增区段与递减区段可分别使用。

选择适合指标特征的效用函数十分重要,评价者也可根据指标特征自行生成效用函数,理论上说,应该选择最精确的效用函数,但在现实评价中,寻找这种理想状态的高精度是比较困难的甚至是不可能的。因为即便对于同样的指标值,不同的人对其的感受和认可程度也是不同的,这取决于现象本身性质变化的复杂性,因此几乎不存在绝对的标准判断“哪一个无量纲化函数更加精确”,除此之外,从实践的“简易性”要求来看,无量纲化函数并不是越复杂越好。综上所述在选择效用函数时,需要把握以下原则[160]:

(1)效用函数 f_i 只与指标变量 x_i 有关,且与指标单位无关;

(2)无量纲函数应该有明确的取值区间或临界点,取值结果应该直观,物理意义明确;

(3)无量纲化函数类型及具体形式的选择,主要应该根据 X 变动对评价对象价值水平变动的贡献关系来判断。具体而言,首先,效用函数要符合指标变动的方向,即递增和递减关系;其次,效用函数要符合指标增减的大致形状,即效用函数与指标值是“上凸”还是“下凸”关系;最后,效用函数要尽量满足指标值增减的缓急程度;

(4)为保证评价的可行性以及效率,效用函数在追求精确的同时,也要重视实用性,注意所选择无量纲化函数简易性。即在把握好无量纲化函数的方向、凹凸性、变动速率的基础上,使其数学形式简明化。

指标值与评价值的关系,在现实生活中更多的是非线性关系,对于大多数指标而言,一般总是认为当指标值增加(或减少)到一定程度之后,再要增加(或减少)就越来越困难了,如站点覆盖率、车辆净拥有率、满载率等指标,当指标实际值越趋近于优时,乘客感受的服务水平提升程度越不明显,而当指标趋近于差时,其改善措施则更容易被感受到。根据本文的指标特性和类别,确定的效用函数见表 8-6。

指标分类及效用函数 表 8-6

指标类别	评价指标	效用函数	函数描述
正指标	运送速度(限速范围内)	$f(x)=\begin{cases}\left(\dfrac{\ln x_i-\ln x_l}{\ln x_u-\ln x_l}\right)^k, & x_i\leqslant x_u\\ 0 & x_i>x_u\end{cases}$	1. 单调递增 2. 上凸型 3. 值域[0,1]
	班次兑现率		
	工作车率		
逆指标	平均等待时间	$f(x)=1-\dfrac{x_i-x_l}{x_u-x_l}\times\exp(k(x_i-x_u))$	1. 单调递减 2. 上凸型 3. 值域[0,1]
	换乘时间		
	平均换乘系数		
	满载率		
	空驶率		
	每乘客补贴率		

对于正指标(指标评价值随指标值增大而递增的指标),选用了混合函数作为效用

函数。

$$f(x)=\begin{cases}\left(\dfrac{\ln x_i-\ln x_l}{\ln x_u-\ln x_l}\right)^k, & x_i\leqslant x_u\\ 0, & x_i>x_u\end{cases} \tag{8-14}$$

这是由于许多指标并不是值越大就越好，如运送速度，当超过规定运营速度时，属于违规运营，指标评价值应为0。其中 x_i 为第 i 个指标的实际值，x_u、x_l 分别为指标最优值和最差值，k 为校正参数。

对于逆指标（指标评价值随指标值增大而递减的指标），选用了指数函数。

$$f(x)=1-\frac{x_i-x_l}{x_u-x_l}\times\exp(k(x_i-x_u)) \tag{8-15}$$

式中：x_i——第 i 个指标的实际值；

x_u、x_l——指标最优值和最差值；

k——校正参数。

指标量化值值域均为[0,1]，效用函数形状见图8-3。

指标等级划分方案已在前文给出，在无量纲化过程中，将用到指标等级划分方案的指标极值，而反映指标其他等级的指标划分值，则可用于标定效用函数的参数，标定参数时应确定多个关键点（指标特征值）的评价值，如区间最大、最小值，中值，评价值"及格"（本书为0.6）时的指标值。

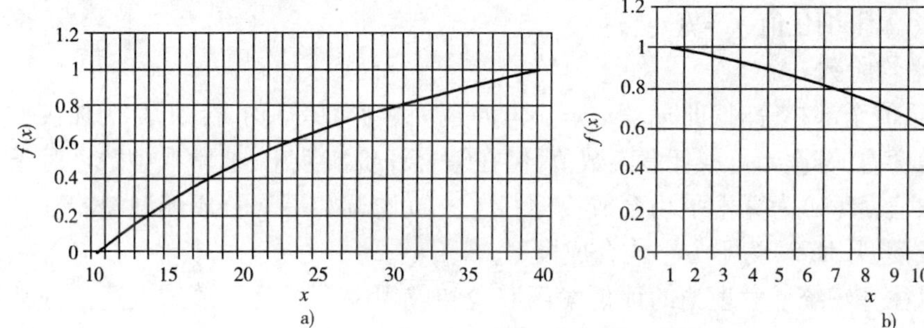

图8-3 效用函数曲线示意图

a）正指标效用函数曲线（运送速度）；b）逆指标效用函数曲线（换乘时间）

8.6.2.2 指标值合成模型

关于指标值的权重分配，由于本书大部分评价指标反映了人的乘坐感受，这种感受的好坏程度也由于个人的差异而有所不同，因此在指标权重的分配上应具有一定的灵活性，能够随着社会环境的变化或人们认识的改变来调整指标的权重，故本书选择德尔菲法来确定指标的权重。

将单项指标评价值合成单个的综合评价值，需要选择科学的合成模型，常见的合成模型包括：加法合成、乘法合成、加乘混合合成、代换合成等，基本是以决策科学中关于方案合成的相关理论为基础[161]的。

苏为华教授[160]将合成模型分为两种类型：

(1)“幂平均合成”,包括上述加法合成(算术平均合成)、乘法合成(几何平均合成)、平方平均合成以及任意阶次的幂平均合成；

(2)“特殊合成”,包括上述的加乘混合成、代换合成、二次合成以及不同幂次的其他平均合成的混合。

为了体现评价指标价值的物理意义,综合评价合成模型最好以平均数的形式表现。因为单项评价值在无量纲化过程中,重点刻画了指标量化值在评价价值中的“物理意义”,因此,以平均数的方式生成综合评价合成值,能够使单项指标值的物理意义与总评价值的物理意义保持统一和一致,从而可以看出单项评价值的“好坏”,进而发现问题。相对而言,若综合评价值表现为总量指标,则会受到指标个数的影响,使人们很难根据合成模型所代表的评价思想或评价原则,对评价结果进行判断,从而对综合评价结论产生较大的影响。故本书选择“幂平均合成”模型进行综合评价值的计算。

幂平均函数的一般定义是先对变量值进行 k 次幂变换,再计算其算术平均值,然后开 k 次方根。即：

$$M(k) = \left(\frac{1}{\sum w_i}\sum f_i^k w_i\right)^{1/k} \tag{8-16}$$

式中：w_i——指标 x_i 的权重值；

f_i——指标无量纲化值,$f_i = f(x_i)$；

k——幂平均阶数。

显然,当权重值全部相等时,即 $w_1 = w_2 = \cdots = w_i$ 时,称为简单平均,否则,称为加权平均。从纯数学角度看,幂次 k 可取任意实数值,但在综合评价实践中,通常取整数。对于常用的幂阶数取值,$M(1)$为算术平均合成模型,$M(-1)$为调和平均合成模型,$M(\to 0)$为几何平均合成模型,$M(2)$为平方平均合成模型。

通过总结以往基于统计学理论的评价案例实验和应用中[159-163],可总结上述几种常用的幂平均合成模型的特性,相关推论或结论如下：

(1)当 $y_i = f(x_i)$ $(y_i \geqslant 0)$一定时,幂平均值 $M(k)$是关于 k 的严格单调递增函数。即：$M(a) > M(b)$,当且仅当 $a > b$。因此,有 $M(-1) < M(\to 0) < M(1) < M(2)$。

(2)对于不同的变量数列,若变量值 y_i 之间的差异(离散程度或变异程度)越大,则 $M(1)$,$M(-1)$、$M(\to 0)$、$M(2)$之间的差距也越大；反之,变量值 y_i 之间的差异越小,则 $M(1)$、$M(-1)$、$M(\to 0)$、$M(2)$之间的差距也越小。

(3)$M(1)$、$M(-1)$、$M(\to 0)$、$M(2)$常用平均合成方法的合成结果受变量值之间差异程度大小的影响方向和数值大小是相对的。若两组变量数列 x_i 与 y_i 的 k_0 阶幂平均值相同,变异程度分别为 d_x 与 d_y,记幂平均值为 $X(k_0)$ 与 $Y(k_0)$,当 $X(k_0) = Y(k_0)$时,有：

对于 $k<k_0$，$X(k)>Y(k)$ 当且仅当 $d_x<d_y$，即低于 k_0 阶的幂平均是关于变异程度的递减函数。对于 $k>k_0$，$X(k)>Y(k)$ 当且仅当 $d_x>d_y$，即高于 k_0 阶的幂平均是关于变异程度的递增函数。

由上述推论或结论可知，平方平均数（$M(2)$ 模型）的数学性质与几何平均数（$M(\to 0)$ 模型）完全相反，$M(\to 0)$ 模型易受"较小值"的影响，若变量值之间差异越大（离散程度越大），则几何平均值就越小。$M(2)$ 模型易受"较大值"的影响，若变量值之间差异越大（离散程度越大），则平方平均值就越大。$M(1)$ 模型的性质介于 $M(2)$ 与 $M(\to 0)$ 之间。因此，在多指标统计综合评价时，应该根据具体的评价原则，选择相应的平均方法。一般来说，若允许各单项变量值之间的等量补偿，则可采用算术平均法（M），若有意严惩落后指标，鼓励各单项指标均衡发展，则应该选择几何平均法甚至于阶次更低的（阶数 $k<0$，但一般不应小于 -1。阶次越小，惩罚的力度越大）的平均法计算总评价值；若有意奖励先进指标，鼓励搞突出，则应该选用平方平均法甚至于阶次更高（$k>2$，但一般不能超过 4）的平均法计算总评价值。

综上所述，可以总结出三种常用的幂平均合成模型的特点：

(1) 算术平均（$M(1)$ 模型）具有"取长补短"的特点，能够将指标表现好坏水平进行中和；

(2) 几何平均（$M(\to 0)$ 模型）具有"惩罚落后指标"的特点，表现差的指标会在综合值中被放大，若评价目的是为突出存在问题，鼓励均衡发展，可选用该模型；

(3) 平方平均（$M(2)$ 模型）具有"抓大放小"特点，表现好的指标对综合评价结果的影响更大，若评价目的是为了奖励重点发展，可选用该模型。

根据幂平均合成模型的特点，对于公交运营调度评价，可选择几何平均的合成模型。

参考文献

[1] Wolfgang S. Transportation and traffic engineering handbook[M]. Institute of transportation engineers. 1982.

[2] 王炜,杨新苗,陈学武. 城市公共交通系统规划方法与管理技术[M]. 北京:科学出版社, 2002.

[3] 刘新全,吴仲雄,易剑辉. 城市公共交通系统的现状及对策[J]. 公路与汽运, 2006(4): 35-37.

[4] 刘磊. 浅析我国城市公共交通发展存在的问题[J]. 城市车辆, 2008(4): 24-26.

[5] 杨兆升. 城市智能公共交通系统理论与方法[M]. 北京:中国铁道出版社, 2004.

[6] 李海峰. 城市形态、交通模式和居民出行方式研究[D]. 东南大学, 2006.

[7] 杨新苗,王炜. 基于准实时信息的公交调度优化系统[J]. 交通与计算机, 2000(5): 12-15.

[8] 陈绍辉,陈艳艳,尹长勇. 基于特征站点的公交IC卡数据站点匹配方法研究[J]. 北京工业大学学报, 2012(6): 885-889.

[9] 陈绍辉,陈艳艳,刘帅,等. 基于公交IC卡数据的车辆运行方向相似性测量研究[J]. 交通运输系统工程与信息, 2012(1): 63-70.

[10] 陈绍辉,陈艳艳,尹长勇. 基于公交IC卡数据的公交车辆运行指标计算方法研究[J]. 交通标准化, 2011(21): 52-55.

[11] 田启华,陈艳艳,侯树展,等. 客流异常下的公交动态调度研究[J]. 交通标准化, 2012(5): 31-34.

[12] 陈艳艳,田启华. 公交调度系统事件检测算法研究[J]. 北京工业大学学报, 2011(12): 1811-1817.

[13] 田启华,陈艳艳. 区域公交协调调度优化算法研究[J]. 交通运输系统工程与信息, 2011(4): 160-165.

[14] Jr. Sotelo J, Vilela D, Leonel M B. AFTS-Automated Flexible Transportation System: a new concept for urban mass transportation[C], 2000.

[15] B. P, J. Q, S. P R. Using GPS technology to measure on-time running of scheduled bus services [J]. Journal of Public Transportation, 2005: 1-8.

[16] 张国华,黎明,王静霞. 智能公共交通系统在中国城市的应用及发展趋势[J]. 交通运输系统工程与信息, 2007, 7(5): 24-30.

[17] 袁勇. 公交IC卡数据挖掘技术及应用研究[D]. 吉林大学, 2009.

[18] 戴霄,陈学武,李文勇. 公交IC卡信息处理的数据挖掘技术研究[J]. 交通与计算

机, 2006(1): 40-42.

[19] 戴霄. 基于公交IC信息的公交数据分析方法研究[D]. 东南大学, 2006.

[20] 师富民. 基于IC卡数据的公交OD矩阵构造方法研究[D]. 吉林大学, 2004.

[21] 戴霄,陈学武. 单条公交线路的IC卡数据分析处理方法[J]. 城市交通, 2005(4): 77-80.

[22] Jang W. Travel time and transfer analysis using transit smart card data[J]. Transportation Research Record, 2010, 2144:142-149.

[23] Ka Kee Alfred Chu. R C. Enriching archived smart card transaction data for transit demand modeling [J]. Transportation Research Record, 2008, 2063: 63-72.

[24] Ka Kee Alfred Chu. R C. Augmenting transit trip characterization and travel behavior comprehension: Multiday location-stamped smart card transactions [J]. Transportation Research Record, 2010, 2183: 29-40.

[25] 路智宁. 对IC卡交易数据的挖掘和分析[D]. 广东工业大学, 2005.

[26] Johnston W. The support of public data services: operations issues of a Nynex SMDS network[C], 1990.

[27] Yannis. T. Integrating vehicle positioning data in quality control programs in public transit: a European perspective [J]. Transportation Planning and Technology, 2011, 34 (2): 167-176.

[28] Ehsan M. G C, R. G. Using GPS data to gain insight into public transport travel time variability [J], 2010, 136-137.

[29] Richard S. T E, S C. Impact of the implementation of the New York Metropolitan Transportation Authority's Metro Card on ridership and revenue of the Westchester county (NY) Bee-line bus system[C], 2009.

[30] Martin T. C M, B C. Enhancing household travel surveys using smart card data? [C], 2009.

[31] 郭淑霞. 基于时变二源数据的城市公交调度协调模型与算法[D]. 北京交通大学, 2010.

[32] Robert C. K K A C, A. B. Synthesizing AFC, APC, GPS and GIS data to generate performance and travel demand indicators for public transit[C], 2011.

[33] 李欣. 自动化技术、计算机技术 T000397 数据挖掘:概念与技术[R]. 湖北人民出版社, 2002.

[34] Berndt D C J. Using dynamic time warping to find patterns in time series[C]. Washington, U. S. A., 1994: 229-240.

[35] E Keogh K C, Pazzani M, A E. Dimensionality reduction for fast similarity search in

large time series databases[C]. Philadelphia, 2001. 151-162.

[36] FENG Lin, XIAOYAN Zhao, YIWEI Liu, et al. A similarity measure of jumping dynamic time warping[C], 2010.

[37] Talal B. A. I M. Speech recognition using dynamic time warping[C]. Islamabad, Pakistan, 2008.

[38] Bae Y. J. F M C. Parallelism in dynamic time warping for automatic signature verification [C], 1995.

[39] 王晓晔,张德干. 规则挖掘技术[M]. 北京：科学出版社, 2008.

[40] 欧阳如琳,任立良,周成虎. 水文时间序列的相似性搜索研究[J]. 河海大学学报(自然科学版), 2010, 38(3)：241-245.

[41] 潘定,沈钧毅. 时态数据挖掘的相似性发现技术[J]. 软件学报, 2007, 18(2)：246-258.

[42] 于勇,邓天民,肖裕民. 一种新的公交乘客上车站点确定方法[J]. 重庆交通大学学报(自然科学版), 2009, 28(1)：121-125.

[43] 陈学武,戴霄. 公交 IC 卡持卡乘客下车站点确定方法研究[C]. 南京：东南大学出版, 2007.

[44] 周涛,翟长旭,高志刚. 基于公交 IC 卡数据的 OD 推算技术研究[J]. 城市交通, 2007(3)：48-52.

[45] KA KEE ALFRED Chu., ROBERT C., T. M. Driver-Assisted bus interview：passive transit travel survey with intelligent card automatic fare collection system and applications [J]. Transportation Research Board, 2009, 2105：1-10 (Planning and Administration).

[46] Hannah B. P B. Understanding behaviour through smartcard data analysis[J]. Proceedings of the Institution of Civil Engineers：Transport, 2007, 160(4)：173-177.

[47] Glover F. Future Paths for integer programming and links to artificial intelligence [J]. Computer & Peration Research, 1986, 13(5)：533-549.

[48] 戚峰,俞晶菁,黄召杰. 基于禁忌搜索算法求解车间作业调度问题[J]. 兰州交通大学学报, 2011, 30(3)：79-85.

[49] 刘兴,贺国光. 车辆路径问题的禁忌搜索算法研究[J]. 计算机工程与应用, 2007, 43(24)：179-181, 199.

[50] 韩传峰,胡志伟. 城市公交路网性能评估的网络图方法[J]. 系统工程, 2003, 21(3)：58-61.

[51] CATHERINE S., NIGEL H. M. W., A. J. Using intelligent card fare payment data to analyze multi-modal public transport journeys (London, UK)[C]. Washington, D.C.：

Transportation Research Board, National Research Council, 2009.

[52] 张晓斌. 公交车辆实时监控系统设计及调度专家系统研究[D]. 北京交通大学, 2008.

[53] Ceder A, Golany B, Tal O. Creating bus timetables with maximal synchronization[J]. Transportation Research Part A: Policy and Practice, 2001, 35(10): 913-928.

[54] Carey M. Optimizing scheduled times allowing for behavioural response[R]. Transportation Research Part, 1998.

[55] W. Z. Trip frequency scheduling for terminal queuing routers[M]. Proceedings of 7th IFAC/IFORS Symposium on Transportation Systems, 1994, 70-77.

[56] J. X. Study of dynamic headway control dispatching rules[D]. Dissertation of University Ottawa(MSC), 1995.

[57] A M, Al E. Flexible dynamic scheduling: A major improvement for public transport [C]. New York, 1996.

[58] 尹相勇. 基于实时专家系统的公共交通区域调度优化模型及实用方法研究[D]. 北京交通大学, 2004.

[59] 盖凌云,陈健,汪飞. 公交车调度的数学模型[J]. 哈尔滨理工大学学报, 2002(4): 87-89.

[60] 李煜华,孙彩,孙凯. 公共交通车辆的合理调度模型研究[J]. 科技与管理, 2003, 5(5): 46-49.

[61] 滕继涛,张飞舟,李跃鹏,等. 智能交通系统中车辆调度问题的遗传算法研究[J]. 北京航空航天大学学报, 2003(1): 13-16.

[62] 曹全新,王武宏,沈中杰. 基于多目标规划的公共交通调度算法与仿真[J]. 交通科技与经济, 2004, 6(2): 48-50.

[63] 陈茜. 城市常规公交线路车辆调度优化研究[D]. 东南大学, 2003.

[64] 李五四,郑瑞旭. 奥运期间公交运营综合调度优化模型[J]. 交通标准化, 2008(10): 110-114.

[65] 黄溅华,葛芳,张国伍. 公共交通实时控制模型研究[J]. 系统工程理论与实践, 2001, 21(5): 129-131, 136.

[66] 黄溅华,关伟,张国伍. 公共交通实时调度控制方法研究[J]. 系统工程学报, 2000, 15(3): 277-280.

[67] 黄溅华,张国伍. 公共交通实时放车调度方法研究[J]. 系统工程理论与实践, 2001, 21(3): 107-111.

[68] 邹迎,黄溅华. 公共交通调度实时发快车模型研究[J]. 数学的实践与认识, 2002, 32(6): 960-962.

[69] 尹相勇. 基于实时专家系统的公共交通区域调度优化模型及实用方法研究[D]. 北京交通大学, 2004.

[70] 胡坚明,宋靖雁,杨兆升,等. 公交智能化调度系统实时调度形式确定方法研究[J]. 公路交通科技, 2003, 20(6): 113-117.

[71] 于海滨,田景文. 公共交通运行监控系统及其运行监控方法 CN200610083858.4 [P].

[72] 包塔林. GPS 数据挖掘技术在物资企业中的应用[D]. 北京工业大学, 2009.

[73] Wren A. Bus scheduling: an interactive computer method[M]. Transportation Planning and Technology, 1972: Volume 1, 115-122.

[74] A. A. Bertossi, P. Carraresi, Gallo G. On some matching problems arising in vehicle scheduling models[M]. Networks, 1987: Volume 17, 271-281.

[75] G. Carpaneto, M. Dell'Amico, M. Fischetti, et al. A branch and bound algorithm for the vehicle scheduling problem[M]. Networks, 1989: Volume 19, 531-548.

[76] Eberlein X J, Wilson N H M, Barnhart C, et al. The real-time deadheading problem in transit operations control[J]. Transportation Research Part B: Methodological, 1998, 32(2): 77-100.

[77] Forbes M A, Holt J N, Watts A M. An exact algorithm for multiple depot bus scheduling [J]. European Journal of Operational Research, 1994, 72(1): 115-124.

[78] Haghani A, Banihashemi M. Heuristic approaches for solving large-scale bus transit vehicle scheduling problem with route time constraints[J]. Transportation Research Part A: Policy and Practice, 2002, 36(4): 309-333.

[79] Haghani A B M C. Acomparativeanalysis of bustransitvehicleschedulingmodels [J]. Transportation Research, 2003(Part B,37): 301-322.

[80] 杨海荣. 基于改进遗传算法的公交车辆调度优化[J]. 长沙理工大学学报(自然科学版), 2009, 6(2): 13-17.

[81] 姚艳君. 智能公交车辆调度系统的设计与优化[D]. 沈阳工业大学, 2010.

[82] 李书兵,曹根牛. 基于模拟退火进化算法的公交车调度模型[J]. 山东轻工业学院学报(自然科学版), 2009, 23(2): 83-85.

[83] 耿金花,胡乃平,童刚. 青岛市智能化公交调度系统总体设计[J]. 青岛科技大学学报(自然科学版), 2003, 24(6): 551-553.

[84] 张斐斐. 公共交通驾驶员调度问题研究[D]. 北京交通大学, 2006.

[85] 李铭,李旭宏. 公交枢纽内多线路车辆实时调度优化方法研究[J]. 公路交通科技, 2006, 23(10): 108-112.

[86] Murali P, Dessouky M, Ordóñez F, et al. A delay estimation technique for single and

double-track railroads[J]. Transportation Research Part E: Logistics and Transportation Review, 2010, 46(4): 483-495.

[87] 莫露全,等. 城市公共交通运营管理[M]. 北京:机械工业出版社, 2004.

[88] J. H. Adaptation in Natural and Artificial Systems[M], 1975.

[89] de Palma A, Lindsey R. Optimal timetables for public transportation[J]. Transportation Research Part B: Methodological, 2001: 35-38.

[90] Rosa J J. Wavelets and wavelet packets applied to detect and characterize transient alarm signals from termites[J]. Measurement, 2006: 36-39.

[91] Crowe J A. Wavelet transform as a potential tool for EGG analysis and compression[J]. Journal of biomedical engineering, 1992: 13-14.

[92] 徐晨,赵瑞珍,甘小冰. 小波分析应用算法[M]. 科学出版社, 2004.

[93] Banakar A, Azeem M F. Artificial wavelet neural network and its application in neuro-fuzzy models[J]. Applied Soft Computing, 2008, 8(4): 1463-1485.

[94] Wu J, Lin B. Speaker identification using discrete wavelet packet transform technique with irregular decomposition[J]. Expert Systems with Applications, 2009, 36(2, Part 2): 3136-3143.

[95] 王明祥,宁宇蓉,王晋国. 基于 Mallat 算法的一维离散小波变换的实现[J]. 西北大学学报(自然科学版), 2006(3): 364-368.

[96] 周小勇,叶银忠. 基于 Mallat 塔式算法小波变换的多故障诊断方法[J]. 控制与决策, 2004, 19(5): 592-594.

[97] 陈明义,李微,黎华. 基于离散小波变换的语音激活检测[J]. 电子技术应用, 2008(4): 99-101.

[98] Yu M, Zhou X. An adaptive method for anomaly detection in symmetric network traffic[J]. Computers & amp; Security, 2007, 26(6): 427-433.

[99] Rosenbloom T, Wolf Y. Signal detection in conditions of everyday life traffic dilemmas[J]. Accident Analysis & amp; Prevention, 2002, 34(6): 763-772.

[100] Carlson C G. A baseline detection method for analyzing transient electro-physiological events[J]. Journal of neuroscience methods, 1996: 62-67.

[101] 杨玉珍,贺晓锋,陈阳舟. 小波变换在交通参数检测中的应用[J]. 计算机测量与控制, 2008, 16(1): 46-48.

[102] 韩印. 公共交通智能化调度系统基础理论和实施方法研究[D]. 吉林大学, 2003.

[103] 陈鹏. 基于 BP 神经网络的公交智能实时调度模型研究及系统实现[D]. 北京交通大学, 2008.

[104] Nihan N L, Al E. Use of the box and Jenkins time series technique in traffic forecasting

[J], 1980: 2-9.

[105] Chao H, Su S. A review of some main models for traffic flow forecasting[C], 2003.

[106] Smith B L, Demets M. Traffic Flow Forecasting: Comparison Or Modeling Approaches [J]. Journal Of Transportation Engineering July/August, 1997: 261-266.

[107] 韩印,杨兆升,胡坚明. 公共交通智能化调度基础数据预测方法研究[J]. 公路交通科技, 2003(3): 140-143.

[108] 杨兆升. 关于智能运输系统的关键理论——综合路段行程时间预测的研究[J]. 交通运输工程学报, 2001(1): 65-67.

[109] 李明. 快速公交车站客流预测模型及其选型设计问题研究[D]. 北京交通大学, 2007.

[110] 杨新苗,王炜,顾维平,等. 公交线路客流模糊神经网络预测模型[J]. 公路交通科技, 2000, 17(4): 38-40, 46.

[111] 杨新苗,王炜,石小法,等. 公交线路客流时段分布估计新方法——首末站分层不等概率整群抽样法[J]. 公路交通科技, 2001(4): 79-84.

[112] 杨新苗,王炜,尹红亮,等. 公交调度峰值曲线的优化方法[J]. 东南大学学报(自然科学版), 2001, 31(3): 40-43.

[113] Cortés C E, Gibson J, Gschwender A, et al. Commercial bus speed diagnosis based on GPS-monitored data [J]. Transportation Research Part C: Emerging Technologies, 2011, 19(4): 695-707.

[114] Xu Y, Jiang R, Yan S, et al. The Research of Safety Monitoring System Applied in School Bus Based on the Internet of Things[J]. Procedia Engineering, 2011, 15(0): 2464-2468.

[115] Tirachini A, Hensher D A. Bus congestion, optimal infrastructure investment and the choice of a fare collection system in dedicated bus corridors[J]. Transportation Research Part B: Methodological, 2011, 45(5): 828-844.

[116] Kliewer N, Mellouli T, Suhl L. A time-space network based exact optimization model for multi-depot bus scheduling[J]. European Journal of Operational Research, 2006, 175(3): 1616-1627.

[117] Yan S, Hao-Lei C. Ascheduling model and a solution algorithm for inter-city bus carriers[J]. Transportation research partC, 2002: 36-39.

[118] Minis I, Keys E, Athanasopoulos T. Contribution to the design of the Athletes Bus Network during the Athens 2004 Olympic Games[J]. Transportation Research Part A: Policy and Practice, 2006, 40(9): 776-791.

[119] Feigenbaum E A. A personal view of expert systems: Looking back and looking ahead

[J]. Expert Systems with Applications, 1992, 5(3-4): 193-201.

[120] Feigenbaum E A, Buchanan B G. DENDRAL and Meta-DENDRAL: roots of knowledge systems and expert system applications[J]. Artificial Intelligence, 1993, 59(1-2): 233-240.

[121] Shu-Hsien L. Expert system methodologies and applications—a decade review from 1995 to 2004[J]. Expert Systems with Applications, 2005, 28(1): 93-103.

[122] Todd B S, Stamper R, Macpherson P. A probabilistic rule-based expert system[J]. International Journal of Bio-Medical Computing, 1993, 33(2): 129-148.

[123] Suh M S, Jhee W C, Ko Y K, et al. A case-based expert system approach for quality design[J]. Expert Systems with Applications, 1998, 15(2): 181-190.

[124] Paek Y, Seo J, Kim G. An expert system with case-based reasoning for database schema design[J]. Decision Support Systems, 1996, 18(1): 83-95.

[125] Hatzilygeroudis I, Prentzas J. Integrating (rules, neural networks) and cases for knowledge representation and reasoning in expert systems[J]. Expert Systems with Applications, 2004, 27(1): 63-75.

[126] Vo D P, Macchion D. A use of case-based reasoning technique in building expert systems[J]. Future Generation Computer Systems, 1993, 9(4): 311-319.

[127] Hensher D A, Stopher P, Bullock P. Service quality-developing a service quality index in the provision of commercial bus contracts[J]. Transportation Research Part A: Policy and Practice, 2003, 37(6): 499-517.

[128] Karlaftis M G, Mccarthy P. Operating subsidies and performance in public transit: an empirical study[J]. Transportation Research Part A: Policy and Practice, 1998, 32(5): 359-375.

[129] PAUL R., JON A., DANIEL T., et al. Development of Florida's transit level of service indicator [J]: 79th Annual Meeting of the Transportation Research Board, National Research Council[Z]. Washington D. C., 2000.

[130] 裴玉龙,徐大伟. 基于模糊推理的公共交通分担率预测研究[J]. 土木工程学报, 2003, 36(7): 22-26.

[131] 金宁,隽志才. 基于顾客满意度的城市公交服务水平[J]. 吉林大学学报(工学版), 2008(S1): 63-66.

[132] Chen X, Yu L, Zhang Y, et al. Analyzing urban bus service reliability at the stop, route, and network levels[J]. Transportation Research Part A: Policy and Practice, 2009, 43(8): 722-734.

[133] 徐诚,李维斌. 城市公共交通服务工程学概论[M]. 长春: 吉林科学出版

社，1994.

[134] H. A C. Evaluation of public transit service: the level-of-service concept[R], 1976.

[135] Ceder A. Public transit planning and operation: theory, modeling and practice[M]. London, Oxford, Butterworth-Heinemann, 2007.

[136] 井国龙. 基于多源数据的常规公交分层次服务水平评价模型[D]. 北京交通大学，2010.

[137] MARTIJN B., PETER N., ERIC P., et al. Efficiency of urban public transit: A meta analysis [J]. Transportation, 2005: 31-32.

[138] Mathew T V, Khasnabis S, Mishra S. Optimal resource allocation among transit agencies for fleet management[J]. Transportation Research Part A: Policy and Practice, 2010, 44(6): 418-432.

[139] Lao Y, Liu L. Performance evaluation of bus lines with data envelopment analysis and geographic information systems [J]. Computers, Environment and Urban Systems, 2009, 33(4): 247-255.

[140] B. M P. Estimating technical and scale inefficiencies of public transit systems[J]. Journal of Transportation Engineering, 2011: 123-127.

[141] LISHAN Sun, Rong J, Yao L. Measuring transfer efficiency of urban public transportation terminals by data envelopment analysis[J]. Journal of Urban Planning and Development, 2010: 134-136.

[142] MATTHEW G. K., M. P S. Subsidy and public transit performance: A factor analytic approach [J]. Transportation, 1997: 24-253.

[143] 尹峰，李枫. 公共交通服务水平的模糊评价[J]. 上海交通大学学报，2000(S1): 100-104.

[144] Bus Service Evaluation Methods: A Review. Urban Mass Transportation Administration, [R]. Washington. DC.

[145] Transit Cooperative Research Program (TCRP); http://www.tcrponline.org/publications_home.shtml[R].

[146] Transport Research Fourth Framework Program, Urban Transport[R], 1998.

[147] HERBERT S. L., C. A. Characteristics of Urban Transportation Systems [M]. Washington, DC: Revised Edition, Federal Transit Administration, 1992.

[148] 赵焕臣，许树柏，和金生. 层次分析法——一种简易的新决策方法[M]. 北京：科学出版社，1986.

[149] 杜栋，庞庆华，吴炎. 现代综合评价方法与案例精选[M]. 北京：清华大学出版社，2008.

[150] Benn H P. TCRP Synthesis 10：Bus Route Evaluation Standards[R]. Washington, DC：Transportation Research Board, 1995.

[151] 张一帆. 城市公共交通补贴效率研究[D]. 北京交通大学, 2009.

[152] 杨洋. 城市公共交通补贴研究综述[J]. 生产力研究, 2011(8)：206-209.

[153] 北京交通发展研究中心. 北京市交通发展年度报告[R]. 北京交通发展研究中心, 2010.

[154] 胡启洲,陆化普,戴帅,等. 城市公交线网等级评定的物元分析模型[J]. 公路交通科技, 2010, 27(3)：114-118, 124.

[155] Highway Capacity Manual[S]. Washington, D. C, Council N R, 2000.

[156] 于淼. 城市常规公共交通感知出行时间研究[D]. 东南大学, 2008.

[157] 师桂兰. 城市客运枢纽综合评价方法研究[D]. 东南大学, 2005.

[158] 虞晓芬,傅玳. 多指标综合评价方法综述[J]. 统计与决策, 2004(11)：119-121.

[159] 俞立平,潘云涛,武夷山. 科技评价中效用函数合成方法的比较研究[J]. 科技进步与对策, 2010, 27(1)：106-110.

[160] 苏为华. 多指标综合评价理论与方法问题研究[D]. 厦门大学, 2000.

[161] 邱东. 多指标综合评价方法的系统分析[M]. 北京：中国统计出版社, 1992.

[162] 李学森. 跨流域调水系统调度决策方式及管理模式研究[D]. 大连理工大学, 2009.

[163] 王中烈. 不等式启蒙[M]. 沈阳：辽宁教育出版社, 1985.